花 著

上海金山区
"领军校长·拔尖教师"
丛 书

顾宏伟 主 编
郑 瑛 副主编

美人之美

—— 一位初中校长的教育追求

上海教育出版社
SHANGHAI EDUCATIONAL
PUBLISHING HOUSE

序 一

角色更迭，赏识育人初心未变

这个世界从来都不会亏待有梦想、有方向、有执行力并且勤奋的人。

作为校长，应潜心修炼，精心思考学校发展的顶层设计，巧借"他山之石"以攻"本校之玉"，搭建适宜的平台让教师享受专业成长的幸福，引领师生享受阅读丰韵人生，促使教师凝心聚力打造好课，创设多种路径落实"立德树人"的根本任务……

可以说，彭校长用自己的智慧，用自己的双手，给我们送上了这样一份答卷。

"赏识"和"扬长"，是彭素花校长治理学校的两驾马车。善用赏识，让彭校长做校长的第一所学校——上海市西林中学，很快由薄弱走向优质；而激励扬长，则让我们看到了今天的上海市罗星中学所取得的一系列成就。

这不是一个校长坐在书桌前想出来的，而是用她多年的汗水和心血浇灌出来的。

《美人之美——一位初中校长的教育追求》，这本书的名字好！其实，彭校长一直自带赏识人、成全人、赏识彼此、成全彼此的气质。

我对彭校长是了解的。她经历了普通教师—团队干部—年级组长—教导主任—副校长—区中学教研室主任—校长的角色转换，一路角色更迭、初心不改。她是一个懂业务的校长，也是一个有着丰富管理经验的校长，她不来虚的，做事脚踏实地，总能够把控好一所学校的发展方向。俗话说"蛇打七寸"，彭校长的做法都体现在书中了，而且她很能抓住一所学校发展的关键点——"七寸"。

多年来，彭校长一直在探索学校发展的有效路径，最重要的是她看到了学校发展要依赖的重要力量是教师。教育大计，教师为本。好的学校、好的教育,归根结底都源于有好的教师。一名好教师,应该有这样四重境界:乐教、懂教、善教、崇教。

所谓"乐教",就是《中小学教师职业道德规范》中所倡导的"忠诚于人民教育事业",就是喜欢热爱教师这个职业,全身心地沉浸其中,乐而忘忧。这是大部分教师最为朴素的职业情怀,也是作为教师从业的思想基础。所谓"懂教",教育是一门科学,也是一门艺术,有其自身的规律。要做一名好教师,必须懂心理学,懂教育学,懂得遵循教育规律,懂得把握教育本质。所谓"善教",追求上乘的教学境界,因材施教,就是循循善诱,以文化人,以人育人。所谓"崇教",就是对教师职业充满无限崇尚与敬畏。彭校长无论用什么样的方式与老师交流,都严格遵循着这样的理念。老师们自然也懂得这份良苦用心。

一所学校,一个团队,一支队伍,对于彭校长来说,她深深地知道,教师的专业素养和发展,是整个学校办学质量的保证。一支高素养的教师队伍,定然会让一所学校走向辉煌。

在这些方面,彭校长做了不少的努力和探索。这种探索并非彭校长一人的努力,她没有把这一切都看作是自己个人的功劳,而是带领全校师生一起做事。

彭校长是一个有思想、有行动的校长。她的思想引领,她的求真务实,她的以身示范,都通过这本书给了我们很多启发和思考。

一本书,不仅能体现作者取得了怎样的成效,更重要的是能让我们了解,并且深入性地了解,作者究竟是怎样想的,怎样做的。只有这样,一本书才有价值。彭校长的这本书做到了。

一所学校的发展,并不是关注在当下取得了什么样的成绩,而是要具有可持续性。彭校长在这方面给出了很好的示范。一所学校的文化和制度,能够体现出这所学校的生命力。我们能够从这本书中感受到,彭校长不是一个冷冰冰的领导,而是一个有情感的人。她深深地知道,管理不是单纯依赖于毫无人情的制度,而是要学会用情。彭校长书中的语言也有这方面的体现,她能够真正用心、用情去关注自己的同事和自己的学生,她也给读者带来了温暖。读了这本书,我很受感动,为她的教育思想和教育理念所感动。因为,教育从来都不可能让感情消失不见。把"人"作为核心的存在,心中时常装着兢兢业业的园丁们,装着祖国未来的花朵们,我们的教育怎么不会有一个美好的未来呢?

彭校长就是这样一个人,一个追求"美人之美,美美与共",把每一个学生都视作未来之星去点亮,把校园看作美丽的星空去扮靓的人。

而她,则在星空之外,欣赏这美丽的星空。

心中装得下星空的人,一定是胸襟博大的;能够扮靓星空的人,一定是心存美好的;而她自己,也一定是幸福的。

上海市金山区教育局局长　郑瑛

2020 年 10 月

序 二

一位用赏识成就师生的逐梦人

《美人之美——一位初中校长的教育追求》一书记录了彭素花校长多年来从事教育教学工作的所思所行,一路学习,一路探索,一路奉献,一路收获,读来颇有感慨。

也许长期在教育一线工作的缘故,我对于金山教学一线有点才气的教师格外钦佩和关注,彭素花校长就是其中之一。2001 年,她荣获上海市中青年教学大奖赛一等奖,我记住了她——彭素花,一位优秀的英语教师,有才华,有热情。后来,她当上了区中学教研室主任兼初中英语教研员,在袁晓英院长的带领下,攻坚克难,实施"二期课改"牛津英语教学实践,开展教师分层培训,实行分类指导教研,构建了具有区域特色、上下联动的"三级教研网络"(校级教研——片级教研——区级教研),等等。她们一路势如破竹,使金山英语中考成绩很快超越市平均水平,一路直线攀升,位于郊区前茅,带动了整个区域教育质量的提升,今天记起来依然觉得"倍儿爽"。我以为,以管理者自带的学科力量撬动教育教学质量提升,她是典范。

2010 年,彭素花走上校长岗位,成为上海市西林中学校长。优秀真的是一种习惯,她依然不负众望,率领西林中学的教职员工艰苦奋斗,在不长的时间内,将学校奇迹般地创建成上海市新优质学校。尽管不久后我就退休了,但还会时不时地与彭校长讨论一些大家感兴趣的话题,于是我有机会见证了她——彭素花,成长为一位有思想、有能力的优秀校长。在西林中学,她提出了"赏识教育"并付诸实践,以此改变学校教书育人的氛围。

改变,首先要从自己做起。她开始走近教师,听课也上课,不抱怨,她相信每一个教师都是独一无二的,赏识每一位与她共事的伙伴,并将这种发自内心的"赏识"智慧传递给教师,改变教师看世界的方式——事业变得美好,学生变得可爱;她开始融入学生,听课也上课,不放弃任何一位学生,她相信每一个孩子都是独一无二的,赏识每一位与她教学相长的学生,并将这种发自内心的"赏识"智慧赋予学生,改变学生看世界的方式——学业变得美好,教师变得可敬。彭素花带领西林中学团队在共同愿景的引领下,不断探索,通过"课程重构、课堂变革、评价转型、管理自主、文化营造及家校合力"的探索与实践,不断丰富赏识育人的形式和渠道。最终,"赏识教育"激励了教师,也激励了学生,并成为一种"美人之美"的校园文化,让浸润于斯、成长于斯的教师与学生彼此尊重、彼此信任、彼此成就,因为习惯于用心汲取他人智慧者最终一定能修炼成美好者。我以为,美人之美,以管理者修炼的人格魅力带动一所学校成功逆袭,她是范例。

历史的人做历史的事。2016年,彭素花担任罗星中学校长,回到她曾经工作的学校,在传承的基础上,"赏识"依然。她提出"点亮每一颗未来之星"的育人理念,骨子里透出"做最好的自己"的坚韧。她带领罗星中学团队开始了"冲顶"计划,以"温馨、启发、个性、延展"特质的 WISE 慧课堂的打造推进教学改进,再造了具有个性和充满赏识理念的"五星"课程,为学校健康发展注入了新的活力。两年后,区教育局委以重任,彭素花校长承担了罗星教育集团建设的工作,不推诿,"站在新时代,担当新使命",她带领着四所不一样的学校又出发了。彭校长及其团队让我担任集团总顾问,于是我有了与他们结伴同行的经历,有幸目睹了她和她的团队为推进教育治理现代化所付出的殚精竭虑的努力——彭素花,一位智慧的领导者,有教育情怀,有教育追求。

多年办学实践,彭素花校长骨子里"赏识教育"的力量,开始赋能集团发展,美美与共。集团开宗明义"不一样的学校,一样的精彩",按照区教育局的总体部署"精准施策,注重内涵,提升质量",汇聚教育集团的领导力,以"让每一所学校都优质,让每一位教师都精彩,让每一个学生都幸福"为总体目标,扬长发展,通力合作,确立组织架构、实验校发展引擎项目、集团重点实验项目等。集团很快凝练运作机制与特色,坚持优势导向,"一校一规划""一校一课题",促进学校教育增值。以五个"一体化"创新治理结构,即"治理体系一体化、项目研究一体化、课程教学一体化、队伍建设一体化、资源建设一体化"。以协同化雁阵式创新治理方式,成立"六大中心",即"党建发展中心、课程教学中心、教师发展中心、学生发展中心、信息应用中心、情报宣传中心",

其最大的特点就是发现和发挥各学校的教学优势,如课程教学中心,由时任松隐中学校长特级教师沈保琪领衔;情报宣传中心,由时任张堰二中书记顾晖辉领衔;学生发展中心,由吕巷中学党支部书记、校长俞玉英领衔等。在区教育局的支持下,实现优质教师资源、教育资源高度共建共享,集团发展态势良好,尤其在高效应对疫情挑战中发挥了积极作用。我认为,以管理者修炼的学术魅力和人格魅力影响着一个集团的教育教学质量提升,她是典范。

美人之美,美美与共。彭校长气质中总自带赏识人、成全人,彼此赏识、彼此成全的学识、学能与学品的力量。有追随,有领导,无论作为教师,还是作为一位管理者,毫无疑问,她都是优秀的。感谢彭校长,我们有缘结伴同行,并有幸为本书作序。

上海市金山区教育局原局长　徐虹
2020 年 10 月

目　　录

第一章

以赏识理念凝聚人心改变学校

习近平主席在亚洲文明对话大会开幕式主旨演讲中,提出坚持"美人之美、美美与共"等主张。"各美其美,美人之美,美美与共,天下大同",这句话是社会学家费孝通先生提出的不同文明之间的共处原则,意思是:增益别人的美处和自己的美处,使别人的美处与自己的美处相辅相成;发扬别人的长处和自己的长处,使别人之长与自己之长互相砥砺,互相增长。

我非常佩服费孝通先生处理不同文化关系的"十六字箴言"。因为育人其实也是这样。各美其美,因为每一个生命个体都具有独特的优势与潜能,首先要发现和欣赏自己,树立自信;美人之美,因为学校教育的要旨就在于激发、点燃学生的潜能,引导学生欣赏和学习别人的优势,以长促长,以长补短,达到"美其美,美人美"的美好境界,为生命个体的美好生长赋能。2010年走上校长岗位并担任上海市西林中学校长后,我提出了"赏识育人"的办学理念,即"赏识自己,树立自信;赏识他人,取长补短;彼此互赏,和谐发展",其本质就是"各美其美,美人之美"思想的校本化体现。2016年我调任上海市罗星中学校长后,"赏识育人"依然,其在传承中得到了因地制宜的创新发展。

第一节　赏识育人的孕育

一、缘起

任何一种思想的形成总是有一定过程的。世纪之交,我国教育界内外有一个热门话题,就是"韩寒现象"。韩寒初中就读于我现在任职的上海市罗星中学,那时我是罗星中学的少先队大队辅导员。记得当时韩寒语文、体育特别优秀,擅长写作,但理科不尽如人意。后来他以体育特长生被松江二中录取,却不断传来消息,诸如"高一留级两次,七门学科不及格"。后来韩寒退学了,却写出了畅销长篇小说《三重门》。"韩寒现象"在当时就很触动我,觉得对一个学生的评价,不能只是分数,要用多把尺子,因为每个学生都是不一样的,他们走向成功的路径也会不同。教育应该呵护孩子的特长,创造条件让他们在自己喜欢的领域里,拥有广阔的舞台和发展空间,成为他们自己。这或许是我担任校长后,坚持教育要"美其美,美人美"的萌芽吧。

我从区中学教研室调到基层学校担任校长的第一所学校——上海市西林中学,是一所年轻的发展中学校,在2005年由一所普通完中的初中部分离而建时,是一所公认的传统意义上的薄弱学校。学校经过第一个五年的内涵建设,综合办学水平有了较大提升,获得区教育局中考质量显著进步奖。但是,困难与挑战并存,学校面临着发展中的诸多瓶颈问题。刚走马上任时,校园里的一些比较共性的现象让我这个校长有点难以接受。

一是教师教育方式简单,师生关系比较紧张。刚到任时,走在教学楼楼道上,经常会看到一些不正常的"风景线"——学生被罚站在教室门外。有一天在早读课巡查中,我发现有个班级38名学生中,居然有16名学生排成三排在办公室站着,12名学生在教室后边面壁思过,班主任(数学老师)虎着脸站在讲台上,教室里气氛压抑。我去办公室找被罚的学生了解后,才知道原来是没有完成数学回家作业,原因是他们不会做。事后我跟老师交流:"班级里超过三分之二的学生不会做作业,教师是该责罚学生,还是该反思自己?如果学生来上学时,一路担心着可预见的责罚,他们还会喜欢校园生活吗?"我在教师大会上也指出这些不该出现的现象,但总觉得没有从根本上予以解决。

二是学生面貌不佳。去教室里随堂听课,学生主动举手发言甚少,站起来说话声音很轻,早操进退场时没有活力,与我曾经工作过的学校相差甚远。

三是师生对自己学校的认同度低。原本是自己学区的教师子女,都想办法转到同镇的其他学校,而且这种现象还很普遍,更不要说其他的生源流失了。

四是教师的专业自信不够。高级教师名额绰绰有余,却无人主动申报。学校里举行教学月活动,教师能躲则躲,不愿上公开课。课堂教学以教师泛泛而谈为主流。

林林总总,让初任校长的我很纠结。我觉得师生不自信是最大的困难,而信心是成功的基石。如何突破发展中的瓶颈问题?如何寻找适合校情的内涵增值路线图?

一个"从不愿意被听课到主动邀请校长听课"的教师案例给了我深深的

启迪。那是在到任后第一次与教师的见面大会上，我说自己是"吃业务饭"出身的，喜欢听课。一天，当我端着凳子朝着一个资深 A 老师的课堂走去时，他冷着脸说："校长，从来没有过人听过我的课，连某某教研员都不听的。"言下之意你可以走人了。我还是硬着头皮做了不速之客。课后，我迎着 A 老师拒人千里之外的架势，对他的课挖掘了三个优点、一个不足，A 老师也没露什么声色。两个礼拜后，我准备听另一个老师的课，经过 A 老师的教室时，他在门口说："又来听课了？听吧听吧！"他以为我又要"检查"他的课。于是我改变计划，进去听了一节，这次的课真的比上次略有进步，我挖掘了五个优点、一个不足。又过了两三周，A 老师在学校互联网办公平台发了个短信："校长，我备了一节课，您何时有空，麻烦指导。"我激动了好一阵子，我想大概五个评课优点起了作用。从这样一件小事中，我深深感悟到，老师们是渴望得到别人的认可和获得成功的。

于是，我针对老师都不愿上公开课，哪怕是校级公开课的情况又做了一次尝试。我对老师们说，每个老师只要在一节课里先研究一个环节，达到目标就可以得奖，如果人人达标，人人都有奖。因为我认为，再薄弱的教师总有能发掘的闪光点。想不到，主动参加者出乎意料的多。颁奖大会一改以前几家欢喜几家愁的状态，人人走上了领奖台。慢慢地，教师的抱怨声少了，鼓励学生的话多了。不经意间，教师开始赏识学生。一个声音在回响：教师是这样，更何况是孩子？希望得到他人的肯定和赏识，这是人的本性！一个偶然的机会，我拜读了孟繁华的《赏识你的学生》，深受启发，把它推荐给了全校教师通读。书中说道，"人性中最本质的需求就是渴望得到别人的赞赏和尊重。一个没有受过激励的人仅能发挥其能力的 20%—30%，而当他受到激励后，其能力是激励之前的 3 至 4 倍"，细细想来非常在理，赏识符合人的心理发展需要。

众里寻他千百度。孟繁华等的"赏识论"让我豁然开朗：西林中学的师生需要的不就是激励和赏识吗？就这样，一个符合人的发展规律的"赏识"理念呈现在眼前。于是，全校的育人观念开始慢慢转变，"赏识育人"的教育理念在西林校园慢慢形成，并取得一定成效。六年后，赏识育人理念又在办学基础较好的罗星中学得到传承和发展。

二、依据

我一向认为,学校要发展,靠的是人,其落脚点也在于人,因此必须遵循人的发展规律和教育的发展规律。马斯洛的"需要层次"认为,人类除了最基本的生理、安全需要外,更高层次的需求包含了对尊重的需求,希望得到他人的肯定和欣赏。而校园里的人,就是教师和学生。我坚定地相信,眼睛多看美好的,耳朵多听感人的,嘴巴多说积极的,心灵多接触洁净的,人大都是这样变优秀的。因此,学校要发展,得先让师生抬起头!提出"赏识育人"理念的依据有以下两点。

(一)基于人的发展规律

一方面,使人成功的原因可能各不相同,总体而言,人的成功是需要激励的,尤其是中学生,激励赏识的作用更大。以鼓励为主的教育手段,符合人的本性,更符合青少年的本质特征。另一方面,每个人都有闪光之处,有的多,有的少,有的被发掘了,有的未被发掘。学校应把师生当人看待,尤其是青少年,从本质上来说,他们都需要学校以鼓励为主,更多地挖掘他们的潜能。每个人都会有花开的时候。

(二)基于学校客观现状

从学生方面来看,我所任职的两所学校都是远郊的公办初中,生源主要是城镇、农村居民和外来务工子女等,学生相对见识少,基础学力较弱,自信心有待进一步提升。这需要发挥赏识激励的作用,让学生提升自信,发扬优势,持续发展。教师方面,西林中学队伍整体年轻,骨干教师不多,专业水平差异较大,自信心不够,缺乏成就感。罗星中学虽然师资相对成熟些,但是教师专业发展恰逢瓶颈期,进取心不够,一定比例的教师进入职业倦怠期,因此,也需要运用激励赏识激发教师的专业自信,用教师的发展成就学生的成长。

三、诠释

赏识是什么?如何基于校情,用赏识去育人?通过不断的实践,我和同事们慢慢认识赏识、体验赏识、品味赏识。期间有无数观点的碰撞、感悟的分享。顾名思义，赏，欣赏赞美；识，肯定认可。赏识是对学生闪光点的发现，是对学生进步的鼓励，是对学生成功的肯定。在不断的自问自答中，我们归纳了赏识育人的"三相信"：要相信人性的优点，每个人身上都有闪光之处；相信人性的本质，每个人都有被赏识的渴望；相信人性的潜能，每个人都能在互赏中进步。此外，我们提炼了"赏识育人"的三部曲：赏识自己，树立自信；赏识他人，取长补短；彼此赏识，和谐发展。

四、策略

（一）赏识是直面问题

赏识是激励与肯定。老师说："有的学生连作业都不做，叫我怎么去赏识他？赏识就没有批评吗？赏识该掌握一个怎样的度？"通过研讨，大家达成共识，赏识不等于"姑息养奸"，而是要将优势不断发展，弘扬优势，克服不足，让优势更优，发掘更多的闪光点。因此，通过赏识，进一步挖掘师生的潜能，找到学校的最近发展区，让课程建设满足学生面向未来的发展需求，让课堂教学预见面向未来的学习，让师生的工作学习焕发出生命的活力，让学校走上可持续发展之路。

（二）赏识是多向互动

彼此欣赏是一把金钥匙。欣赏别人是一种快乐，被人欣赏是一种幸福；欣赏别人是一种气度，被人欣赏能激发个体潜能。要提倡师生之间、干群之间、教师之间、学生之间、家校之间等的相互鼓励、彼此互赏，还包括自我欣赏。学校不仅要让赏识的阳光普照每名学生，宽容学生的失误，给予学生更多的自主，善于发现学生的优点，及时肯定学生的进步，使学生主体地位得到较好落实，让校园日益充满生机和活力，更应让赏识的阳光普照每名教师，发现每名教师的独特价值，发现他们身上的闪光点，为他们创设理想的成长环境，让他们的专业在赏识的幸福感中获得满足、发展和进步，以此调动教师的积极性，提升自信心，形成包容和谐、扬长发展的氛围。

（三）赏识应外化行为

"赏识"不能仅仅成为校长、教师脑海中的一个概念，要真正内化成师生的行为。要帮助师生理解理念、认同理念、认定理念，并转化为不断的赏识行动，让每一个师生都能拥有人生出彩的机会。

第二节 学校发展的定位

习近平总书记在全国教育大会上强调,"坚持把立德树人作为根本任务","培养德智体美劳全面发展的社会主义建设者和接班人"。总书记在视察北京师范大学时还专门强调,打造一支有理想信念、有道德情操、有扎实学识、有仁爱之心的"四有"好老师队伍,是学校办学的重要任务。

作为校长,我希望自己带领下的学校能把握好新时代教育的新使命,坚持教育自信,培养新时代的"四有"好老师,培育德智体美劳全面发展的阳光少年,办好让新时代人民满意的教育。我憧憬在校园里,教师有爱,学生有梦,家长有情,阳光和谐。在我看来,初中阶段学生的学业成绩固然重要,但不是全部,高端人才毕竟只是一部分,社会需要三百六十行,普通学校必须着眼"平民"教育,着眼每一个学生未来的人生,着眼人的个性发展。学业暂时不优秀的孩子,将来不一定不优秀,而且做人就算平凡,今后三百六十行里也一定有他们的用武之地。学生在某一方面得到肯定(比如劳动、礼仪),一定能激发他们学习的动力。

一、赏识育人理念统领下的学校发展定位

西林中学在赏识育人理念的统领下,基于校情,确定了"负担不重,质量不低,特色鲜明,成为上海市新优质学校"的办学目标。以"自强不息,和谐进取;勇于担当,追求卓越"为学校精神,以"自信、自爱、自立、自强"为校训,以"赏识彼此,和谐发展"为校风,以"切问近思,好学力行"为学风,以"有教无类,教学相长"为教风,确立了"成为'人格健全、个性张扬、和谐发展'的阳光少年"的学生培养目标以及"成为'德才兼备、一专多能、充满智慧'的理想教师"的教师发展目标,并以"为学生终身发展创设有意义的教育空间"作为课程建设目标,以"减负高效,让课堂预见学生未来的学习"为教学改革目标。在教育探索的过程中,学校重点将赏识理念的践行渗透在课程改革、贯穿在

师生关系改善中,努力使学校所提倡的赏识理念成为师生关系的黏合剂和学生进步的催化剂。通过"转变观念、优化管理、重构课程、变革课堂、搭建平台、创新形式、营造文化、家校合力"八个"点"上的探索与实践,不断丰富教育的形式和渠道,唤醒学生自觉发展的意识,关注学生的生存状态,关注学生的潜能开发,成就学生的生命成长。在不断的积累中,学校面貌逐步发生了巨大的变化,教师子女悉数留在了自己的学校,生源基本不再流失。2013 年,学校成为首批上海市新优质学校。

二、赏识育人理念融入下的学校发展定位

2016 年 7 月,教育系统安排我到办学基础较好的罗星中学担任校长。如何在不一样的学校进一步发展赏识育人理念? 在经历了与罗星中学团队的磨合之后,我又开始了赏识育人的新探索。

刚到任时,罗星中学已拥有 35 年的办学历程,涌现了诸多教学能手,培养了一大批建设祖国的栋梁。学校成熟教师比例相对多,中学高级教师人数占27%,区级及以上骨干教师占 15%。教师们敬业爱岗,教育教学经验比较丰富。但罗星中学也面临较大的挑战。一方面,高级教师在职数超编,学校教师多年没有评高级职称的机会,使部分中青年教师缺少成长动力;而已经获评高级职称的教师,开始进入专业发展瓶颈期,也缺乏再发展的动力,凭已有经验行事,逐渐跟不上时代的发展。另一方面,中考改革悄然而至,需要教师提升跨学科融合、项目化教学等专业能力,对整个教师队伍都提出了严峻的挑战。教师理念与行为的落差也导致了学生学习方式相对单一、"读死书、死读书"现象比较普遍、学生创新实践能力相对较弱的情况。学校的课程不够多元,不能满足教育改革的要求,校园活力不够。

如何让"各美其美,美人之美"的思想一脉相承,让"赏识育人"的理念因地制宜地在罗星中学进一步发展,使赏识成为校园最明媚的阳光? 一方面,要让赏识的阳光普照每位学生,给予学生更多的自主,善于发现学生的优点,使学生主体地位得到较好的落实,在"我能行"中激发学生的创新潜能,让校园日益充满生机和活力;另一方面,还要让赏识的阳光普照每名教师,挖掘每名教师的独特价值,发现他们身上的闪光点,为他们创设理想的成长环境,让

他们在赏识的幸福感中获得满足、发展和进步。

"罗星中学"的校名让人有"星罗棋布，满天繁星"的联想。"罗星，罗星，一颗闪亮的星。灿烂的星光照耀着我们天天长进。"在罗星中学的校歌中，一直就把学校喻为一颗闪亮的星。经过不断的交流讨论、智慧碰撞，我与老师们达成共识，将"星"作为重要意象渗透在学校文化中。如果把学校比作是一个星系，在罗星中学这个大星系中，每位师生都要成为一颗独一无二的星，汇聚一起，群星闪耀，星罗棋布。其中，教师是恒星，提供温暖、传播知识、指引方向，努力让每一颗行星都亮起来；学生是行星，在恒星的引领和照耀下，自转公转，闪耀星际，形成独特的"星光大道"。学校办学，就是要致力于培养一支发光发热的星教师队伍，建立闪亮的群星课程，将学生培养成为璀璨的未来之星。经过自下而上、自上而下的交流研讨，罗星中学的办学顶层设计最终被确立如下。

（一）办学理念

点亮每一颗未来之星。

"点亮"，反映了"尊重学生需求""因材施教"的教育观。点亮是一个轻巧的动作，我们相信，学生需要的是遵循其发展规律和个性成长需求的"点拨"式教育，而不是机械式的知识灌输。每一个教师应该在教育实践中读懂学生，磨炼自己的教育教学技巧，才能有"点亮"的举重若轻之感。

"每一颗"，彰显了"信任每一位学生都拥有潜力"的学生观，不放弃任何一个落后的学生，用发现的眼光关注每一个学生的特点，发掘他的优势。每一颗星星都是独一无二的，我们尊重不同学生的差异，为不同的学生提供不同的成长支持与展示平台。

"未来"，体现了我们"帮助学生胜任未来挑战"的课程观，罗星中学的课程应当面向未来，不断创新和调适，帮助学生积蓄面向未来成长的力量，注重对学生探究能力、解决问题等未来社会关键能力的培养。

（二）办学目标

建设具有"轻负担、高质量、有个性"特质的"育星"学校。

在已有的办学基础上，不断优化办学品质，逐渐树立罗星教育的品牌形象，扩大自身影响力，让学校能够获得更多的关注、更多的信任，成为上海初中学校中的优质资源。

（三）教师发展目标

培养"敬业有爱、指导有方、博学有才、富有魅力"的"星"教师。

将教师喻为恒星。因为在恒星的特性形态中，有与教师相似的特质。

1. 恒星具有发光发热的特性

我们最熟悉的恒星——太阳，就是一个燃烧着的天体，给我们带来光明与温暖。恒星的这种发光发热的特性，也象征着教师首先应该具有良好的师德——敬业有爱，关心爱护每一位学生，让学生感受到温暖。

2. 恒星有牵引的特性

行星总是围绕着恒星在公转，恒星也在很大程度上影响着行星运行的轨道。这也象征着教师是学生成长道路上的指导者，能够用合适的方法为学生传道、授业、解惑，能够为学生指引方向，不仅是在学科方面，还要为学生的未来规划提供建议，做到指导有方。

3. 恒星有自身质量大的特性

质量越大的恒星，对行星的吸引力就越强。所以，每一位教师都应该让自己成为博学的人。每位教师不仅仅是在自己所教授的学科中要有丰富的学识，还应该有善于解决问题的能力，具有生活的情趣，博学有才，成为学生眼中有人格魅力的教师。

（四）学生培养目标

培育自强自立、人格健全、乐学善学、个性鲜明的"星"少年。

我们将学生喻为行星。因为在行星的特性形态中，也拥有与学生成长相似的特质。

1. 自转

行星都具有自驱力，会围绕自己的轴心不停地做自转运动。同样，我们培养的学生也应当具备自主动力这一良好的学习品质，充分发挥学习和探究的主动性，具有主人翁意识，不断自我驱动、进步，成长为自强自立的人。

2. 公转

每颗行星都会围绕着恒星在特定的轨道上做周而复始的公转运动，同时还能与同星系中的其他行星相互影响。学生的发展如同行星公转一般，需要在教师(恒星)的引领下,遵守道德规范,在规定的轨道(国家课程)中掌握基本的学习知识和技能,成长为能够适应社会的个体。

3. 相互吸引

行星之间都存在着相互吸引力,维持着一种稳定持久的关系。学生的个性发展就犹如万有引力一般,让学生围绕自己感兴趣的事物不断学习进步,培养出自己的爱好与特长。同时,拥有个性的学生,也能够吸引其他个体,展现出自己的魅力。

(五) 学校精神

仰望星空,脚踏实地。

这体现了学校既着眼现实,又关注未来发展的办学态度与主张。仰望星空,体现了罗中人对人类已有知识的尊重与渴求,展现了罗中人对迎接美好未来的向往与自信,仰望星空的过程更激发了罗中人崇高的理想信念。脚踏实地,指的是学校在管理中求真务实、教师在教学中努力踏实、学生在学习中勤奋扎实。

就这样,我把赏识育人理念融合在教育教学过程中,通过"识星、育星、耀星"创造性地发展赏识育人理念,首先认同每一个师生的优点与长处,各美其美;在尊重每一个独特的生命个体的基础上,善于美人之美,有教无类、因材施教,培育人格、培养能力、发展个性,让每一个学生成为未来之星,让罗星中学的校园星光璀璨、群星闪耀。

第三节 育人模式的探索

国家对教育的顶层要求为学校教育指明了方向，就是要完成教育的根本任务——立德树人，全面落实学生发展的核心素养。培养学生的核心素养，一方面要依靠课程开发与建设，另一方面要依靠教学方式的改变，两翼不可分割，不可偏废，缺一不可，相互依存，相互作用。只有两翼同时发挥作用，才能完成课程教学的育人功能。因为课程的开发与建设解决的是学什么和学习到什么的问题，规定了学生的学习内容和学习目标，而课堂教学方式则是解决怎么学习才能实现学习目标的问题。前者是内容，后者是形式，内容决定形式，形式为内容服务。

纵观学校课程改革的问题，大致存在三种情况：第一种情况，是最传统的方式，在课程建设方面，没有实现国家课程校本化，就是简单地教教材，在教学方式方面，采用传统的填鸭式教学方法；第二种情况，重视课程建设，忽视教学方式变革，用老办法学习新课程，无法完成课标；第三种情况，忽视课程建设，重视课堂模式改革，但是课堂热闹有余，效益不高。因此，只有把课程建设同课堂教学方式结合起来，才能真正实现课堂的育人功能。课程体系中有国家课程、地方课程、校本课程，课程建设不只是安排课时教"教材"，更重要的是要从学生实际出发，从教师实际出发，从知识体系出发，紧紧围绕学生发展核心素养，根据学生情况和学科内容对教材进行二次加工整合，实现国家课程校本化。在教学方式方面，要摒弃传统的满堂灌、填鸭式的单一模式，根据课程的需要指导学生采用自主、合作、探究的学习方式，促进课堂教学方式转型，让课程建设和教学方式真正服务于培养学生核心素养的核心目标。

基于以上认识与思考，不管在哪所学校担任校长，我都积极引导团队围绕"立德树人"根本任务，着眼于学生终身可持续发展，积极探索适合校情的"一核两翼"育人模式：一核，即以培养学生的核心素养为核心；两翼，一是课程建设，二是课堂教学方式。学校根据不同学生的不同基础和特点，为学生提供多元可选择的课程以及适切的学习方式，努力育成完整的人、身心健康的人、和谐发展的人,让每个学生的潜能和个性都得到充分发展。

一、赏识育人模式的实践与探索

作为上海市新优质学校,西林中学用"赏识育人"理念统领内涵发展,紧紧抓住"课程教学创新"这个牛鼻子主动作为,让原本抬不起头的学生重振了学习信心,让无意专业发展的教师重获了教育自信,让学校改变了面貌。

随着课程改革进入深水区,我们围绕核心素养的要素,对学校进行定位分析,发现了诸多发展中的问题:知识本位,知识教学过度;师生主要使用国家课程,依据课程标准和教材确定学习内容的多少和程度,用辅助练习和测试卷判断学生学业情况,用纸笔考试评价学生学业水准等。这种固有的课程文化阻碍了学生个性的张扬以及终身学习所必需的素养的提升,导致各种教与学的冲突日益凸显,如学校提供的课程与学生乐意接受的课程、课改理念与教学行为、教学过程中的主体与主导、预设与生成、灌输与探究等的冲突。面对发展中的严峻挑战,加上西林中学所处的区域位置,我们清醒地认识到,如果学校不能谋求新的内涵发展之路,不能在基于"核心素养"的学校课程再建中取得突破;如果教师不能在教育行为上有所转变,不能促进学校可持续发展,那么学校将又一次失去品质生存的基础、失去家门口百姓的信任。我们在总结中反思,在传承中发展,以"核心素养"和人的全面发展为导向,坚持用赏识的力量深化课程改革、优化教学过程、和谐师生关系、丰富学生经历,将核心素养作为课程再设计的依据、出发点和愿景,加强课程领导,从学校课程文化的目标、内容、实施与评价等方面进行积极的探索与创新,努力再建基于核心素养的学校课程文化。

(一) 确立课程目标,做好顶层设计

课程目标是课程文化反思与再建的基点。学校坚定"赏识育人"办学理念,以"人的发展和终身学习"为主体的核心素养培养为核心目标,以育人价值主导课程建设,研究"赏识育人再架构"策略。通过全校师生大讨论,确立了"为学生终身发展创设有意义的教育空间"的课程建设总目标,让课程满足学生发展的需求。确定学生培养目标为:成为"人格健全、个性张扬、和谐发展"的阳光少年,让各层级的目标引领可持续发展。

(二) 规划课程内容,丰富学习经历

1. 课程计划的科学编制

课程计划是课程设置与编排的总体规划,是指导和规划课程与教学活动的规范性文件,也是办学的基本纲领和主要依据。学校以课程计划的制定与完善为切入,以"合格课程、优秀课程、示范课程"建设工程为抓手,启动学校课程规划行动研究。我们将学生在校一切教育教学活动皆视为课程,运用SWOT方法进行背景分析,研制了符合校情的学校课程实施方案和年度课程计划,架构了基于核心素养提升的"以基础型课程为主干,拓展型课程和探究型课程两翼齐飞"的"一体两翼"课程体系,全力打造充满生机、可持续发展、尊重差异的"赏识课程"。

2. 国家课程的二度开发

为了提升教师的课程意识和能力,明白自己首先是教师,其次才是教某门学科的教师。从"学科教学"转向"学科教育",学校以赏识的目光肯定教师的课程理解视角,基于教师的课程视域,将学科作为"宏观",将单元作为"中观",将课时作为"微观",引导教师将国家课程的总目标进行逐级分解、分类编码,把每一个学科划分为若干个单元或专题,以"单元或专题"为基本单位,以"整体"为核心,以"统整"为基本思路,用课程诸要素来构建每个小单元,从而构建起一个个完整而系统的学科"课程体系"。例如数学组研究专题,语文组研究文体的重点篇目,英语组研究专题与课题,理化组进行单元设计,等等,使国家课程校本化实施呈现出一种丰满和立体的状态。

3. 校本课程的个性设置

在充分考虑社区和学校课程资源的基础上,学校对学生的需求进行了调研评估,以学生需求为导向,与特长培养相结合;以教师研发为主体,用赏识的力量丰富课程的"两翼",开发旨在发展学生个性特长的、多样的、让学生可选择的校本课程。

(1) 学科限定拓展课程

各学科均可开设学科限定拓展课,如语文的"一十百千万"、数学的"思维训练"、英语的"牛津之歌"、美术的"西林版画"、体育的"校园排球"等。

（2）自选超市课程

学校共开设了 3 个板块、7 个系列、74 门拓展型、探究型课程,通过云平台供学生自主选择;成立了涵盖艺术、文学、技能、体育等领域的学生社团 23 个,做到人人能参与,个个有项目,为学生个性发展提供了自由空间。

（3）德育微型课程

学校积极探索德育课程一体化建设,完善学校社会实践课程,建设"晨间故事会"等德育微型课程,探索家校联动课程,开发午间阳光课程,形成了"学校、家庭、社会"三位一体的大德育格局。

（4）校本活动课程

学校有贯穿全年的校园文化节、学科文化周、文化日、班级文化秀活动,每年举行"达人秀"、校本课程建设阶段成果展示。校园阳光电视台倡导"人人是明星,天天有直播",鼓励更多的普通学生走进直播间,得到实践锻炼的机会。

4. 特色课程的精品培育

一所学校的优势所在,往往是这所学校的特色所在,而特色是学校发展的生命。学校精心打造"三六"特色课程项目。"三六"指的是基础型课程(如快乐英语)、拓展型课程(如西林版画)和探究型课程(如绿色环保)三项课程,以及排球、围棋、硬笔书法、版画、合唱、轮滑六个体艺项目。学校将融传统文化与美术技艺为一体的版画课程作为特色龙头课程重点打造,积极推进"人人会版画、班班有作品"项目,采用螺旋式培养模式,使版画特色课程成为校园文化建设和民族文化交流建设的一张名片。

（三）优化课程实施,提升教学品质

课堂是课程实施的主阵地。学校引导教师以"课堂小天地,天地大课堂"为指导思想,以"让课堂预见学生未来的学习"为目标,推出"绿色课堂文化建设三年行动计划",建设充满生命活力的绿色课堂,为课程文化的再塑找到平台。围绕"和谐、高效、可持续"的绿色课堂三维标准,实施环环相扣的"六招",追求环境友好型、资源节约型和持续创新型课堂。

1. 第一招——推行二次备课把握教学预设

研究个体、集体备课策略,采取"个人独立备课提出问题、团队讨论分享、最后个体再完善"的方式,开展主题备课、备课答辩、说课等系列活动,研讨预设中的学生的主体地位,落实二次备课要求。

2. 第二招——研究微环节转变教学方式

建构"4S学程模型",以学习方式的变化促进教学方式的变革。"4S学程"就是"想学、学会、会学、再学","S"是英文单词study的缩写,既可以是一堂课的四个环节,也可以是一堂课某个环节中的四个小环节。学校以赏识的目光引导教师关注学生的学习,研究一个个微小环节的质效,从而提高课堂教学整体效果,实现课堂的和谐、高效和可持续发展。

3. 第三招——项目引领研究思维品质

针对绿色指标中"高层次思维"短板,招募金卫中学、兴塔中学、松隐中学等伙伴学校成立研究共同体,确立"以高层次思维能力培养为导向的绿色课堂实践研究"研究课题,以课程设置、教学环节为抓手,以课堂教学微环节为突破,聚焦不同层次学生思维的培养,提升学习品质。

4. 第四招——基于标准改进校本作业

考试学科以双向细目表的编制为引领,设计基础、拓展、探究等分层次校本作业,提高作业针对性;其他学科设计研究实践、探究类作业,丰富作业的类型。班研组控制每日作业量,拒绝无效重复作业。实施作业绿色批阅,教师批改作业不打"×",用"○"或"\"代替,表示对学生错误的接纳和对纠错的期待,等学生改正以后再打上"√";练习本上呈现谈话交流式的评价,学生期待看到老师美好的评语,能一丝不苟地完成作业,在赏识中进步,也和谐了师生关系。

5. 第五招——构建多元学习共同体

教研体:以备课组为单位,开展主题一日研修活动。

班研体:由班级任课教师组成,研究因材施教、关注差异教学。

学研体:在班级中成立同伴互助型学习小组,以强带弱,共同提高。

师生共同体:党员干部认领有需要的学生进行爱心学习辅导。

家校共同体:成立校级、年级家长管委会,整合家长资源,进行学习探究。

亲子共同体:家长和孩子共同参与实践课程。2014年,西林之星爱心助老亲子志愿服务被多家媒体宣传报道。

所有的学习共同体都以学生为核心,以多元化的学习为方式,让合作成为常态。

6. 第六招——教学评优人人获奖

参赛前,教师从微环节入手为自己设计一个单项奖,上课之前出示自己设计的奖项以及获奖的条件,上完课后学科组进行评奖。每一次评奖都要持续三四个小时,获奖已不重要,重要的是从别人的教学中获得启发。于是,评奖活动成为实实在在的教研活动。教师在赏识中获得教学研究的成功体验,更获得了专业自信。

(四) 尝试评价转型,促进全面发展

教育改革,评价先行,应该以评促教、以评促建,以评价转型促进课堂转型升级,进而促进人才培养模式转型升级。我校认真研究"上海市中小学生学业质量绿色指标",努力开发校本绿色指标评价体系,探索和开发基于"核心素养"的校本学业质量绿色评价标准,努力改变以知识掌握为中心、以考试成绩为唯一标准来判定学生优劣的评价方式和局面。

学校注重多元评价和过程评价,让评价促进学生发展,比如对学生学期成绩采用"3+3+4"学科成绩综合评价。

1. 优化学习结果的评价

对学生学期成绩采用"3+3+4"综合评价。不将分数作为评价学生的唯一标准,成长记录中收集能够反映学生学习过程和结果的资料,包括学生自评、组内互评、教师详评、家长点评、社区参评、学生最佳作品、社会实践记录、体艺活动记录等,关注学生全面发展。每年开展"西林之星"评选活动,让每一个有一技之长的学生体验成长的价值,使评价更具针对性。

2. 注重学习过程的评价

课堂上,教师关注学生内心体验,巧用赏识妙语,每堂课对半数以上的学生说一句表扬鼓励的话,实施赏识性课堂评价。针对一年一度的"推优生""优秀生"评选,我们更关注学生思想品德、行为习惯、实践过程以及学业发展等全过程,采用活动记录、日常表现记录等方式;对"行为后进生"以建立学生档案的方式进行长期跟踪。

3. 实施多元开放的评价

改变教师主宰、分数唯一的评价方式,开辟师生互评、学校测评、家长点评、社区参评等渠道。建立"中学生成长记录手册",收集能够反映学生学习过程和结果的资料,包括学生的自我评价、最佳作品、社会实践记录、体育与文艺活动记录等,关注学生全面发展。

4. 引导学生学会赏识

在赏识育人理念的引领下,学校引导学生既能悦纳自己,又能欣赏同伴,从赏到识,不断创新赏识形式,使评价成为学生发现自我、赏识别人的过程。

实践证明,核心素养是可培养、可塑造、可维持的,可以通过学校教育而获得。我们的探索与实践有了阶段的收获。2012 年和 2014 年的上海市中小学生学业质量绿色指标测试中,西林中学学生各项指数均达到或超过区域平均水平,特别是学生对学校的认同指数为 9,师生关系指数为 8,自信心指数为 7,学业标准达成度为 8,学习品质得到很大提升。

当然,发展中的问题依然存在。课程的育人价值有待进一步提炼,校本课程的实施质量有待进一步提高,课程的统整工作有待深入研究,升学压力带来的学业负担相对还较重,学生的综合素养有待进一步培养。我校将坚持赏识引领下的智慧实践,坚持以社会主义核心价值观为圆心,以学生核心素养的培育为核心,构建育人价值主导的课程建设,进一步提升学生适应未来社会生活和个人终身发展所必备的综合素养。

二、基于素养培育的育人模式再造

我调任罗星中学校长之时,课改已经进入 3.0 版核心素养时代。作为载体、主渠道的课程教学应该装载什么样的 3.0 内核来厚植核心素养培育的土壤? 我们的做法如下。

(一) 构建基于核心素养培育的校本课程

课程是学生在校一切教育教学活动的总和,是学校的心脏。学校主要通过提升三个"力"来进行实践探索。

1. 厘清课程目标,提升课程领导的思想力

宏观上,以育人价值主导课程建设,确定课程总目标以及各层级的目标。

微观上,落实到学科课程,引导教师研究核心素养在每一门学科课程中的基本内涵、主要表现、素养要点,层层细化融入学科的教学目标。

2. 优化课程架构,提升课程领导的设计力

加强三级课程的扁平化重构,夯实国家课程,发展以校为本的拓展型和探究型课程,并从两个方面进行优化。

(1) 基于核心素养的课程整合

核心素养从整体上设计了学生发展的必备品格和关键能力,其目的是要让学生过完整的生活。我们要求学科在核心素养的统领下牵起手来,互相对话,通过"学科内融合、学科间结合、跨学科弥合"实现课程统整。例如,引导教师将国家课程总目标逐级分解、分类编码,把每一个学科划分为若干个"单元"或专题,以"整体"为核心,以"统整"为思路,构建起一个个完整而系统的学科"课程体系"。

(2) 注重课程设置的多元化

确定三类课程的建设原则,基础型课程——校本化(重个性),拓展型课程——多样化(重选择),探究型课程——生活化(重体验)。

一是发展学科类限定性拓展课程。例如开设语文的"悦读课程"、数学的"思维训练"、英语的"科普之声"、美术的"罗星篆刻"、体育的"校园足球"、化学的"生活中的化学"等。

二是拓宽选择性非限定拓展课程。该类课程的设置有三个注重:注重课程的梯度与层次,让每个学生在自己的起点上学适合自己的课程;注重课程的宽度与类别,让每个孩子都有感兴趣的领域,实现分类发展;注重多样与选择,充分满足每个孩子的个性需求。

三是优化德育课程一体化建设。建设德育微短课程群,设计促进学生生命成长的阳光校园一日生活;优化全年的校园文化节、学科文化周、文化日、文化秀等体验活动课程。

四是精心培育校本特色课程。精心打造"罗星篆刻""少年创客"等综合性校本特色课程,使之成为学校特色发展的名片和学生核心素养培育的"排头课程"。

3. 完善运行策略,提升课程领导的实施力

(1) 建立课程实施的有效机制

在课程安排上科学安排课时,做到长短课程结合;在课程选择上合理安排内容,做到普及与提高结合;在课程实施上改革教学方式,探索跨学科学

习、情境化学习等,逐步实现课程从学科本位发展为育人本位,落实学生发展核心素养。

（2）打造"让素养培育发生"的课堂

实施环环相扣的"六招",打造"快乐、智慧、多元、有效"的慧课堂,促进核心素养培育在课堂的发生。

第一招,三次备课研究单元设计;第二招,开展基于微方法的教学研究;第三招,项目引领研究高阶思维品质;第四招,"我看我的课"精准磨课;第五招,基于标准改进校本作业;第六招,人人有奖的会课赛课。

（3）探索课堂转型的校本有形成果

旨在推动课堂转型的校本化学科质量标准,旨在推动课堂目标精准化的课堂教学指南,旨在突出学习过程自主化的"预学—共学—延学"任务单。

（二）打造支持核心素养培育的教师团队

教师是育人的第一生力军。我们通过提升教师的综合育人能力,为培养学生"核心素养"提供师资保障。

1. 以先进的教育理念引导教师

思想决定行动。理念有了,新的教学行为就自然地流露出来了。每位教师要深入回答好"培养什么人,怎样培养人"的问题,抓住 4 个关键词:其一是"立德树人",把它作为浸润在课程全过程的教育境界;其二是"核心素养",聚焦学生在接受教育过程中、形成的适应个人终生发展和社会发展需要的必备品格和关键能力;其三是"基于标准",把课标作为提高质量、减负增效,统整教学时段的重要基础;其四是"丰富经历",教育要体现完整的学习过程并建立真实学习意义的空间。

2. 以科学的分层培训涵养教师

通过专家讲核心素养、校长谈核心素养,骨干教师以身示范,明确核心素养的要义和内涵,在学科教学中体现核心素养的渗透,在课堂活动中探索落实核心素养的有效方式和有效评价,形成有典型特征的案例。

3. 以扎实的实践演练提升教师

（1）借助项目课题创设机会

围绕"十三五"规划总课题"初中生积极人格培育的行动研究",提供子课题菜单,要求每个学科组都要有研究。

（2）开展岗位练兵提升师能

坚持两条腿走路:教学研究做强、教学常规做实;优化"三个一"校本研修,即一日研修、一周备课、一月教研;推进"三课"活动,即骨干教师示范课、学科教学研究课、青年教师汇报课;开展"三优"评比,即优质课、优秀命题、优秀论文(案例);完善"三星"社团,即星羽社、星尚社、星趣社,搭建适合不同年龄特点的分层师能演练活动;依托三组指导引领,即学科中心组、命审题中心组、名师讲师团。

（3）举行教学论坛沙龙

通过阳光论坛、教学沙龙等为教师搭建交流思想、方法、经验的平台。

（三）探索基于核心素养培育的评价优化

核心素养的出台,让评价改革有了灵魂和纲领。基于核心素养的评价优化就是要厘清如何对核心素养的培育进行考量。

1. 课堂教学中的评价

基于学生的培养目标,围绕"快乐、智慧、多元、有效"四个维度,考察课堂的兴趣值、容量值、方法值、意义值,突出课堂的动力价值、方法迁移和意义创生。

2. 日常养成中的评价

不以分数作为评价学生的唯一标准,建立能够反映学生学习过程和学习结果的"阳光少年成长记录手册",收录各种评价评语、学生最佳作品、社会实践记录、体艺活动记录、比赛获奖等,关注学生全面发展。每年开展"罗星之星"评选活动,让任何有一技之长的学生体验成长的价值。针对一年一度的"推优生""优秀生"评选,更关注学生思想品德、行为习惯、实践过程以及学业发展等全过程,采用活动记录、日常表现记录等方式;对"行为后进生"以建立学生档案的方式进行长期跟踪。

3. 学业质量测评中的评价

改变关注碎片化知识和标准答案的现状,努力在教育价值取向和学生核心素养培养链条上衔接一致,考试命题兼顾题目的基础性、开放性、时代性,突出在综合情境中运用各学科知识解决实际问题的能力。

4. 实施多元开放的评价方式

改变教师主宰、分数唯一的评价方式,开辟师生互评、学校测评、家长点评、社区参评等渠道,使评价更客观公正。

学校始终围绕学生终身发展和社会发展需要的必备品格和关键能力,渐次展开核心素养课程的创新与实践,不断优化育人模式。

第四节　管理运行的设计

一、学校管理要有温度

我经常说,学校要发展,教师是关键,管理是根本。不管是教师有意见,还是哪方面的工作不尽如人意,首先要反思是不是管理出了问题或不到位。一所好的学校需要一个健全的组织,这个健全的组织就像是五脏六腑,有大脑可以去思考,有肺可以去呼吸,有肠胃可以去消化……因此,作为校长,应该真正把学校当作一个健全的生命体,认真研究其生长规律,小心呵护它的三头六臂,用心感受它的喜怒哀乐,把自身的力量和学校的生命适度分开,认真权衡自己的力量,小心把握分寸,有所为有所不为,和全体师生员工齐心协力,让学校这个组织成长为一个可以自己生长的机体。

（一）管理要有科学的结构

结构是一个汉语词汇,字面意思有组成整体的各部分的搭配和安排;建筑物承重部分的构造;构筑;建造等。学校是由几个不同类别的人员组成的——一线教学、管理人员、服务人员,他们在学校里已经成为不可或缺的群体。李希贵校长在《如何运营学校》一书中将学校结构拆分为五个部分:战略高层、中层管理者、教育教学一线、支持人员和研发平台。每个学校有自己的校情,有自己的实际情况,切不可照搬照抄。制度或许是校长最关注的事,但结构却是解决问题的根本,可以用结构解决的事就不用制度,能用制度解决的问题,就不靠开会。

（二）结构需要人员来支撑

什么是一个学校的硬核实力？答案一定是一支有共同价值愿景的教师队伍。我认为好的教师需要遴选,但更需要培养。一支学习型研究型、善思精研有爱的教师队伍是学校管理者的共同目标。教师队伍是学校最有价值的竞争力,因为人员决定着学校这个组织是否能发挥教育教学效益。

（三）人员需要机制来激励

在组织、人员都到位的情况下，需要通过明确各部分的职能和各部分及相互之间的制度设计，才能让组织有序运行。然而，要形成良好的组织秩序，还需要添加一些特定的机制。我们都知道，一个组织有没有活力，与这个组织的薪酬体系、荣誉体系与职级晋升机制有最为密切的关联。当然，这些体系与机制的设计，是与教师的努力和技能有合理的因果联系的。并且要具有流动性，随着时间的变化，每个教师不会一直陷入某个层次，而是会因为自己的努力程度和技能水平的变化而变化。三个体系中最关键的一定是职级晋升机制的设计，一个学校的专业人员到底需要设计多少个层级的专业职务？需要我们思考，从基础岗位到高端职级的定位明确下来后，组织要做的就是对教师专业生涯进行分析，让每位教师发力，成为这个组织中不可或缺的重要部分！

（四）运行需要时常的反思

有了科学的结构、满意的教师队伍、适合人员发展的机制，学校便能正常运转。在运行的过程中，校长必须带领核心团队时常反思，因为教师并不是冰冷的机器，校长团队更应关注每位教师的内心世界，尽可能呵护、鼓励和给予指导！"二八定律"虽是定律，但教师更期待的是能在一个温暖、厚重、安全并且有人情味儿的团队中生存，让团队中的引领者更优秀，跟随者不断进步。只有关照每个人的内心世界，一所学校的运行才会更顺畅，生命周期才会更长！

二、学校管理要重效能

将绩效管理思想引入学校管理，能提升管理的效能。绩效管理不仅强调结果导向，更重视达成目标的过程。绩效管理所要解决的主要问题，一是目标的有效确定并在管理者与教师之间达成共识，引导教师朝着正确的目标发展；二是对实现目标的过程监控；三是对实现的业绩进行评价和对目标业绩进行改进。

（一）绩效计划的制定

制定绩效计划，首先要建立目标。计划目标可以包括"学校使命和战略目标—部门计划和目标—绩效和发展计划—绩效和发展方案”等，其中的核心价值就是要导入对共同价值的认识与持守。其次，要确定可行目标的标准，体现“SMART”原则，即 Specific 具体性（直白易懂清晰），Measurable 可衡量性（量化、质化时间、金钱等），Achievable 可行性（有挑战、可实现），Relevant 相关性（组织目标与个人目标的一致度）和 Time Framed（在商定好的时间完成）等。最后，设定绩效目标制定的程序：告知教师—做出过程的框架—营造浓浓的氛围—分享组织和部门目标—制定教师绩效和发展目标—讨论教师的专业发展目标、战略和战术等。

（二）绩效计划的执行

在阶段性的“SMART”目标确定和各自的目标明确之后，教师执行绩效计划，管理者进行跟踪、检查和指导，重点是通过正式的会议或非正式渠道和方法对教师实施辅导。在辅导过程中，管理者既要认可教师的成绩，又要及时发现工作过程中的问题，并提供帮助和支持，不断改变工作方法，随时纠正偏离目标的行为，并根据实际情况及时对目标进行修正或调整，确保绩效目标的实现。

（三）绩效的过程监管

绩效过程的监督管理非常重要。如果管理者经常忽视教师“怎么做”，而只注重最后的绩效结果，就会导致部分教师以影响学校整体利益的方式去实现结果。例如，有的人只顾自己的目标而影响他人目标，只顾个人利益而忽视大局利益，甚至某些行为有可能加剧部门与部门之间的冲突等。在实行过程监督时，首先，管理者采用按照时间节点，或按照任务节点，或按照时间节点、任务节点并用等方法进行。其次，绩效过程的监管必须坚持“协调、监督和沟通”多管齐下，其中管理者与教师之间持续不断的沟通是达成共识、明确各自目标分解的前提。因此，绩效管理实际上是管理者和教师持续的双向沟通和交流的过程，是学校与教师共同发展的前提。沟通可以是正式的或非正式的，可以采用口头形式、书面形式或者会议形式，随着信息技术的发展，还可以采用网络交流形式。再次，绩效监管必须注重绩效信息的采集与记录。通过常态的观察跟踪、考勤和记录、定期抽查、关键事件记录等方法，了解同事反映、家长学生表扬与投诉情况，及时记录数据，为评估作准备，避免各种主观偏差造成的消极影响,使评估言之有据,公正、公开、公平。

（四）绩效的有效评估

绩效评估,是指对照工作目标或绩效标准,采用一定的考评方法,评定教师的工作任务完成情况、员工的工作职责履行程度和员工的发展情况,并将上述评定结果反馈给员工的过程。考评的程序应遵循以下六点:一是根据被考评人的人际关系情况恰当地安排考评者,二是测量经常性表现或行为的条目,三是测量偶然性表现或行为,四是提醒考评者考评行为及结果也将被考核,五是引导考评者的行为,六是对特别观察的重大事件的考评进行书面记录。

评定量表是贯穿绩效管理全过程的管理工具,应包含正反两方面的定义,能清晰界定好坏表现,并能保持培训、同行评审和监管的一致性。

（五）绩效的及时反馈

绩效反馈是绩效管理过程中的一个重要环节。它主要通过考核者与被考核者之间的沟通、面谈,肯定成绩,找出不足并加以改进。绩效反馈的目的是让教师了解自己的业绩是否达到所设定的目标,行为态度是否合格,与管理者达成对评估结果一致的看法。管理者要向教师传达组织的期望,双方共同探讨绩效未合格的原因所在并制定计划,同时,双方对绩效周期的目标进行探讨,最终形成一个绩效合约。因此,绩效反馈在管理者和教师之间架起了桥梁,使考核公开化,可以排除目标冲突,确保考核的公正公平。

360度反馈,也称全视角反馈,是一种较有效的反馈方式。它是指由教师自己、管理者、同事,甚至家长、学生等全方位的角度来了解个人的沟通技巧、人际关系、领导能力、行政能力等方面的绩效。被评估者不仅可以获得多种角度的反馈,而且可以清楚地知道自己的不足、长处与发展需求,有利于克服单一评价的局限。

（六）绩效结果的应用

绩效的结果一般应用于绩效改进、薪酬分配以及教师职业生涯的发展,包括工作晋升、轮换、淘汰或再培训等。管理者应以人为本,统筹兼顾,重在帮助绩效改进、提升能力,关注教师潜能的开发,将教师个体和组织紧密联系起来,促进员工与企业共同发展。

三、学校管理要讲细节

汪中求先生在他的著作《细节决定成败》谈到，"泰山不拒细壤，故能成其高；江海不择细流，故能就其深"。大礼不辞小让，细节决定成败。

何谓细节？其实，只要细心观察一件事就能对其了然于心。例如，我们可以通过一个人的头发了解他的卫生习惯，看他的举手投足而深知他的修养与人品；看他的思想和工作业绩，就知道他有多少能力……细节是一种微妙的东西，你可以追求，但不可苛求，细节虽小，却能在不经意间给人们以深刻的印象。因此，细节是一种创造，细节是一种动力，细节表现修养，细节体现艺术，细节隐藏机会，细节凝结效率，细节产生效益。

成也细节，败也细节，细节问题的重要性可见一斑。作为学校管理人员，要想建设好学校，提升管理水平，应狠抓细致工作的落实，从平凡的小事做起，自身良好的修养起步于细节的积累。在细节中锻炼自己，超越自我，实现自我人生的价值。

（一）严于律己，重视常态

学校管理工作，重在常态。要勤于思考，把日常工作想全想细。对待每一件事情，无论大小都须加倍认真，这样才有可能把它做好。校长团队是全校教育教学的领军人物，是引领者。行政干部的一次会议、一个活动、一个决策、一次讲话等，贯穿在平时管理工作之中，每一份细小的工作都可能对全校教育教学起到方向性的作用。因此，更力求严谨规范、认真细致、勤于思考、超前规划，井然有序地完成好每项常态工作。

（二）强化细节，提高素养

一个人素质的高低决定着他的明天，赢得未来的竞争靠的是素质。"万里长城不是一天垒起来的"，一个人的素养无不体现在我们日常工作的每个细节上。我认为，行政干部，首先要厚德博学。校长团队要提升课程领导力，为教师的专业发展、班集体管理提供指导与服务，发现他们的教育教学经验；为这些经验的展示、辐射与提升创设机会和平台，使之成为学校的共享资源。这就需要学校干部具有"为他人作嫁衣"的品德与责任心，需要拓展自己的学术视野,需要对教师教育教学经验的推广价值有敏锐的判断力和提升力,能够通过加强修养来提高自己的人格魅力,提高自己的专业水平,来影响更多的教师。因此,厚德博学是一个行政管理人员的修养目标,也是应有的自我要求。

此外,还应"严守伦理"。行政干部来自一线,经过许多年的努力才取得今日的名望,应时刻注意自己的一言一行,向教师展现自己高尚优雅的风度和修养。在交流中要注意尊重教师,特别是与比自己年轻的教师相处时,要防止"话语霸权",要与教师建立如同亲密朋友一样的关系,并将这种关系落实在对教师的指导工作中。

(三)事事认真,求同存异

任何工作,要甘于从小事做起,拒绝浮躁。做好每一件小事就等于做了一件大事,如果连一件小事都做不好,就更谈不上做大事了。做人也是,不能计较得失,要团结同事,多为集体着想,这样才能赢得别人的尊重和信任。西方有句名言:"罗马不是一天建成的。"我们的教育事业,都是在踏踏实实、埋头苦干中发展的。浮躁被扎实所代替,冲动被理智所折服,这才是"发展"的硬道理。

作为行政管理人员,要努力团结全校所有教师,不以领导自居,力求同伴互助。面对各项业务工作,不仅要力求精通,而且要做细、做全,以身作则,身体力行,要在注重细节的基础上实现创新,努力发挥"研究、指导、服务、管理"的工作职能。在工作策略上,要求同存异。"求同"是指要有一个共同发展的大方向;"存异"是指在具体实施方式层面,提倡百花齐放、百家争鸣。要允许教师有自己的工作思路和风格。在队伍建设上,要和谐发展。要正视客观存在的差异,为不同基础的教师提出不同的发展目标,帮助不同基础的教师确定符合其个性的发展途径;为不同基础的教师创设互相学习或结对互助的发展机制,总结不同基础教师的发展经验,在实现经验共享的过程中达到全体教师的和谐发展。

(四)持之以恒,贵在坚持

常言道,把每一件简单的事情做好就是不简单,把每一件平凡的事情做好就是不平凡。学校管理工作本身就是一些琐碎繁杂事务的重复,但要做好、做细,必须付出很大的努力。例如校级教学研讨活动,要想把每一次活动开展得井井有条的确不是一件易事,它需要教学管理人员的智慧、细心和周到,对研讨内容了如指掌,有自己独到的思考,必须想方设法让每一位参加活动的教师有所收获。再如设计一份试卷,是教师的常规作业。每一次命题,都要做好双向细目表,要关注知识覆盖面、难易度、知识与能力之比,要杜绝误差,要贴近教学实际,要与时俱进,等等,一一做来也是非常不易。因此,关注细节实际上是一种长期的准备。细节是一种习惯,是一种积累,也是一种眼光,一种智慧。只有保持这样的工作标准,才能注意到问题的细节,才能做到为使工作达到预期的目标而思考细节,才不会为了细节而细节。

四、学校管理要依规章

教育部印发的《全面推进依法治校实施纲要》指出,各级各类学校要全面落实依法治国要求,大力推进依法治校。依法治校,是贯彻依法治国基本方略的必然要求,是加强教育法治建设的重要内容,也是实现教育事业改革与发展的有效保障。到罗星中学担任校长后,我提出的第一个目标,就是要成为上海市依法治校示范校。我们坚持走"依法治校、依法治教"的办学之路,以创建平安校园为载体,以法治宣传教育为抓手,以建章立制为抓手,以构建校园法治文化自觉力为目标,切实净化、优化校园环境,不断提升规范办学的水平。2019年,罗星中学评为上海市依法治校示范校,目标得以实现。以下是学校的实践与收获。

（一）理念引领,奠规范办学之基

秉持"点亮每一颗未来之星"的办学理念,学校在传承中谋求发展,在追寻中落实行动。以"忠诚、求索、勤奋、健美"的校训严谨治校,形成了"文明、规范、奋发、和谐"的良好校风。我们以"阳光少年培育计划"作为重点改革项目,不断深化和践行办学理念,建设星课程、打造慧课堂、锻造星教师,努力将教育的阳光照耀到每个学生身上,通过面向全体学生、面向学生的全方面、面向发展的全过程,致力于培养"自强自立、人格健全、乐学善学、个性鲜明"的未来之星,让每个学生成为一颗颗闪光的"星星",为每一个学生的全面发展和终身幸福奠基。

（二）建章立制，强规范办学之本

学校紧紧围绕以德立校、依法治校的总体要求，促进规范办学逐步走向制度化、规范化。

1. 健全规章制度

学校依法建立和完善学校章程。在学校章程的引领下，高度重视依法治校工作。制定学校"五年发展规划"，修订形成《现代学校制度汇编》。学校成立以校长为组长，以书记为副组长，各部门负责人为成员的领导小组，统筹领导、协调和督查。具体工作由校办负责联络、推进和落实，校外法律顾问、校外法制辅导员就师生权益维护、校园安全、特殊学生教育等提供法律咨询和政策宣讲。学校建立了听证会制度，邀请家长、学生、普通老师等参与重大事项的可行性论证，集思广益，提升办学品质。制度和组织的双健全为依法治校提供了坚实的前提。

2. 强化民主管理

加强民主管理力度。严格执行"三重一大"制度，并组织学习，不断完善。加强廉政建设，确保决策科学民主。坚持教代会制度，通过教代会组织绩效分配方案的修订、后备干部以及评优评先的推荐、组织中层以上干部述职等，切实发挥教代会在民主管理、监督评议中的作用。建立健全三级家委会，组织家长积极参与学校管理。充分利用家长资源，开展家长志愿者护校活动，开设家长学校课程。每年召开少代会、团代会，发挥少先队、团组织"参政议政"作用，让学生的主体地位在学校得到巩固和尊重。民主、高效、精细化的校园民主管理为依法治校提供了有力的保障。

3. 规范办学运作

学校按照"上海市课程计划"的要求，用办学理念引领课程重构，完善课程结构的均衡性、综合性和选择性，架构了五育并举的"五星"课程体系。严格执行课程计划，开齐开足各类课程。在推优招生方面严格按照相关精神操作执行，做到公开、公正、公平。倡导新型人才观，注重学科素养培育、思维质量培育，不打题海战术，严禁购买、严格排查教辅材料；加强师资队伍规范化建设，全校签订"规范教学行为，拒绝有偿家教"承诺书，对有偿家教的老师一票否决。倡导教师爱心辅导、志愿服务,党支部推出"小爱暖心"志愿者行动,组织学科老师放弃休息日为学困生、特殊学生义务补课辅导。制定严格的财务、资产管理制度,做好规范教育收费工作,加强"收支两条线"的管理,规范资金使用,专款专用,做好清算与盘点,使教学资源得到最大化的使用。实行校务、党务公开,利用校园公示栏、校园网、微信公众号等及时发布消息,确保即时性和透明度。学校建有校内信访、调解机制,由工会牵头成立劳动争议调解小组、德育领导小组,各项预案制度健全,分工合理,落实到位,师生合法权益得到很好维护。科学有序的规范运作是依法治校的关键所在。

(三) 强化教育,务规范办学之实

以"三个结合"带动全校师生法律素养的提升,并共同宣传、共同实践、共同努力,使学校办学声誉日趋提升。

1. 与养成教育相结合

养成教育是法治教育的基础,是落实未成年人思想道德建设的重要抓手。为此,学校编写了《罗星中学学生须知》校本教材,收纳了《中小学生守则》《中学生日常行为规范》《学生日常行为规范训练应知应会应行要求》《罗中一日常规》《罗中处分暂行规定》等校规校纪,用于学生对学校认知和行规(即"行为规范")养成教育,并把校园安全、行规教育、小升初心理调适等纳入新生入学教育,开设讲座,明确要求,增强意识。

2. 与课程建设相结合

学校开设了相关课程,包括公共安全教育课、专题校班会课、时政讲座课、校外实践活动课等,并编制了教材。通过教学,向学生普及相关法律基本常识,培养学生的交通安全意识、环境保护意识、自我保护意识以及分辨是非的能力,从小养成遵纪守法的好品德,使得法治教育植根于学生心灵。

3. 与校园文化建设相结合

(1) 加强师德师风教育

把《中华人民共和国义务教育法》《中华人民共和国教师法》《中华人民共和国未成年人保护法》《师德规范》的学习纳入教师继续教育体系,结合市文明校园的创建,开设"争创文明校园,共育关心文化"辅导讲座,进行师德问卷调查、签订师德承诺书。组建"沐曦园"青年教师成长共同体,组织对老党员、老教师的"寻访"活动,邀请校外法制辅导员、民防办负责人、消防支队领导开设禁毒知识、民防减灾、消防安全等专题讲座,增强了教职工依法执教、依法治教、廉洁从教的自觉性。

（2）开展学生主题教育

学校常年坚持开展"六个一"活动:一次紧急撤离演练,或放在开学初,或放在 5 月;一次禁毒宣传教育,在每年的禁毒日,组织学生参观禁毒科普教育馆;一次以法治教育为主题的辅导讲座,涉及反邪教、电信诈骗、网络安全、禁毒知识、交通法规、未成年人保护等;一次校园消防运动会,通过情景演练、技能比赛、体验活动,让学生掌握安全技能,展现自我能力;一封致全体家长的信,内容有安全使用共享单车、禁止燃放烟花爆竹等,形成家校教育合力;一次"法治与安全"主题班会。

（3）加强校园氛围营造

利用黑板报、宣传栏、红领巾广播、国旗下讲话、校园网、微信公众号等多种形式对广大师生进行法律、法规知识和安全常识的宣传,有针对性地渗透交通、消防、地震、防雷击、防溺水、饮食卫生、体育运动自我保护等方面的知识,使师生增强法治意识和安全自我防范意识。同时,社区助力学校,综合整治了校园周边的无证摊贩、网吧等不利于学生健康成长的场所,共同打造良好的法治校园周边环境。

（四）注重特色,铸规范办学之魂

1. 推进法治心理教育

通过对心理健康教育在工作理念、服务定位、培养目标、工作制度、硬件建设、课程推进、转介干预等方面进行法治化、规范化转型,打破原有的心理健康教育局限于"外驱型范式":学校心理健康教育（简称"心育"）主要按上级的指示和要求开展,是形式单一、发展僵化的心育模式。在心理健康教育范式演进的内生性因素上进行转换,运用积极心理学原理挖掘学生的积极人格特点,推行规范化管理以保障心育推进,成功将学校心理健康教育由"外驱型范式"转变为"内驱型范式",进一步加强心理健康教育法治化建设,打造"阳光心育"品牌特色,促进学生身心健康发展,使每位学生成为自己的第一,学校的唯一。2017 年学校荣获"全国心理健康教育特色校"称号。

2. 实施家长驻校机制

实施贯穿全年的"家长驻校"机制。家长志愿者走进学校，走进课堂，走近学生和教师，全方位参与并监督学校的日常管理。他们认真完成驻校办公的"六个一"工作，即一次校园巡查、一次教学观摩、一次午餐管理、一条合理化建议、与一位学生谈心、与一位教师交谈，并填写"家长驻校办公活动记录册"。通过驻校办公，家长们进入学校、零距离接触班级教育教学管理一线、深入学校后勤保障服务的方方面面，了解情况、查找问题、提出建议，忙碌而又充实。大家在实践体验中感受着、评价着，一页页满满当当的驻校日志记录着家长们的用心和认真。这种形式的校园开放，既拉近了家长和学校及教师间的距离，又提升了家长关注学校、参与学校活动的积极性，为融洽家校关系和达成家校共育起到了有力的推动作用。同时，家长驻校办公活动也是帮助学校发现问题的另一双眼睛，家长们的意愿是学校改进工作的一项重要依据，家校协同育人举措得到有效落实。

3. 开设"模拟法庭"课程

开设探究型课程"少年模拟法庭"，根据自己身边的事例先进行法治小故事的创作，再二度改变成小品。学生通过"请进来走出去"的方式开展模拟体验，形成法治教育特色项目，使依法治校从校内拓展到校外，从理性认识落实到感性体验。

例如，学校组织学生参加上海市"春天的蒲公英——小法官网上行"活动的模拟法庭现场决赛，一次次的亲身体验带给孩子们的不仅仅是名次上的荣誉，对于法庭审理过程的了解，更是一种发自心底的对于国家司法人员的尊敬，对于国家法律的敬畏以及对自身的法治教育，甚至还成就了一些学生的职业理想。

通过制度规范、文化引领、精神驱动等举措，学校不断推动依法治校工作，不断提升规范办学的水平，努力促进教育优质均衡发展。

五、学校管理要会赏识

"凝聚产生力量，团结诞生希望。"团队的素养影响着学校发展的方向、速度和未来。在学校管理中，我坚持以赏识凝聚力量，润泽管理，让团队在和谐中发展。

（一）赏识班子，打造和谐共赢的领导团队

领导班子是学校管理的核心，有人说一个好校长就是一所好学校。我们认为，有一个好的领导班子才有一所好学校。学校对领导干部提出了"想做事、能做事、干成事、能共事、不出事"的发展要求，并善于用欣赏的眼光看待班子中的每一位成员，真诚地团结、鼓励、欣赏每一位成员，形成和谐进取的领导团队。

1. 确立目标，激励班子成员

班子成员分工合作，每个人分管一条线，蹲点一个年级组，指导一个教研组，做到分管工作自主开展，整体工作团结协作，为了一个共同的目标，那就是成功。

2. 沟通协调，凝聚班子成员

每周五的行政例会也是班子成员的沟通会，校长全力做好协调平衡，凝聚力量，提出要求，潜移默化地促使各成员互相尊重、互相包容、互相赏识、互相补位，推动了学校各项工作顺利开展。

3. 胆大心细，信任班子成员

校长尊重、信任班子中的每一个成员，善于放权，鼓励他们大胆工作。有问题，校长主动承担领导责任；有不足，校长予以包容谅解，以真诚的信任调动班子成员工作的积极性，确保学校大船顺利航行。

4. 相互欣赏，激活班子成员

相互欣赏是一把金钥匙。欣赏别人是一种快乐，被人欣赏是一种幸福；欣赏别人是一种气度，被人欣赏能激发个体潜能。工作中，我校逐步形成了校长与班子成员之间、班子成员之间相互欣赏的良好氛围，大家经常用"海纳百川，有容乃大"的精神勉励自己，在沟通中增进理解，在配合中加深信任，在支持中形成合力，一心一意谋工作，心无旁骛创事业。

（二）赏识教师，塑造合作进取的教师团队

赏识教师，激发教师的无限潜能，铸造民主、和谐、团结、进取的团队精神，是我校一贯追求的目标。

1. 适时表扬，激发工作热情

某著名企业家曾经说过，世界上有两件东西比金钱更为人所需，那就是认可与赞美。不要小看那一两句微不足道的赞美之词,对教师来说,那是一种需求,甚至是一种渴望,是激发个人斗志和勇气的良药。在工作和生活中,班子成员都能拥有一双善于发现教师优点、长处的慧眼,去捕捉教师的"闪光点"。例如,工作例会上的一句表扬,教师大会的提名表彰,家长会上的肯定赞美,平时工作中的真诚鼓励,都会使教师产生成就感和荣誉感,铭记于心,备受鼓舞,从而产生积极向上的无穷动力,在沟通中创造出和谐快乐的人际关系环境。

2. 宽容过失,给予充分包容

本着"人本化"的管理宗旨,班子领导对教师的过失能进行客观分析,以谅解的态度,帮助其认真总结经验教训,避免再犯同类错误。同时,给予教师反省改正的机会,最大限度地给予理解和宽容,让他们感受到宽容背后的期待和信任,使他们在宽容和信任中提高自己,完善自己,挑战困难,不断进取。

3. 人文关怀,注重情感交流

学校的教师大都爱岗敬业、乐于奉献,在工作和家庭双重负荷下经常顾大家而舍小家。我们团队加强和教师的情感沟通,把访贫问苦、家访慰问当作一项常规工作。离退休的教师、本人或家属有困难的教师、年长的教师、支教老师以及结婚、生育、乔迁新居的教师等,学校领导一定登门拜访。学校的扁平化管理促使班子人员经常下组室与教职工一起探讨教育教学难题,参加教研组、年级组活动,把自己当作一名普通的教师和本组成员一起出谋划策。所谓"士为知己者死",班子成员的真诚和人格魅力感染着每一位教职工,铸就了团队成员对工作无怨无悔、任劳任怨的优良作风。

4. 创设机会,构建激励机制

在校级课堂教学评优中,植入赏识理念,巧设微环节奖,如最佳导入奖、最佳课堂练习奖等,一场比赛下来,做到人人获奖,充分调动了教师的积极性,提升了他们的自信心,极大激发了教师参与课改的热情。学校还积极为教师搭建实践的平台,让教师有历练和提升专业技能的机会,如一日研修、中考体验、同步考试,基本功、论文、命题、征文等评比,十佳教师评选、心目中的阳光教师评选,等等。学校在绩效中设立系列奖项,把不同类型的优秀教师写上"光荣榜"……在关注全体教师发展的基础上,学校还加强对教师梯队的培养,通过"引路子、压担子、搭梯子"等方式,开展课题研究,参与青蓝工程、骨干工程等,培育骨干教师。通过"四步式"培训培养青年教师,即做好岗前培训,做好入职"热身";青蓝工程,落实"传、帮、带";基础锤炼,开展基本功过关活动;平台搭建,成立"青言林""沐曦园"教学沙龙等。

（三）同伴互赏,注入学校发展的无限活力

作为统领学校各项工作的精神之魂,将赏识理念植入教师的日常工作之中,使相互赏识成为教师的自觉意识和自觉行动。教师阳光体育比赛,每个年级组都是一个团结进取的团队;每学期的家长开放日、年级视导周、校园文化节等大型活动,教师们倾注热情,踊跃参加,展现出靓丽与精彩;每年的迎春团拜会,是全校"家庭大聚会",所有节目的策划、创意,都由教师自编、自导、自演。在活动中,教师间真诚地相互欣赏,真诚地为同伴喝彩,使每位教师都体味到工作的快乐和大家庭的温暖。以"扬师德,铸师魂"为主题的"西林风尚讲坛""罗中阳光论坛"将教师互赏推向高潮。教师们以年级组为单位,以赏识的眼光挖掘身边感人的故事,师生同台展演,展现了教师敬业爱生、善于教学、乐于奉献的美好形象。在学校搭建的平台上,每个人都有机会露一脸、秀一场。台上,演者品味价值,熠熠生辉;台下,观者深受感染,做最好的自己。整个团队越来越有凝聚力,越来越自信自强,每一位教师都在"我能行"中激发创造潜能,为学校的发展注入活力。

第二章

以"五星"课程丰富学生学习经历

第一节 校长课程领导力的认识

校长是一所学校的灵魂和旗帜。因此,提高校长领导力,也是办好学校的关键。在校长的诸多职责和能力要求中,对课程的领导力应该是校长的首要能力。课程领导力是指校长领导教师团队创造性地实施新课程,全面提升教育质量的能力,是一个校级团队决策、引领、组织学校的课程实施的控制能力,是校长所有能力要求中的核心能力。校长课程领导力大致包含课程的理解力、课程现状的判断力、课程实施方案的设计力、课程实施的运行力、课程资源的整合力、课程评价的变革力六个方面。

一、课程的理解力

我认为,对课程的理解应从国家课程校本化实施和校本课程个性化建设两个方面思考。

（一） 对国家课程校本化实施的理解

学校应严格执行国家课程,既体现在对精神的领悟、思想的统一和步调的一致上,也体现在根据学校的历史背景、文化形态、教育特色、教育能力、师资队伍现状和生源情况,因地制宜地对国家课程作出符合学校实际的校本实施,使国家课程呈现它的丰富内涵和多元价值,呈现它的教育魅力和弹性空间。国家课程的校本实施过程,是一个再创造的过程,再创造的水平决定着学校教育教学质量的高低。

（二） 对校本课程个性化建设的理解

校本课程是对国家课程的个性化补充、拓展、延伸和丰富。校本课程强调的是在具体实施国家课程的前提下,根据办学理念和培养目标,通过对学校教育教学资源和本校学生的需求进行客观科学的评估,充分利用学校的课程资源和社会资源等,开发多样性的、可供学生选择的课程。它强调的是国家课程的指导性、学校的主体性、资源的多样性和学生的选择性。

二、课程现状的判断力

对课程现状的判断包括以下六个方面：一是对学校的课程文化形态的判断，主要是指学校管理层，尤其是教学管理部门的课程意识、课程设计能力、课程管理组织能力；二是全体教师对国家课程的理解力、忠诚度和执行力；三是课堂教学状况；四是学生对课程的需要度与满足度；五是学校课程资源开发利用的广度和深度；六是学校课程结构的合理性、丰富度。要使这些信息准确、可靠，校长就要走进课堂广泛听课，与师生对话，倾听师生的心声；可以与师生、家长及其他相关人员面对面地交流；或直接参与学校教学管理部门的某些课程管理工作。

三、课程实施的规划力

课程实施规划的制定，首先要有完整的、多维的课程概念，要考虑到课程目标的确定，课程结构的搭建，课程内容的挖掘，课程实施方案的设定，课程评价方案的跟进，以及课程管理组织机构、工作程序、改进机制的建立等。

在课程规划的制定与实施中，要充分强调构成课程基本要素的必要性和重要性，在课程的设计、开发、整合、执行、评价、反思、修正过程中，要重视和遵循课程的基本要素，主要涉及课程目标、课程内容、课程方式、课程评价等。另外，学校课程体系的建立首先要观念先行，努力探索以学生的个性需要为出发点，以满足、提升成长中的人所需要的课程内容和形式设计为重点，以新的教与学方式为核心的学校课程体系。同时，课程实施规划还应重点关注以下五个方面。

1. 课时安排

为了保证三级课程的校本实施，课时的安排是首要问题。由此，学校可以统筹方法，整体安排，保证国家、地方课程开足开齐。

2. 师资布局

合理挑选、招聘业务过硬、教学能力较强的教师承担"校本课程"的教育教学工作,建设起一支相对稳定的、具有专业背景的教师队伍。同时,定期组织教师培训、交流及研讨,培养专业骨干,形成学校的教学骨干队伍。

3. 硬件创设

为了保证校本课程的顺利开设,学校拨出专项资金,购置体卫艺科等教学活动器材和设备,并开辟各类专用教室、如书法教室、美术教室、音乐教室等,提供必要的物质条件和环境保障。

4. 教材再构

校本课程是学校自主研发的课程,没有现成的教材,我们必须在实践的基础上,自主编写适合学生发展的校本教学资源。

5. 制度建构

为了保证校本课程的有序进行,学校成立"校本课程"领导小组,校长亲自负责,从资源的准备、课程的设置、师资的选择到课表的安排、课时的落实,都亲自参加设计,并负主要责任;成立"校本课程"教研组,研究教学问题。这样,校本课程将逐步走向系统化、规范化和科学化。

四、课程实施的运行力

校长课程领导力不是校长个人的"单打独斗"。在学校里,无论是校长,还是教师,都是课程领导的主体。课堂教学是学校工作中的核心业务,也是课程实施的关键环节。教师需要在"知""行"两个方面对课程进行领悟与实施。

(一) 教师的课程认同度

教师只有在充分理解课程的基础上,才会对课程产生认同,才会在课堂教学中进行实践。学校要创造条件带动教师研究的意识与兴趣,让"研究"成为教师常态化工作的一部分。因此,从校长自身做起,重点强调教师的研究能力,激发教师的内驱力,创建富有自主创造性的课堂教学文化。同时,通过"课例研究"提高教师对课堂自主创造性的探索和关注,并寻找在课堂中进行自主创造性研究的切入点,鼓励教师在课堂中给予学生更多发展的空间。

(二) 教师的课程实施力

课堂教学是一门艺术,也是一门科学,更是教师课程执行力的最终体现。

学校通过校本研修、课题研究等,转变教师的思想和教育行为,充分关注学生的自主性,发挥学生的能动性,提升课堂实效。

五、课程资源的整合力

课程资源的开发要明确三点认识:教材不是唯一的课程资源,教师是最重要的课程资源,课程资源的建设必须纳入课程改革计划。学校课程资源主要依赖学校自身的资源开发,教师是课程的具体执行者,同时也是课程的创造者,其中既包括对国家课程的创造性的实施,也包括利用自己的专业和非专业优势,在学校的课程框架内,按课程的基本要素,为学生提供可选择的教育教学资源。校长要充分认识到这个资源的意义和价值,并按课程建设的逻辑和要求开发好、管理好教师资源。学生是课程开发的受益者,同时也应该是参与者,有时甚至是执行者。此外,学校的制度文化、教师的职业道德、人际关系、环境布置等是学校课程建设的非显性环境资源,应按课程的要素对这些资源加以整合和利用,让它以课程的形式呈现,就能激活学校对课程的想象力和创造力,形成立体的课程形态,对学生的健康成长起到"润物细无声"的效果。

六、课程评价的变革力

课程评价的变革力主要包括评价主体、评价体系与评价标准的多元化。课程评价体系,应该保护学生的原发兴趣。学生对课程的喜爱需要有一套以"激发兴趣"为导向的评价系统,例如,改变以往"技能型"的评价方式,以富有情趣的评价保护学生学习书法的浓厚兴趣。参与评价的有教师、学生和家长,要丰富课程评价的主体。

第二节 校长课程领导力的提升

校长课程领导力的指向是引领学校教育质量持续提升;课程领导的关键是把握教学本质,指引教师的教学理念,建设共同学习的团队,并善于在实践中发现问题、研究问题和解决问题,不断实现教学质量和教师整体专业能力的提升。提高校长课程领导力的主要途径主要是:理念引领,建立制度;深入课堂,关注过程;团队合作,整体提升等。

一、基于问题把握方向

思想决定行动。苏霍姆林斯基说:"学校领导首先是教育思想上的领导,其次才是行政上的领导。"校长对课程改革的领导,不但要体现在组织管理上,更要体现在观念的引领上。教育观念对教学起着指导和统率的作用,一切先进的教学改革都是从新的教育观念中发生出来的,一切教学改革的困难都来自旧的教育观念的束缚;一切教学改革的尝试都是新旧教育观念斗争的结果,确立新的教育观念是教学改革的首要任务。校长要领导学校的课程改革,必须准确理解当前的课程理念、课程类型、课程目标和课程内容,要能够及时发现和解决课改中出现的问题,保证课改的稳步推进。

为了实现观念的引领,校长应当加强自身的学习,正确理解课程改革的精神实质,并在学校重新建立相应的教学管理制度,这是课程改革深入发展的保障。

二、加强源头开发课程

课程是学校为学生提供的获取知识、能力、人格以及学习经历等一切活动的总和,每个学科只是学校课程的一个部分,教材是课程实施的重要载体。课程资源是指形成课程的要素来源以及实施课程的必要而直接的条件。课程资源的开发和利用对于转变课程功能和学习方式具有重要意义。当前，"课改"提出建设三类课程，基础型课程即国家课程，学校能做的空间是如何校本化实施；能给学校更多的课程自主权的，是拓展型课程及探究型课程，每个学校依据校情、办学愿景开设不一样的校本课程，来彰显学校特色、培养学生特长。因此，学校应该明确三类课程的定位与目标。基础型课程应着重培养学生的基础性学力，有相对统一、最基础的知识和最基本的能力要求。拓展型课程要着重培养为学生终身学习打基础的发展性学力，包括限定拓展课程和自主拓展课程，分必修和选修两部分。课程内容与要求有弹性、可变动，重点不在于知识量，而在于独立的自学能力和学习习惯与方法的培养。探究型课程应着重培养学生在实践和研究基础上的创造性学力，是以问题研究、项目设计等形式开展的课程。探究型课程是学生可以分类分层自主选择的课程，如社会调查、社会实践、案例调查、专题讨论、课题研究等项目。

三、领导过程实施课程

校长角色的重要责任就是把教学管理作为日常学校管理的重要内容，全面研究分析教学工作，全面掌握教师教学的基本情况。校长要用正确的教育理念引领教师实施新课程，就必须深入课堂一线听课，摸清课堂真实情况，抓住教学环节中的主要矛盾，分析教学动态，研究如何改进教学过程、教学方法，在减负增效、提高课程实施有效性上下功夫。

课程改革的重点在课堂，关键在教师。校长要指导教师从常规教学的备课、上课、作业、辅导、评价五个环节入手，切实改进教学工作。

（一）把握教学目标与内容

确定合适的教学目标，准确把握教学内容与要求，分析了解学生学情，采用多样的、切合实际的教学组织形式和教学方法，注意合理选择讲述、讨论与独立学习等不同形式，同时要培养学生探究学习、合作学习等的能力，落实"以学生发展为本"的理念。

（二）正确处理师生间关系

营造师生民主、平等、开放的课堂氛围，注意调动学生的积极性、主动性和挑战性,把握好教师的教与学生自主学习的平衡,控制好学习要求的难度与思维的坡度。在关注学生学习兴趣的提高、参与意识与注意力的保持和课堂效率的提高等前提下,合理、有效地组合多种教学方法。同时,要关注学生在课堂教学过程中的反应,有效利用课堂中学生的各种生成性资源,以弥补教学预设中的不足。

（三）精选课堂练习及作业

练习与作业内容与课堂教学紧密相连,落实教学的核心内容,以精选提高实效,控制练习及作业量,并采取分层作业等多样形式,减轻学生负担。教师应当及时有效地批改作业,善于利用批改后的作业与学生进行交流,提高学生的学习效益,既向学生反馈学习情况,又从中捕捉教学信息,进行教学诊断,补充矫正性练习,改善教学行为。

（四）基于标准的学习评价

将评价贯穿整个学习过程,提倡激励性评价。善于捕捉学生的学习信息,指导学生调整、完善自己的学习过程与方法,使评价为激发不同层次学生的学习兴趣、提高学生的学习能力服务。

总之,校长要注意教学常规管理的系统性,实现教学基本环节的连贯和畅通,规范备课、上课、作业、辅导和测试等常规环节,切实提高教师有效实施课程的能力。

四、加强对校本教研的领导

学校发展的关键在于拥有一支强有力的教师团队。如何组建一支优质高效的教师队伍? 这是摆在每一个校长面前的重大难题。作为校长,第一,注重从源头上把好"人才关",即在招聘教师时就重点考察其人品和潜质;第二,在工作中推陈出新,实施"人才梯队工程"。

（一）把握教师专业发展需求

明晰学校核心价值,倡导上下平等的合作精神,营造学术氛围,注意培养教师的课程意识,为教师创造利用各种课程资源的空间,共同探究课程问题,培养课程领军人物,为每一位教师创设发展的机会、条件和空间,为教师参与课程领导提供民主、开放、协力、合作的氛围,建立伙伴式的团队文化,组建强有力的学校教研团队。

（二）聚焦学科教研活动建设

教研组建设的好坏直接影响学校教学质量的提升。要促进教研组发展,使其成为一个学习共同体,使教师可以在其中获得丰富的信息和资源,通过同伴之间的互助,引发自己对教育教学的反思,不断更新自己的专业知识,从而获得更宽泛、更完整意义上的成长。

首先,要重视教研组长的选拔和培养。教研组长是一个团队的核心人物,必须德才兼备,不仅要关注其专业的成长,还要重视维护教研组长的权威性。培养教研组长组织、策划教研活动的能力,能促进教研组集中精力聚焦课堂教学,基于问题开展教研活动,增强教研组的活力,使教研组内教师的整体素质和教学质量得以持续发展。其次,关注教研组制度建设。在校级层面制定教研组工作的目标和要求,健全并完善各科教研制度,制定符合本校实际的校本教研制度和切实可行的实施方案,实现研训一体化,形成以"研"促教的氛围,并严格遵照执行。再次,要关注教研组教研文化建设,促进教研组真正成为教师专业成长的学习共同体。最后,要为教研组的活动时间、经费、制度执行情况等提供强有力的保障,并对学校的校本教研工作过程与质量进行监控与评价,定期检查制度运行情况,不断提高校本教研工作质量。同时建立相关的评价制度进行激励导向。

陶行知先生曾说:"国家把整个的学校交给你,要你用整个的心去做整个的校长。"校长课程领导力的提升过程就是校长的专业发展历程,要努力提高课程领导力,不断实现教学质量和教师团队专业能力的提高和升华,办让家长和社会满意的教育。

第三节 课程实施方案的架构

课程实施方案是学校根据培养目标制定的有关学校教学和教育工作的指导性文件,具体规定学校应设置的课程,各门课程开设的先后顺序,课时分配和学年的编制等,并对课内的教学和课外的活动等方面作全面安排。课程实施方案的出台,是思考的过程,是逐步推进的过程,是在充分调研的基础上不断调整的过程。主要涉及以下六要素:校情分析(历史回顾、办学现状、面临挑战),学校办学理念与培养目标(办学理念、育人目标、育人模式、办学方略),学校课程结构与设置(课程体系、课程设置与安排、特色课程),课程实施(课程实施形态、课程实施建议、课程评价建议),课程制度与管理以及课程建设的保障措施。

在"十三五"收官、"十四五"开局之时,罗星中学围绕"点亮每一颗未来之星"的课程理念,与时俱进地制定了面向未来的课程方案。

罗星中学课程实施方案

一、课程背景

(一)学校概况

上海市罗星中学创建于1980年,是上海市金山区的一所公办初级中学,校址位于上海市金山区朱泾镇罗星路234号。学校分东西两部分,占地面积24097平方米,建筑面积13538平方米。校内设备较为完善,拥有心理健康咨询室、图书馆、篆刻馆、星辰电视台、3D打印室、科技长廊及各类专用教室等场所。

学校以"点亮每一颗未来之星"为办学理念,发扬"仰望星空,脚踏实地"的学校精神,全面建设星课程、慧课堂,培养星教师和星少年,积极打造"罗星篆刻""少年创客""阳光足球"等特色项目,努力把学校建设成为百姓家门口的好学校。2018年9月,罗星教育集团成立,作为领衔校的罗星中学带领张堰二中、吕巷中学和松隐中学携手迈步强校工程集团化办学之路,为教育的优质均衡发展奉献力量。

为了进一步深入推进中小学教育教学改革,全面提升学校的课程领导力,学校根据前期课程计划的实施情况及未来的课程实施目标,特制定本阶段学校课程实施方案,以更好地指导学校的课程建设。

（二）学生及家庭情况分析

目前,学校有4个年级39个教学班,在籍学生1762名。学生主要来自周边公办小学,少数学生来自其他乡镇。学生的总体素质良好,视野开阔、思维活跃,有一定数量的学生有艺术、科技、体育等特长。但是,不同学生的学习基础、学习能力差异较大,部分学生的学习自理能力较弱,学习的主动性有待加强,学生的高层次思维能力需要进一步提升。

家长群体的整体素质较高,普遍重视子女教育。但是,多数家长重分数、轻素质,部分家长的教育方法存在一定的问题。因此,学校十分重视家长工作,加强家校合作,通过各种途径,提升家长对家庭教育的意识和重视程度,帮助家长理解最新的教育理念和掌握科学的教育方法。

（三）教师现状分析

学校现有教职员工147人,专任教师138人。教师师德素质良好,专业水平较高。他们以"乐教、懂教、善教、崇教"自勉,不断进取,大力发扬"脚踏实地,仰望星空"的罗中精神,积极投入教育教学改革的实践中。现就教师具体情况及其发展优势与问题分析如下。

师资队伍情况

专任教师	高级教师		一级教师		本科学历		研究生学历		区级以上骨干	
人数	人数	比例	人数	比例	人数	比例	人数	比例	人数	比例
138	38	27.5%	69	50%	129	93.4%	9	6.5%	49	35.5%

1. 发展优势

（1）教师师德高尚,爱岗敬业

学校教师具有高度责任感和敬业精神,关爱学生成长和发展,师生关系良好,教师队伍整体具有较高的教学效能感,对教学工作有积极的工作态度和较高的工作热情。

（2）教师专业扎实，名优教师带动青年教师发展

学校各学科教研组都有领军教师，中学高级教师人数占27.5%，区级及以上骨干教师占15%，成熟教师占比较大，教育教学经验丰富，名优教师通过师徒结对等方式带动青年教师发展。目前，教师团队已形成浓郁的教学研讨氛围，同伴互助、资源共享蔚然成风。

（3）各级项目引领，助推教师专业成长

学校作为上海市教师专业化发展学校暨见习教师规范化培训基地学校，承担区域内见习教师规培任务，已有几十位教师在市、区级教学比赛中获奖。学校还成立了"星羽社""星趣社""星尚社""星趣社"四个教职工团队，从品德、心理、兴趣等多角度促进教师发展。上海市金山区教育局出台《关于金山区教育系统教职工选聘工作的实施意见（试行）》，激活学校教师活力。另外，罗星教育集团开发师资共培项目，为打造师资队伍提供保障，为不同发展阶段的教师提供展示和交流的平台。

2. 发展挑战

（1）高级教师超额，部分学科结构性缺编

高级教师职称多年超额使部分教师缺少上升动力，这为学校的发展带来了相当大的阻力。学校多年未引进新教师，造成师资梯队有所断层。另外，部分学科存在结构性缺编，对学科教师梯队的培养造成一定的影响。

（2）部分教师发展动力不足，专业能力有待提升

在发展动力上，部分高级教师进入高原期，自我发展意识不强。在专业能力上，教师课程执行力不均衡，部分教师需要进一步提升课堂实施能力。学校将进一步加强对教师的激励，逐步构建教师课程建设激励机制，更好激发教师发展的内驱动力，促进教师的专业成长。

（3）新中考改革对教师提出更高要求

中考改革、综合素质评价改革等教育新趋势对教师提出更高要求，教师需不断优化专业能力（比如跨学科教学能力、资源整合能力），适应当下的教育教学发展。学校将通过开展多层次、多途径的教师培训，提高教师的创新素养和变革素养，提升教师的课堂教学能力和课程开发执行能力。

（四）课程现状分析

1. 发展优势

学校在课程建设的过程中,以立德树人为根本目标,坚持五育并举,为学生打下扎实的学习基础,同时发展学生个性,不断丰富和完善学校的课程建设。目前课程实施现状分析如下。

（1）校本课程丰富多元

学校已开发 50 多门校本课程,覆盖艺术、体育、科技、心理等多个学科,并承担了不同的育人作用。例如,"阳光心育"注重培育学生的健全人格;"罗星篆刻"传承非遗文化,以篆育人;"校园足球"弘扬足球精神、以球育智;"少年创客"培养创新精神和实践能力。除此之外,学校还开展了学科文化周,关注学生的学科核心素养发展;开发国际研学课程,开阔学生的视野,提高学生的综合素养。同时,学校还设有丰富的校园文化节,为学生展示自我风采提供了平台。

（2）各种设施不断升级

学校各教室已更新触摸屏一体机,电视台、图书馆、篆刻馆、电脑房、音乐教室、科创中心、各类实验室重新装修并投入使用,为创新课程和项目的开展提供有力保障。同时,学校已形成一批"微短"课程群,通过挑选优秀课程进行录像,为学生提供线上微课,丰富学生的个性化学习体验。2019 年,学校依托信息化技术推进智慧课堂项目,每位学生人手一个平板电脑,教师利用数字化技术和大数据,探索智慧课堂的有效教学模式,不断优化数据驱动的个性化教学。

2. 发展挑战

课程顶层设计需要优化。随着中考改革方案的实施,如何将课程建设契合当下教育教学改革的趋势,完善学生的育人目标,使其既能满足现实教育的需求,又能具备适应未来社会发展的核心素养和关键能力,是课程顶层设计的重要前提。优化和完善学校的顶层设计,是学校新一轮课程改革中需要解决的重要问题。

综合实践课程亟待开发。学校现有的综合实践类、探究型课程数量不足,课程开发和建设的机制尚未成熟。学校需要进一步借助区教研室、社会第三方机构的专业力量,开发具有校本特色的综合实践活动课程,促进教师教育观念的转变,提升教师跨学科融合、项目化教学的专业能力。

二、课程理念与目标

校名"罗星"使人联想到星罗棋布、满天星辰的美好景象,我们将"星"作为重要意象渗透在学校的精神文化、目标体系及课程构架中,致力于将学校打造成上海教育的明星,打造一支发光发热的"星教师"队伍,建立闪亮的"五星"课程,将学生培养成璀璨的"未来之星"。

(一) 办学理念

1. 办学理念——点亮每一颗未来之星

(1) 点亮

反映了我们"尊重学生需求""因材施教"的教育观。点亮是一个轻巧的动作,我们相信,学生需要的是遵循其发展规律和个性成长需求的"点拨"式教育,而不是机械的知识灌输。每一个教师应该在教育实践中读懂学生,磨炼自己的教育教学技巧,才能有"点亮"的举重若轻之感。

(2) 每一颗

彰显了我们"信任每一位学生都拥有潜力"的学生观,不放弃任何一个落后的学生,用发现的眼光关注每一个学生的特点,发掘他的优势。每一颗星星都是独一无二的,我们尊重不同学生的差异,为不同的学生提供不同的成长支持与展示平台。

(3) 未来

体现了我们"帮助学生胜任未来挑战"的课程观。罗星的课程应当是处在不断更新与调整之中,注重对学生探究能力、解决问题等未来社会关键能力的培养,帮助学生不断积蓄面向未来成长的力量。

2. 学校精神——仰望星空,脚踏实地

"仰望星空,脚踏实地"体现了学校既着眼现实,又关注未来发展的办学态度与主张。仰望星空,体现了罗星人对人类已有知识的尊重与渴求,展现了罗星人对迎接美好未来的向往与自信,仰望星空的过程更激发了罗星人崇高的理想信念。脚踏实地,指的是学校在管理中求真务实、教师在教学中努力踏实、学生在学习中勤奋扎实。

（二）办学目标

建设具有"轻负担、高质量、有个性"特质的"育星"学校。教育教学各项指标名列前茅，若干领域指标（育人方式转变、信息化应用等）达到市先进水平。

学校以建设具有"轻负担、高质量、有个性"特质的"育星"学校为目标，在已有的办学基础上，借助集团化办学的契机，逐渐树立"罗星教育"的品牌形象，扩大自身影响力，让学校能够获得更多的关注、更多的信任，成为上海初中学校中的优质资源。

（三）发展目标

1. 学生培养目标

学校致力于发展学生的"自主动力、学习能力与个性活力"三大能力，使学生成为自强自立、人格健全、乐学善学、个性鲜明的"星少年"。在罗星这个大星系中，学生被喻为行星。因为在行星的运转特性中，我们可以发现与学生成长相似的特质。

（1）自主动力——源自行星自转的特性

行星都具有自驱力，会围绕自己的轴心不停地做自转运动。同样，我们培养的学生也应当具备自主动力这种良好的学习品质，充分发挥学习和探究的主动性，具有主人翁意识，不断自我驱动、进步，成长为自强自立的人。

（2）学习能力——源自行星公转的特性

每颗行星都会围绕着恒星在特定的轨道上做周而复始的公转运动，同时还能与同星系中的其他行星相互影响。学生的发展如同行星公转一般，需要在教师（恒星）的引领下，在规定的轨道中（国家基础课程）掌握基本的学习知识和技能，并遵守道德规范，成长为能够适应社会的个体。

（3）个性活力——源自行星间的万有引力特性

行星之间都存在着相互吸引力，并能保持一种稳定持久的牵引关系。学生的个性发展就犹如万有引力一般，让学生围绕自己感兴趣的事物不断学习进步，培养出自己的爱好与特长。同时，拥有个性的学生，也能够吸引其他个体，展现出自己的魅力。

学生培养目标设计以《中国学生发展核心素养》作为理论依据，提出的"自主动力""学习能力""个性活力"三大能力对应核心素养的三大一级维度:"自主发展""文化基础""社会参与"。

学校通过这三大能力的培养,帮助学生成为自强自立、人格健全与个性鲜明的人,为学生的终身发展奠定坚实的基础。

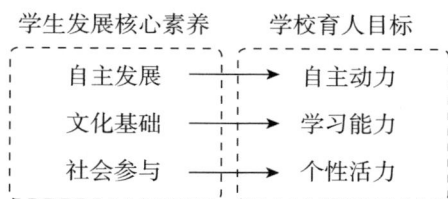

学生发展核心素养　　学校育人目标

自主发展 ——→ 自主动力

文化基础 ——→ 学习能力

社会参与 ——→ 个性活力

学校育人目标与学生发展核心素养对照关系

2. 教师发展目标

结合办学目标与育人目标,学校正积极打造一支"敬业有爱、指导有方、博学有才、具有人格魅力"的"星教师"队伍。如果说学生是星系中的行星,那么教师就是星系中的恒星,为行星提供温暖、传播知识、指引方向。

(1) 敬业有爱——源自恒星发光光热的特性

我们熟悉的恒星——太阳,就是一个发光发热的天体,给我们带来光明与温暖。恒星的这种特性,也象征教师首先应该具有良好的师德。教师应该关心爱护每一位学生,指引学生成长,让学生感受到温暖。

(2) 指导有方——源自恒星牵引行星的特性

行星围绕着恒星公转,恒星也在很大程度上影响着行星运行的轨道。这也象征着教师是学生成长道路上的指导者,能够用合适的方法为学生传道、授业、解惑,能够为学生指引方向,不仅在学科方面,而且为学生的未来规划提供建议。

(3) 博学有才、具有魅力——源自恒星质量大的特性

恒星的质量是很大的,而质量越大的恒星,对行星的吸引力就越强。所以,每一位教师都应该让自己成为博学的人。不仅仅是在自己所教授的学科中拥有丰富的学识,还应该有善于解决问题的能力,具有生活的情趣,这样才能成为学生眼中有魅力的教师。

3. 课程建设目标

坚持以立德树人为根本任务,以五育并举为指导思想,构建注重基础、丰

富拓展、引领探究的"五星"课程体系。

三、课程结构

（一）课程名称

根据《上海市普通中小学课程方案》的要求并结合学校特色,我们建立了"五星"课程体系。"五星"之中,有一颗颗未来之星——学生们,有一颗颗恒星——博学多才、具有魅力的教师们,他们组合在一起,动态构建出了具有未来星的课程体系。同时,五星寓意学校课程的丰富多彩,一门门课程也是闪耀的行星,让学生心生向往。学生在这些课程中留下的痕迹,就形成了他独特的"星光大道"。

该课程的英文名称为"STARS",五个英文字母分别代表了五大课程板块——星跃(Sport)、星睿(Talent)、星艺(Art)、星馨(Responsibility)、星动(Skill),呼应了五育并举的思想体系。

"五星课程"

Sport——"星跃"体育:注重培养学生健康生活的意识和能力,帮助学生掌握基本的运动方法和技能,养成健康文明的行为习惯和生活方式。

Talent——"星睿"智育:注重培养学生的科学精神和人文底蕴,帮助学生理解和运用人文和科学领域的知识和技能,培养解决问题的能力。

Art——"星艺"美育:注重培养学生的审美情趣,培养学生在生活中发现美和欣赏美,具有艺术表达和创造的兴趣和能力。

Responsibility——"星馨"德育:通过理想信念教育,厚植学生的爱国主义情怀,培养学生责任担当的意识;通过心理健康教育,培养学生具有积极的心理品质,成为人格健全的人。

Skills——"星动"劳育:注重培养学生的动手能力、实践能力和创新素养。通过社会实践、职业体验等活动,帮助学生开阔视野,了解社会、思考自身的发展规划。

(二) 课程结构

"五星课程"在横向上对应五个课程板块,纵向上则依照上海市的课程设置要求分为基础型、拓展型、探究型三类课程。基础型课程严格按照国家要求设立;拓展型课程是对基础型学科的延伸拓展,丰富课程的学习形式和内容,培养学生的学习兴趣,同时关注学生学科核心素养的发展;探究型课程"金星计划"以综合实践为主要形式,通过跨学科探究,培养学生主动思考、解决真实问题的能力,增强其责任担当的意识。

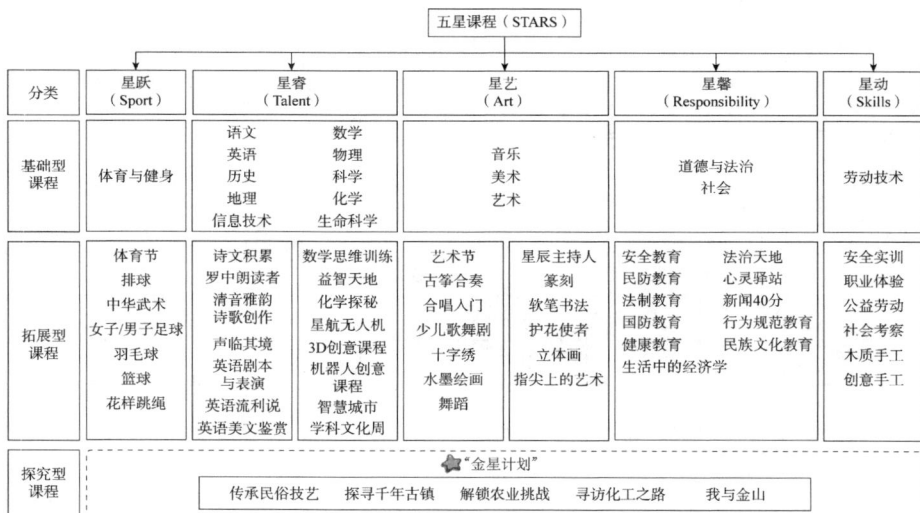

五星课程(STARS)					
分类	星跃(Sport)	星睿(Talent)	星艺(Art)		星馨(Responsibility)	星动(Skills)
基础型课程	体育与健身	语文 数学 英语 物理 历史 科学 地理 化学 信息技术 生命科学	音乐 美术 艺术		道德与法治 社会	劳动技术
拓展型课程	体育节 排球 中华武术 女子/男子足球 羽毛球 篮球 花样跳绳	诗文积累 罗中朗读者 清音雅韵 诗歌创作 声临其境 英语剧本与表演 英语流利说 英语美文鉴赏	数学思维训练 益智天地 化学探秘 星航无人机 3D创意课程 机器人创意课程 智慧城市 学科文化周	艺术节 古筝合奏 合唱入门 少儿歌舞剧 十字绣 水墨绘画 舞蹈	星辰主持人 篆刻 软笔书法 护花使者 立体画 指尖上的艺术	安全教育 法治天地 民防教育 心灵驿站 法制教育 新闻40分 国防教育 行为规范教育 健康教育 民族文化教育 生活中的经济学	安全实训 职业体验 公益劳动 社会考察 木质手工 创意手工
探究型课程	★"金星计划" 传承民俗技艺 探寻千年古镇 解锁农业挑战 寻访化工之路 我与金山					

"五星课程"(STARS)结构图

四、课程设置与实施

（一）课时安排

上海市罗星中学 2021 学年课时安排表

课程		周课时				备注
		六年级	七年级	八年级	九年级	
基础型课程	语文	4	4	4	4	
	数学	4	4	4	5	
	英语	4	4	4	4	
	道德与法治	1	1	2	2	
	科学	2	3			
	物理			2	2	
	化学				2	
	生命科学			2	1	九年级第二学期调整到八年级第二学期
	社会			1	1	社会调整为八九年级每周各一课时
	地理	2	2			
	历史		3	3		
	音乐	1	1			
	美术	1	1			
	艺术			2	2	
	体育与健身	3	3	3	3	
	劳动技术	2	1	1	1	八九年级集中劳动教育
	信息科技	2				
	周课时数	26	27	28	27	

（续表）

课程		周课时				备注
		六年级	七年级	八年级	九年级	
拓展型课程	学科类活动类	5	4	3	4	六年级：写字、心理、体活、自主拓展、人机对话 七年级：写字、体活、人机对话、自主拓展 八年级：写字、体活、活动 九年级：阅读、限定拓展、人机对话、体活
	专题教育班团队活动	1	1	1	1	周五下午第二节
	社区服务社会实践	每学年2周				志愿者服务、社会实践、小队活动、寒暑假活动
探究型课程		2	2	2	2	
午休		每天30分钟				
午会		每天20分钟				读本教育、健康教育、时事形势教育、民防教育
广播操、眼保健操等		每天40分钟				广播操上午，眼保健操上下午各一次
周总课时		34	34	34	34	每课时按40分钟计

注：除特别说明外均为周课时数。

（二）基础型课程安排

1. 基础型课程目标

根据上海市教育委员会制定的"学年度课程计划"及说明，认真执行课程计划，开足开齐每一门课程，不随意增（删）课，以培养学生创新思维能力为导向，基于标准的教学和教考一致，加强国家课程校本化实施，建设学科课程特色。

2. 课程内容

按照国家规定，开足开齐各年段基础型课程。对于其校本化内容，我校结合学生学科素养的要求，围绕某几门基础学科，打造其周边课程，建设"课程群"（与拓展型课程相融合），形成由点到面的校本化课程体系。

3. 课程实施

结合我校的课程理念和培养目标，学校设计了"慧课堂"，其英文名称为"WISE"，四个字母分别代表"Warm（温馨）、Inspirational（启发）、Specific（个性）、Extensive（延展）"四个单词，蕴含课堂实施要遵循的四大原则。

Warm，以教师"敬业有爱"的发展目标为指导，营造平等温馨的课堂氛围，关心学生的真实学习需求，鼓励学生积极参与课堂互动，给予学生温暖与能量。比如，多采用鼓励性语言，少使用负面语言等。

Inspirational，教师采用启发式教学，唤醒学生的学习兴趣，激发学生的思维灵感，积极落实"指导有方"的教师发展目标。例如，课堂提问少问"是什么"，多问"为什么""怎么办"等。

Specific，为了充分实现"指导有方"的目标，教师采取"精准作业＋个性辅导"教学策略。在课堂中能够紧扣教学目标和课程标准，提升教与学的效率。在课后，教师能够根据学生需求科学合理地设计分层作业，并根据学生的掌握情况进行个性化辅导，强化学习成果。

Extensive，打造延展性课堂，体现教师"博学多才、具有魅力"的发展目标。教师能够通过灵活的教学、丰富的生活经验及多学科知识的储备，将课堂学习进行情景化延伸。例如，通过一个与学生生活密切相关的问题串起一节课堂，设置阶梯化的学习任务，把课堂交给学生，引导其自主探索学习。这也能促进学生将课堂所学知识进行迁移并综合运用到现实生活中,解决真实问题。

在课堂理念的指引下,结合课堂教学实践,我们总结了"三七"课堂模式,即三个课堂环节和七个教学要素。我们认为,课堂至少要由这三个环节组成——定向导学、互动展示、当堂反馈,每一个环节都必不可少。定向导学是指教师围绕具体的教学主题对学生进行指导学习,主要包括情境设置、问题提出、知识阐释三个要素;互动展示则是师生之间沟通交流、生生之间合作学习,学生表达对学习内容的理解,包括活动和应用两个课堂要素;当堂反馈就是教师对学生的学习进行即时诊断反馈,包括诊断和作业两个教学要素。

"三七"课堂模式对这三个环节的时间分配做了基本的比例设定。按照一堂课 40 分钟计算,定向导学和互动展示与当堂反馈的时间比例是 7∶3,也就是一节课中,教师在前 28 分钟进行知识导学并和学生进行互动,或者激发学生之间的互动学习;在后 12 分钟里,教师主要对学生进行学习诊断和反馈。

"三七"课堂模式充分将"教学评"融为一体,对教师的教学设计、过程及方法都提出了新的要求,进一步改善了教学效果。

(三) 拓展型课程安排

1. 拓展型课程目标

培养学生广泛的兴趣、爱好,发展个性特长。

拓展学生的知识领域,学习和掌握科学的基本知识、基本技能和方法。

培养学生积极的人生态度,感受生活中的美好和快乐。

培养学生的团结协作和社会活动能力,学会交往、合作,使学生积极乐观、身心健康地学习、生活。

2. 拓展型课程内容

拓展型课程包括限定拓展和自主拓展课程两类。

限定拓展课按照国家、上海市要求以及学校实际情况设置内容。课程主要包含三类,分别是专题教育、校园文化节及综合实践活动。

限定拓展课程

类别		涉及领域	学习时间	学习内容
限定拓展课程	专题教育	安全教育	晨会课、班会课、消防演习	校公共安全教室实训,安全演练及教育
		国防教育	班会课	国防教育
		民防教育	班会课、晨会课	防火常识、紧急呼救常识等内容,金山区禁毒馆、金山区民防办体验中心体验
		健康教育	六年级每周二中午八年级讲座	青春期教育、心理健康、预防传染病、艾滋病教育等
		法制教育	七年级每周三中午	法制教育宣传周、宣传日
		行为规范教育	晨会课、班会课	学生行为规范教育
		民族文化教育	班会课、艺术节	民族精神、民族器乐比赛
	校园文化节	学科文化周	每学期1次学科文化周活动	分年级开展学科类的活动
		读书节	每年1月开始至6月	经典阅读、读书笔记、经典诵读、作家面对面、辩论赛等
		艺术节	六年级:第一学期七年级:第二学期八年级:6月1日	六年级:班班有歌声七年级:班级文化秀八年级:十四岁生日主题集会
		体育节	每年9月每年4月	趣味运动会田径运动会
		科技节	每年3月	高空落单、纸飞机比赛、科技大篷车、球幕影院等
	综合实践活动	自我服务与公益劳动	每天的值日工作和午餐管理、每学期2次校门口执勤、每周1次的图书馆志愿者、寒暑假期间雏鹰假日小队等	校园保洁,午餐管理,小区义务劳动,区劳技中心劳动体验,校园执勤,图书馆志愿服务,其他各类志愿者活动、敬老活动等
		班队会活动	每周一晨会课、每周五班会课	班队会、入团仪式、毕业典礼等
		职业体验	每学年寒暑假、学工期间	家长工作地探访、食品科技学校实训中心、石化工业学校实训中心等
		社会考察	各活动每学期至少各开展一次	春秋游、观看电影、各类参观活动等

自主拓展课程是学生自主选择修习的课程,主要由基础型课程延伸的学科课程内容和满足学生个性发展需要的其他学习内容组成。结合学生培养目标,学校将这两类课程进行整合,形成两类课程群——"星愿"课程群和"星奇"课程群,巩固并提高学生的学习能力,激发学生的好奇心,培养其个性活力。

自主拓展课程

课程类别	课程名称
星馨	安全教育、民防教育、法制教育、国防教育、健康教育、生活中的经济学、法治天地、心灵驿站、新闻40分、行为规范教育、民族文化教育、生活中的经济学
星睿	诗文积累、摩天轮阅读、清音雅韵——诗歌创作、名家作品选读、"声临其境"、罗中朗读者、英语流利说、英语剧本与表演、英语美文鉴赏
	数学家与数学史、数学思维训练、益智天地、化学探秘、防止水土流失、百年航母、星航无人机、3D创意课程、机器人创意课程、智慧城市、学科文化周
星跃	体育节、排球、花样跳绳、女子足球、男子足球、羽毛球、篮球
星艺	艺术节、古筝合奏、合唱入门、舞蹈、少儿歌舞剧、十字绣、用水墨画绘本、篆刻、软笔书法、立体画、指尖上的艺术、护花使者、星辰主持人
星动	安全实训、公益劳动、职业体验、社会考察、木质手工、创意手工

3. 拓展课程实施

限定拓展课程依据国家和上海市要求,按照规定课时开展。自主类拓展课程依据本校的办学理念,为满足学生的兴趣爱好和个性特长发展需要,以学生为主体,整合各类社会资源共同开发适合学校特点和条件的课程。其在实施中应遵循"选择性、层次性和实践性"三个原则。

选择性。自主拓展型课程要从学生的兴趣出发,确保每一位学生都可以选择课程。学生在规定时间内进行网络选课,选择自己感兴趣的课程。

层次性。拓展型课程要分层次、分学段培养,注意课程的阶梯上升。课程按照普及和提高两个层次开设,满足不同学生的发展需要。

实践性。拓展型课程不能只停留在课堂内和书本上,一味"拓宽、拔高、加深",而更要突出实践性。因此,拓展型课程要注重"活动、体验、综合、创造",更多关注学生的兴趣和潜能以及学生创新思维和实践能力的培养。

实施特点有以下三点。

建设课程群。拓展型课程应注意延伸类的学科课程和兴趣类拓展课程的互补,一方面要在拓展型课程中对学科核心素养进行补充,另一方面要提升学科学习的趣味性。学校围绕"培养公民素养"和"发展个性"两大目标,以核心学科为基础,开发其周边课程,形成两大课程群("星愿课程群"和"星奇课程群"),增强不同课程之间的内在联系,并以此指导教师有目的地开发并实施课程。

协同学与教。协同学,即学生成为课堂的主角,小组抱团学习,齐头并进。课堂尝试成立"小专家助教团",进行"学习小组预学授课"等活动。协同教,即打破一课堂一教师制度,多位教师可上同一堂课。每位教师借助个人学科背景,互相补充课堂内容,对学生进行答疑辅导。

设弹性课时。拓展型课程内容日益丰富,但课时安排却受到了限制,因此我们将常规课时(40分钟)、长课时(50—60分钟)和短课时(10—20分钟)共同组成弹性课时体系。同时将分散于校园生活中的碎片化时间开发成"微课程"。例如在课间休息时间开展"心灵述说三分钟""每日新闻播报"等课程。

(四)探究型课程安排

探究型课程着眼于对学生的自主动力的深化培养。随着学校教学实践的不断深入和课程体系的不断完善,我们将原本的三类探究课程(普及、提高和特色类)整合成具有跨学科探究性质的综合实践课程。

基于"点亮每一颗未来之星"的课程理念,在《中小学综合实践活动课程指导纲要》(以下简称《纲要》)的引领下,以培养学生综合素质为导向,学校积极打造跨学科综合实践课程,将其取名为"金星计划"。金星是离地球最近的一颗行星,在本课程中寓意学生的"最近发展区",为学生提供具有一定难度的内容,调动学生的学习探究积极性,发挥其潜能。同时,"金星"又寓意课程立足金山区,鼓励学生再发现金山,为家乡发展出谋划策,推动金山成为一颗璀璨的明日之星。

1. 探究型课程目标

按照《纲要》,学生能从个体生活、社会生活及与大自然的接触中获得丰富的实践经验,形成并逐步提升对自然、社会和自我之内在联系的整体认识,具有价值体认、责任担当、问题解决、创意物化等方面的意识和能力。

2. 探究型课程内容

根据《纲要》,综合实践活动课程强调学生综合运用各学科知识,从学生的真实生活和发展需要、从生活情境中发现问题,建立学习与生活的有机联系,认识、分析和解决现实问题。基于此,结合我校所处的环境及周边的资源,"金星计划"初步设定"4+1"主题。针对各年级所学学科差异,对主题进行年级划分,六年级到八年级有 4 个主题,分别是"传承民俗技艺""探秘千年古镇""解锁农业挑战""寻访化工之路";九年级主题是"我与金山",以自我生涯规划为主要内容,考查学生的总结反思能力。综合 5 个主题,培养学生对家乡的认同感及社会责任感,加强其爱国主义情怀及对自我的认知。

探究型课程主题及相关学科

年级	主题	学科
六年级	传承民俗技艺	音乐、美术、劳技
七年级	探秘千年古镇	历史、地理、语文、*社会
八年级	解锁农业挑战	生命科学、物理、数学、*化学、科学、地理、劳技
	寻访化工之路	
九年级	我与金山	语文、心理、社会、道法/思品、信息科技等

备注:带星号的课程表示在本年级提前预习该课程部分内容。

3. 探究型课程实施

从课程目标出发,课程实施也按照四个步骤进行,即价值体认、责任担当、问题解决、创意物化。根据《纲要》,其主要内涵如下。

(1)价值体认

通过场馆体验、亲历社会实践等形式,增强学生对家乡的体验和认识。学生能主动分享体验和感受,与老师、同伴交流思想认识;通过职业体验活动,发展兴趣专长,形成积极的劳动观念和态度,具有初步的生涯规划意识和能力。

(2)责任担当

唤醒学生的责任意识和服务意识。学生初步形成探究社区问题的意识,愿意参与社区服务。

（3）问题解决

引导学生对关注到的自然、社会、生活中的现象进行深入思考并提出有价值的问题,将问题转化为研究课题。

（4）创意物化

学生运用一定的操作技能解决生活中的问题,将一定的想法或创意付诸实践。

探究型课程实施步骤

步骤 / 主题	价值体认	责任担当	问题解决		创意物化
			发现问题	解决问题	
传承民俗技艺	以社会考察为主要形式,走近金山民俗,了解金山民俗的各种载体、艺术在民间的表达形式,感受金山区民俗文化的厚重积淀及氛围	通过公益服务的形式,体验手艺人学习民俗制作的过程,了解金山民俗技艺在传承中遭遇的困境	民俗技艺在传播中出现了什么样的问题	综合历史、语文等学科,带领学生学习社会研究的方法,撰写调查报告;给区长写信谏言	举办民俗文化摄影展、拍摄微电影、设计民俗文创产品等
探秘千年古镇	以社会考察为主要形式,带领学生走进朱泾古镇,了解金山千年发展历史及自然地理和社会的演变,感受古镇的悠久历史及社会变迁	通过采访古镇居民、参观古镇博物馆、查阅书籍或影像资料等活动,了解古镇在现代社会发展中的问题	古镇的旅游业在发展中出现了什么样的问题		撰写游记或游览攻略,并发布到旅游网站上;手绘古镇地图,并制作成册等

（续表）

步骤＼主题	价值体认	责任担当	问题解决		创意物化
			发现问题	解决问题	
解锁农业挑战	以社会考察为主要形式，带领学生走进农业产业园，了解现代农业的基本运作模式及前沿技术	通过接触农户，了解农民在种植耕作、产品销售等方面的困难；通过走访农业局、水利局等机构，了解金山农业发展面临的困境	如何治理水土流失的问题，改善农业生产条件	综合生命科学、物理、地理等学科，带领学生学习科学探究的方法，开展科学实验，撰写实验报告；给区长写信谏言	对农户的作业相关数据进行编程，利用信息技术提高其农作效率
寻访化工之路	以社会考察为主要形式，带领学生走进化工企业，了解现代化工生产程序、化工产品及化工工作种类	通过观看金山区化工纪录片、倾听企业化工讲座、参访化工车间等活动，了解化工产业对金山区经济发展的重要作用及化工产业在发展中存在的问题	如何解决化工生产中的不安全因素对一线人员的影响		制作防毒面具和防护服等
我与金山	反思总结综合实践活动，综合选择表现形式，比如撰写个人生涯规划报告、个人成长影像集等				

五、课程评价

根据树立科学全面的教育质量观的要求，学校以上海市中小学生学业质量绿色指标综合评价为契机，积极探索建立以校为本、基于过程的教育质量综合评价体系，促进学生全面发展。

（一）学生综合素质评价

《上海市初中学生综合素质评价实施办法》中指出，上海初中学生的综合素质评价内容主要有四个板块,即品德发展与公民素养、修习课程与学业成绩、身心健康与艺术素养、创新精神与实践能力,尤其关注适应初中学生成长特点的社会考察、探究学习、职业体验等综合实践活动的情况。

综合素质评价内容

评价指标	主要内容	记录内容
品德发展与公民素养	主要反映学生践行社会主义核心价值观、弘扬中华优秀传统文化等方面的表现,包括爱党爱国、理想信念、社会责任、集体意识、诚实守信、仁爱友善、遵纪守法、安全素养、文明礼仪等	重点记录学生遵守日常行为规范方面的表现,参加社会考察、公益劳动、职业体验、安全实训、共青团和少先队等德育活动、国防民防教育活动的情况
修习课程与学业成绩	主要反映学生初中阶段各门课程知识和技能掌握情况以及运用知识解决问题的能力等	重点记录基础型课程成绩、拓展型课程和探究型课程的学习经历
身心健康与艺术素养	主要反映学生的健康生活方式、卫生保健、体育锻炼习惯、身体机能、运动技能和心理素质,对艺术的审美感受、理解、鉴赏和表现的能力	重点记录《国家学生体质健康标准》测试结果,参加体育运动、健康教育、艺术活动经历及表现水平等情况
创新精神与实践能力	主要反映学生的创新思维、调查研究能力、动手操作能力和实践体验经历等	重点记录学生参加探究学习、科技活动等方面的过程和成果

(二)校本评价

在"点亮每一颗未来之星"的办学理念的引领下,结合学生培养目标,学校建立"星光大道"评价体系,其彰显了以下评价原则。

1. 评价注重过程性和阶段性结合

"星光大道"意指学生在罗星中学的成长之路,通过过程性评价记录学生每一个成长的足迹,通过阶段性评价记录学生每一个重要的里程碑。

2. 注重评价的导向和激励作用

每个学生都具有巨大的发展潜力,教师应以鼓励、表扬等积极的评价为主,采用激励性评语,从正面加以引导,鼓励学生发展优势,改进不足,成长为德智体美劳全面发展的人。

3. 评价促进学生的个性发展

每个学生都有独一无二的闪光点,通过"星光大道"评价,不断发现、记录和分享每个学生的闪光点,让每个学生都成长为各自领域的"未来之星"。

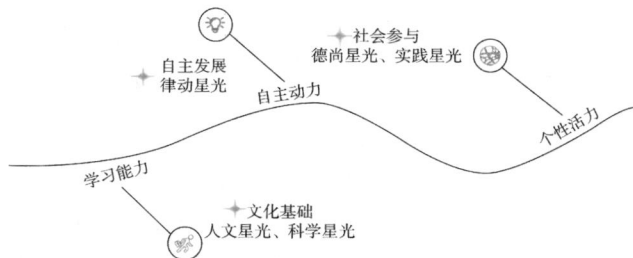

育人目标、核心素养、"星光大道"评价的对应关系

学校"星光大道"评价体系与学生培养目标相对应,以"五育并举"为纲,结合"中国学生发展核心素养",将其划分为"律动星光""人文星光""科学星光""德尚星光"及"实践星光"五条星光大道。针对其育人内涵,确立评价指标细则及内容。

"星光大道"评价体系

星光大道评价	育人目标	核心素养	评价指标	评价内容
"律动星光"	自主动力	自主发展	自我管理	能正确认识与评估自我,依据自身个性和潜质选择适合的发展方向,合理分配和使用时间与精力,具有达成目标的持续性动力
			健全人格	具有积极的心理品质,自信自爱,坚韧乐观;有自制力,能调节和管理自己的情绪,具有抗挫折能力等
			乐学善学	能正确认识和理解学习的价值,具有积极的学习态度和浓厚的学习兴趣;能养成良好的学习习惯,掌握适合自身的学习方法;能自主学习,具有终身学习的意识和能力等
			勤于反思	具有对自己的学习状态进行审视的意识和习惯,善于总结经验;能够根据不同情境和自身实际,选择或调整学习策略和方法等

（续表）

星光大道评价	育人目标	核心素养	评价指标	评价内容
"人文星光"	学习能力	文化基础	人文积淀	学习古今中外人文领域基本知识和成果,能理解和掌握人文思想中所蕴含的认识方法和实践方法
			审美情趣	具有艺术知识、技能与方法的积累;具有发现、感知、欣赏、评价美的意识和基本能力;具有健康的审美价值取向;具有艺术表达和创意表现的兴趣和意识,能在生活中拓展和升华美
"科学星光"			理性思维	崇尚真知,能理解和掌握基本的科学原理和方法;尊重事实和证据,有实证意识和严谨的求知态度;逻辑清晰,能运用科学的思维方式认识事物、解决问题、指导行为
			批判质疑	具有问题意识;能独立思考、独立判断;思维缜密,能多角度、辩证地分析问题,做出选择和决定等
			勇于探究	具有好奇心和想象力;能不畏困难,有坚持不懈的探索精神;能大胆尝试,积极寻求有效的问题解决方法
"德尚星光"	个性活力	社会参与	社会责任	自尊自律,文明礼貌,诚信友善,宽以待人;孝亲敬长,有感恩之心;热心公益和志愿服务,敬业奉献,具有团队意识和互助精神;能主动作为,履职尽责,对自我和他人负责;能明辨是非,具有规则与法治意识,积极履行公民义务,理性行使公民权利
			国家认同	具有文化自信,尊重中华民族的优秀文明成果,能传播弘扬中华优秀传统文化和社会主义先进文化
"实践星光"			劳动意识	尊重劳动,具有积极的劳动态度和良好的劳动习惯;具有动手操作能力,掌握一定的劳动技能;在主动参加的家务劳动、生产劳动、公益活动和社会实践中,具有改进和创新劳动方式、提高劳动效率的意识
			问题解决	善于发现和提出问题,有解决问题的兴趣和热情;能依据特定情境和具体条件,选择并制定合理的解决方案
			技术运用	理解技术与人类文明的有机联系,具有学习掌握技术的兴趣和意愿;具有工程思维,能将创意和方案转化为有形物品或对已有物品进行改进与优化等

六、课程管理与保障

（一）工作目标

加强现代学校管理制度建设，建立一套完整规范的质量管理制度，以保障学校长效常态管理，规范办学行为，规范管理制度，明确质量目标、工作职责，全程质量监控，有效控制管理过程，做到凡事有人负责、凡事有章可循、凡事有据可查、凡事有人监督，规范各部门各环节的管理协调，构筑起现代学校制度。

（二）课程管理

1. 基础型课程管理

（1）落实岗位责任制

学校领导分工明确，责任具体，实行年级负责制，还具体负责各年级的教学工作，每个学校领导主管一个年级、一个教研组，参与到年级和教研组的具体教学活动中，从教学计划的制定到常规检查、教学质量分析、教研活动的开展都要全程参与，不做旁观者，要当好年级组、教研组的指导者。

（2）开展听评课活动

充分利用录播系统资源，开展一日研修活动，每位教师每学年至少上一次录播课，同备课组教师听课评课，鼓励教研组内教师多听家常课，并开展"一体化"网络教研，让教师通过听课、评课提高教学水平，实现专业成长。

（3）推进公开展示活动

例如"星光杯""星秀杯"教学评比，新教师亮相课、青年教师展示课、骨干教师展示课、资深教师特色课等，学科文化周、学科发展月活动，课堂教学论坛等，实现智慧交流，为课堂效益提升注入活力。

（4）实施"三清"行动方案

学校建立质量监控数据库，实施全程管理。除了期中期末质量监测以外，实施教学"三清"行动方案。在考试中，严把命题关、监考关、阅卷关、评讲关和质量分析关。每次测评后进行表彰奖励并召开质量分析会，找差距、找原因、想对策。通过严格合理的学业监测，有效检测学情、反馈教情，从而及时调整教学对策，改进教学措施。

（5）教学视导

成立学科中心组,每学年分年级组进行教学视导,检查备课笔记、作业布置与批改、听课评课等,给予每位教师教学改进建议,写好每个学科组的视导小结,由教导处在教职工大会进行视导总结,从而不断监控教学,提高教学质量。

2. 拓展型课程管理

（1）明确工作目标

拓展型课程面向全体学生,开展丰富多彩的课内外活动,使每一名学生得到充实的、多样的学习体验,激发学生的学习兴趣,引导学生树立优良的学习品质和探究、实践精神。

（2）制定实施方案

依据学校教育教学工作计划,分学期制定拓展型课程工作计划,自主拓展型课程继续排入课表,限定拓展与学校午间微课程、团队活动课、校园文化活动、社会实践等活动相结合。

（3）重视课程管理

提高拓展型课程的准入门槛,采用两类课程管理部门审核、指导,学生网上自主选课、课程结束进行评比的方式,对课程优胜劣汰,有效提高课程品质。同时加强日常管理,确保探究课、拓展课正常开展。对整个开设过程进行监控,提高拓展型课程教学质量。做到有效备课、有效记录、有效总结。加强日常课程巡检,注重专课专用。挑选一部分优秀课程进行录像,丰富学校拓展型课程资源库。学年结束进行课程评比。

（4）深化教学研究

鼓励任课教师以《学校拓展型课程实施方案》为载体潜心钻研,寻找校本化的、操作性强的且有利于学生学习能力提高的科目和教学手段。有针对性地召开拓展型课程的工作会议,研讨拓展型课程的开发、建设和管理等具体工作问题,促进课程质量提升。积极筹划全区性拓展课展示活动。

（5）打造特色课程

在原有的基础上,加大在学科教学中融入心理健康教育的力度,并通过艺术、科技、体育等课程的教学和活动的开展,培养学生积极的心理品质,促进学生身心健康发展。创客教育,逐步丰富课程类别,引入跨学科课程;音乐学科,完善星辰合唱队的建设;体育学科,统筹羽毛球和足球的布点组织、训练工作和班际联赛;加大罗星篆刻项目的推进力度,在该项目的普及和提高方面有新突破。

(6) 规范课程评价

要求教师对学生实施发展性评价和过程性评价,及时给予更多个性化的指导。重视激励性、过程性、多元性的评价原则,鼓励和促进学生进步。填写好课程活动记录本,充分发挥对学生综合素质的评价作用。

(7) 做好资料积累

做好活动记录册、评价手册、问卷、访谈记录、观察记录等教学活动的各项记录。利用校园橱窗、校园广播台、学校网站等载体为学生在拓展型课程中的成果创造交流与展示的舞台。积极鼓励教师著书立说,撰写有校本特色的拓展型课程汇编资料。

3. 探究型课程管理

为了加强对探究性学习活动的管理,成立由校长和教导处、教研组长组成的领导小组。领导小组负责对探究性学习进行总体规划和协调,调动全校力量,明确职责,加强管理,各个部门各尽其责,形成全员服务意识。

根据学生的年龄特点和认知水平,以及学生好动爱玩的天性,提倡在具体操作和在活动方案设计中进行探究。

让学生自己探究、实践,教师作引导和指导。注重学生的参与热情和活动态度,以"互动探究"为原则,肯定学生的实践过程,激发和提高学生的创新意识和实践能力。

学生在实践中体会研究的过程,掌握研究的基本方法,培养和提高学生收集资料、观察分析、思考写作、与人交往能力及综合学习的素质,让学生品尝成功的喜悦。

探究型课程的开设,要充分保证学校所有教育活动的良好开展,带动和促进学校课堂教学和教育活动。例如促进班级的自主管理、学科教学中的课题研究,完善对师生的评价制度等。

(三) 主要保障措施

1. 规章制度先行

(1) 完善教师聘任制和岗位责任制

建立教师评价制度和自我激励、自我发展的机制,以活动的形式,建构教师校本培训制度,健全师资培养激励机制。以此不断提高教师的业务水平和师德修养,促进教师队伍长期、稳定发展。

（2）健全教学管理制度

不断建立健全教学常规管理制度,建立由品德、知识、能力、业绩等要素构成的重业绩、重质量的教师评价体系,完善教师考评及奖惩制度。建立教育教学校内督导机制,完善教育质量保障体系,不断促进教育质量的提高。

（3）建立和完善骨干教师评选制度

建立并贯彻实行制度,发挥学校教育教学、科研工作中坚力量的辐射作用和先行者功效,以科研引领成长,促进教师的内涵发展。

（4）明确分配原则

贯彻"按劳分配、效率优先、公平公正、和谐共建"的分配原则,切实建立重能力、重实绩、重贡献的分配激励机制。分配制度向教学第一线教师倾斜,向毕业班教师倾斜;向积极参加科研、投身校本课程开发和建设,并取得良好成效的教师倾斜。注重建立教师教科研档案,鼓励教师积极投入教科研。

（5）改进教师考核与评价制度

在原有的实绩考核、学生评价、家长评价的基础上加上综合评价,做到评价与奖励、评价与任用相结合。用评价来促进、激励教师水平的整体提高。

（6）完善学生管理的各项规章制度

促进学生自我管理,在课程改革中充分发挥学生的主体作用,提高学生的主体意识,以保证课程改革的最终实现。

2. 管理措施跟进

（1）强化组织领导

成立课程建设领导小组和工作小组,校长全面负责课程领导,分管副校长组织课程实施,教导处执行课程计划。课程领导小组研究制定学校课程计划、管理制度,监督评估课程实施情况,确保课程全面落实。课程工作小组落实课程计划,组织开展校本教研,提高课程实施的有效性。

（2）强化实施管理

健全课程领导小组工作机制,定期研究课程目标和方案,设置相应科目、课时、教材及师资。加大课程奖励力度,如课程开发、考核评优、校本教材编写等。注重日常管理与期末检查评比。教导处协同教研组长注重日常管理,抽查教师备课、上课、作业布置等环节;每学年组织教学视导,每学期进行全员备课笔记、听课笔记的检查;每学年组织校本课程评比,并及时予以总结反馈。

3. 资源利用合理

（1）硬件资源

不断推进校园环境建设,以艺术中心、篆刻中心、创新中心、电视台、图书馆、体育馆等为建设重点,不断优化学习空间。积极对接博物馆、美术馆、消防局等各类企事业单位,结对共建成校外学习实践基地。

（2）软件资源

充分运用教师、家长、社会资源。在充分挖掘本校师资,发挥其专业特长的同时,联合家长和社会人士,开发有特色的拓展型课程,供学生选修。

4. 专业发展优先

（1）强化教师教研能力

充分发挥学校作为上海市教师专业发展学校的优势,做强校本培训,努力使校本研修的过程成为每位教师专业发展的过程。加强"解读课标、研说教材、集体预设"备课活动,规范推进校本主题研训活动,提高教师把握课程标准、驾驭课程的能力;聚焦基于标准的教学,以"学案导学、小组合作、当堂训练"为基本要素,让学生自主学习、合作探究、思维绽放;积极研究阳光课堂,组织丰富多彩的专题教研活动:校级赛课、主题教研、同课异构、教学展示、学区互动等。

（2）加强骨干培养

重点加强两支队伍的培养打造。

管理干部队伍:通过高一层次学历进修、到国外教育考察学习、到中心城区挂职锻炼等,开阔眼界,更新观念,提升课程领导力。

青年教师队伍:岗前培训,明确教师职业规范;青蓝工程,尽快站稳讲台;高级教师带教,助推教师职称晋升;名师工作室活动,向着名师成长。骨干教师队伍:加强对骨干教师队伍的梯队培养,通过"引路子、压担子、搭梯子"等方式,发挥骨干教师的带头作用。

第四节　学校课程实施的规准

课程教学改革是一个永恒的话题,也是教育综合改革的核心。改进教与学的方式,改变教育评价的价值取向等,都是课程教学改革的着力点。但改革并非一直在追求变,建立"规准"意识,将各项改革工作建立在"规准"的基础上再开展,也是课程教学改革的主要任务之一。一所好的学校应该有基于学校运行、学生成长、专业发展等规律基础上执行的规范与标准。

一、认识规准,明确核心关键

"规准"是一个合成词,简单地说,就是建立行为和程序的规范、质量的标准,其核心是目标、程序、工具。落实课程实施,首先要明白课程实施的目标是什么;在目标导向下,要进一步梳理实现这一目标的步骤,知道第一步做什么,第二步做什么。这些依据前后顺序而逐项推进的系列步骤的整体,就是程序;然后还要有一个标准,明确做到了什么样的程度,才算实现了课程实施的目标。

"规准"是学校课程实施的规则和工作标准,是为实现课程设计、课程具体实施、课程评价等一系列课程教学改革的任务而必须明确的基本规范以及依据目标而设定的评价标准。除此之外,"规准"还体现着学生学习、学校发展、教师成长等方面有效运行的内部规律,体现着学生学习、学校发展、教师成长等所应达到的规格和品位。有了"规准"的意识,学校所有的改革举措都是从目标、流程、标准等角度做了充分的思考,并按照这样的基准推进。有了"规准"的助推,学校的课程建设会更加有章法,建设出来的课程也会更加贴合学校的办学理念与育人目标。同时,经由"规准"的目标、流程、标准等的"约束",也可以让学校的课程教学改革,进一步积淀为学校的办学常规,成为学校课程文化的有机组成部分。

二、基于规准，实施国家课程

当前课程实施的主要问题是大多数教师对于教什么，怎么教，教得怎么样等学科本原认知存在问题。教师也没有认真研读过课程标准，仅仅凭着经验和感觉在教学，课堂教学的整体效率还是比较低下的。这个"教"和"准"之间没有统一，教师也没有精准地有效执行这样一些规定。影响课程实施的因素很多（如下图所示），但课程标准是指导教学的根本准则，因为教学是紧紧围绕着课程标准的实施而进行的。因此，应力求在课程标准、内容标准、评价标准三个维度建立国家课程校本细化的相关要求：把课程标准作为课堂教学的依据；把教材作为课堂教学的主要资源之一；把测试评价放在课堂教学的各个环节之中（用形成性测试代替传统的终结性测试），及时评价教学目标是否达成，及时反馈；保持各因素的一致性，使课堂教学真正落实课程标准的要求，提升教师的整体执行力。

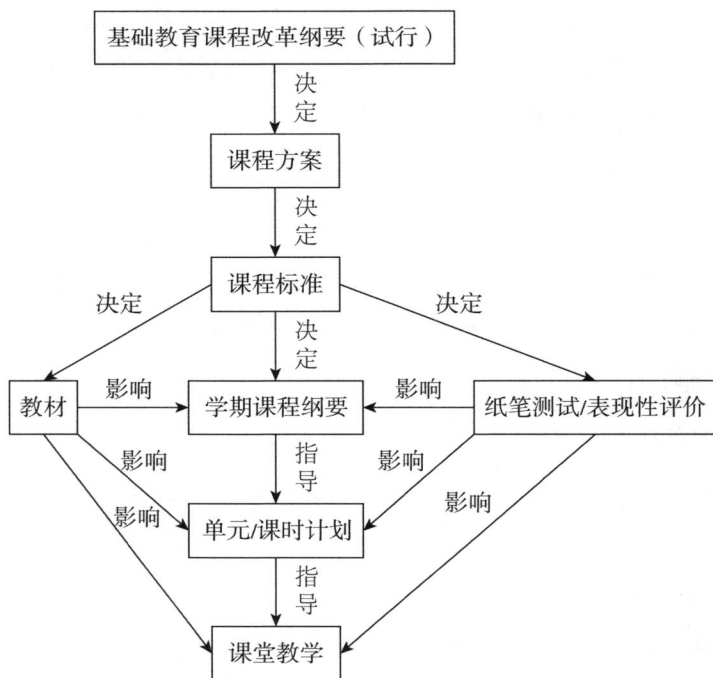

课程实施的影响因素

在实施教学过程时,要"抓两头,带中间"(如下图),即先确定教学目标,确定评价的方法和内容,然后确定相应的教学内容和方法。只有这样,才能做到"以课程标准为依据",基于课程标准的教学才能得以实现。

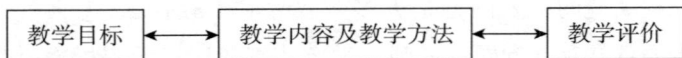

```
┌──────────┐     ┌──────────────────────┐     ┌──────────┐
│  教学目标  │◄──►│   教学内容及教学方法    │◄──►│  教学评价  │
└──────────┘     └──────────────────────┘     └──────────┘
```

"抓两头,带中间"

学校在不断破解"为什么教？教什么？怎么教？教得怎样?"的难题中不断优化基于规准的课堂教学。

（一）为什么教

研读课程标准,研读文本,判断学生的学力基础,确定教学目标。

（二）教什么

近年来,我校以学科组为单位,进行基础教学双向细目表的制定,形成知识点细目分级,进而逐渐形成了自身的校本教学单元指南,建立起了学校教与学的尺度。有基于教的标准,有基于学情,亦有基于教学要求的标准,同时审视了学校相关教学管理。学校对主要的一些现场教学实践活动设计了相关的流程,将年度的计划、制度、要求、载体、评价都融入这些流程当中,使整个规则更有操作性,能够让整个"准"落地。

（三）怎么教

逐步形成整个流程,主要分"三步走":骨干先规划—集体细讨论—制度化地去执行。通过每一个备课组,把握阶段实践的整个内容和目标,同时帮助教师去理解和安排。

（四）教得怎样

为了促进教学效益的提升,学校狠抓教学常规的落实,通过抓教学五环节的"五个性",切实提升教学实效。

1. 提升备课的针对性

加强集体备课研究,尤其要加强教法研究。这一点主要从备课质量上下功夫,严格落实并抓好"三级备课制":初备——教师个人备课;集体研讨——充分发挥集体备课的优势,定时间、定地点、定主题、定主讲人,主讲人抓课堂的关键事件,如按单元(章节)进行说课讨论,针对教学大纲、考试基本要求研讨每节课解决什么主要问题,研讨教法、研讨共性的问题,并分工负责,由备课组中一位教师主讲,其他教师发表不同的修改意见,从实践中我们发现虽然较烦琐但可以取长补短,并形成电子稿,形成"通案";复备——针对所教班级实际情况进行个性化删减,从关注备"课"向关注备"人"转变,将集体备课和个人备课相结合,集体有"通案",教师有"个案",既聚合集体的智慧,又发挥每个人的特长,有利于青年教师的迅速成长。备课量的规定,考试学科提前一周,非考试学科提前两周。要求有教案、学案,教案要手写,教龄五年之内的要有详案,每人必须有教学反思。蹲点行政领导加强对教研组工作的指导。

2. 提升上课的有效性

课堂上坚持精讲精练,发挥学生主体地位。课堂上教师讲什么、讲多少,根据学生"学"的情况而定,以学定教、以学导教、以生为本,真正把课堂还给学生,把时间还给学生。课前实施"教学告白"和实施"教学微环节"研究,具体做法为一日研修。以数学组为例,每年进行课堂教学评比,如"教学的范式教学""教学领雁工程""课堂教学改革月"等主题教学评比,开展以"一日研修"为主要形式的学科或教学任务驱动的团队教研,研究教学过程中亟须解决或容易解决的有质量的问题。学校要求新进教师人人上亮相课,人人认真参加课堂教学研究月的听课、评课,特别是全体教师参加了教学设计比赛和期中、期末命题比赛,通过系列活动,提高了新进教师的课堂教学效果,也提高了课堂教学能力。学校以"教学日志"为工具进行督查。

3. 提升作业的时效性

学校结合减负增效的要求:立足课程标准、依据学期、紧贴教学内容精心设计校本作业。

(1) 校本作业设计的针对性

要求作业设计每个章节需配备双向细目表,以此进行精细化校本作业设计,同时要求校本作业必须进行分层设计,符合各类不同层次学生的要求,提高质量,控制数量。作业分为课前预习作业、课中练习作业、课后作业。

(2) 作业的丰富性

根据不同的学科、不同的教学内容,设计不同形式的作业,避免形式单一,物理、化学、生命科学学科除了书面、口头作业外,还设计一些学生小实验；音乐、体育、美术学科设计了一些活动类作业；政治、历史、地理等学科设计了一些查阅资料类的作业。各种形式作业的完成，将培养学生学会学习、学会合作的意识和发展学生的创造想象能力的愿望变为可能。

（3）作业批改的规范性

提倡面批，要求任何教师作业批阅不打"×"，而用"\"来替代，从小处着手，体现教师对学生人格的尊重，对学生错误的接纳和宽容，以及对学生改正错误的鼓励和期待。若不能及时面批，则提倡在学生每次的作业后写一些简单的评语或鼓励性的话，落实"赏识育人"的理念。

（4）家校的共同管理，实现家长监督。

班主任牵头的"班研组"控制作业数量，利用网上平台布置作业。

（5）错题集的整理和二次批改

教师批改每次作业并分析学生出题原因后，要求学生建立相应的"错题集"，同时强化错题校正。

学校要求教师对学生作业要做到"六有六必"——有练必做、有练必选、有发必收、有收必批、有批必评、有错必纠。例如坚持做到精选精练，把握难度，提高训练效度；必须做到全批全改，及时批改，精批细改；讲评之前必须先做统计归纳，切实提高讲评的有效性。

4. 提升辅导的分层性

重视分层辅导，关注学生学习问题研究，落实个别辅导、分层辅导等。我校学生间的个体差异较大，更加要求每个教师应从学生的个性出发来考虑学生的发展。原则是不放弃一个学生，早中晚不主张全班上课，只进行个别辅导和个别处理。课后服务推行"爱心作业辅导"，以年级组为单位进行"走班形式"的"提优补缺"工作，提优工作得到了家长和学生的一致好评，补差工作对临界生和偏科学生的帮扶也取得了明显的效果。

5. 提升评价的全面性

基于上海市绿色学业质量测试的数据和校情改革创新评价制度，由单靠终结性学科考试成绩评价制度向过程性、发展性评价转变，在成熟学科譬如英语学科中尝试实施"学分银行"。当然，考试成绩也是评价的一部分，故我们着重抓命题质量，考试起到引导作用，考后让数据上平台说话，让数据说话。具体做法如下。

（1）建立综合评价体系

积极探索学生的学业成绩与成长记录相结合的综合评价方式,建立综合素质评价体系,包括学科学业成绩、个性化学习过程及相关记录、思想品德表现和社会实践活动的经历及各类综合评语。

（2）强调过程评价

例如在探究型课程中,课题评价涉及开课评价、实施过程评价、探究结果评价和学生综合评价,不仅强调探究的结果,更加注重探究的过程。

（3）重视多维评价

评价维度包括学生自评和互评、教师评价、社会实践机构评价等多种评价形式,以激起学生从多方面进行反思。

（4）兼顾定量定性评价

学校不仅设计了有利于学生进行反思的具体评价指标,便于学生进行具体的分析和量化,也设计了促进学生反思的描述性评价内容。

（5）追求有效检测

坚持对命题质量进行层层把关,严格按"双向细目表"进行,紧扣大纲和考纲,注重检查双基与能力,正确把握好知识与能力的覆盖面和区分度,教研组要协调各备课组统一全年级的试卷命题内容和评卷标准,尽量采用流水作业,试卷讲评中认真分析学生暴露的共性问题和个别差异,找出原因,改进教学方法,以利于下阶段教学工作的开展。

6. 教学督查管理

学校成立了"课堂教学评估小组"和"教学常规督查小组"。"课堂教学评估小组"进行推门听课,主要了解教师常态课的教学情况,并检查教案、学生作业、学生听课情况,并与被听课教师进行沟通,发现课堂中存在的现实问题,提出改进意见,对长处及时肯定并总结表彰,进而从根本上提高课堂教学的效益和质量;"教学常规督查小组"在早、中、晚进行教学巡视,处理应急事宜,避免教学事故发生,对违反教学常规的教师进行谈话教育。另外,每学年分阶段对年级组进行教学视导,了解整个年级的教学现状并进行教学反馈总结,表扬先进,对不如人意之处提出整改意见。

通过规准的建设,加强课堂、学生、作业和效益的研究,努力促进教学质量的提升。

三、基于规准，建设校本课程

（一）重视课程计划的制定

首先抓学年初课程计划及学年末课程执行报告的交流。促进教学部门把"课程的目标、结构、内容、设置、实施、资源、管理与评价"等方面想明白并进行整体规划，督促他们一开始就准备好一年后对课程计划实施结果进行回顾、反思、鉴定，提升他们对课程实践的理性认识。

（二）聚焦校本课程的建设

拓展型课程和探究型课程是促进学校办学特色形成、以校为本的课程。学校要开设什么样的拓展型课程和探究型课程？如何开设？开出来了又如何管理和评价使之可持续发展？围绕"目标、流程、标准"三个方面，学校主要从开发系统、支持系统、实施系统、管理系统、评价系统五个方面为拓展型、探究型课程的建设保驾护航。

1. 开发系统

开发系统，即开设哪些课程。首先是顶层理念引领，围绕办学目标和办学特色开发校本课程。罗星中学以"点亮每一颗未来之星"为办学理念，学校的愿景是让每一个学子"带着憧憬和希望走进罗中，带着阳光与自信爱上罗中，带着幸福与满意走出罗中"，将每一个学子培养成具有"阳光"心态与"阳光"人格的阳光少年。学校积极构建以尊重学生个性差异、满足每个学生发展需求的群星课程，打造慧课堂，从培养学生的个性特长出发去开设课程，以促进培养目标的达成。三类课程的目标和定位非常清晰。基础型课程着重培养学生的基础学力，有相对统一的最基础的知识和最基本的能力要求。拓展型课程着重培养为学生终身学习打基础的发展性学力，包括限定拓展课程和自主拓展课程，注重学生自学能力以及学习习惯与方法的培养。课程分学科类（分层、分项、自主拓展），综合类（五类）和实践类微短课程（专题教育、班团队活动、校园文化活动、社区服务和社会实践），将"罗星篆刻"和"少年创客"作为龙头特色课程。探究型课程着重培养学生在实践和研究基础上的创造性学力，以问题研究、项目设计等活动形式开展课程。学生可以分类分层地自主选择课程:一是学科类探究,二是项目探究,三是课题探究。特色精品课程包括罗星篆刻、阳光心育、少年创客、校园足球(羽毛球)等特色课程。

2. 支持系统

支持系统即如何开发课程。学校成立由校级—中层—学科组组成的组织架构,开展课程需求调研,整合教师、家长、社区的力量进行资源整合,在实践的过程中不断形成有效的运行机制,汇编校本课程资源,并予以时间和空间上的保证,如将校本课程排入课表,开发数字平台用于网上选课以及师生交流互评等。

3. 实施系统

实施系统即如何实施课程,学校采用规范流程,实施"申报—审核—准入—网上发布—学生选课—上课"的流程,确保课程有序实施。

4. 管理系统

管理系统即如何管理课程,学校采用网格化管理的办法。

5. 评价系统

评价系统,即如何评价课程,采用课程评价、教师评价、学生评价等方式。例如每学年结束,学校都会组织相关的课程评比以及课程成果展示活动,评选合格课程和优秀课程,以合格作为未来课程的准入条件。

(三) 强化特色课程的建设

一所学校的优势所在,往往是这所学校的特色所在,而特色是学校发展的生命。在担任西林中学、罗星中学校长期间,我都提出过走"文化育校、特色强校"之路。两校分别以中华优秀传统文化中的版画和篆刻为切入点,把版画教育和篆刻教育作为学生特长培养、教师专业发展、学校特色办学的重要内容,确立了"全面普及版画(篆刻)教育,建设版画(篆刻)特色品牌,探索版画(篆刻)综合育人"的特色教育策略,形成了"课堂抓普及,活动育兴趣,参赛促发展"的特色培育思路,不断开发学生的潜能。经过多年的实践探索,呈现出"班班有作品,人人会制作"的局面,版画和篆刻课程都连续被评为金山区民族文化技艺培训特色项目和示范性拓展型课程。罗星中学被授予上海市中华优秀传统文化研习和非遗进校园传习基地。版画教育和篆刻教育分别成了西林中学、罗星中学特色教育的一张名片。

1. 西林版画课程中赏识育人价值的开发研究

版画作为艺术教育的一种表现形式,如果仅仅限于版画创作本身,必将割裂艺术教育与学生全面发展的联系,背离教育的本原。本着以促进学生全面发展、为学生的终身发展奠基的宗旨,我校将版画校本课程建设与学校赏识办学理念紧密融合,以回归育人本原为宗旨,用赏识的目光积极开发版画校本课程的育人价值,寻求版画教育与综合育人互为融合的探索之路,努力使版画成为学校特色发展和赏识育人的一张名片。

(1) 目标引领,确立顶层设计

版画教学是手段,育人是根本。学校"赏识教育"理念提出"三相信":相信人性的优点,每个人身上都有闪光之处;相信人性的本质,每个人都有被赏识的渴望;相信人性的潜能,每个人都能在互赏中进步。围绕总体办学思想,学校明确了"学习技艺、培养特长、育人于画"的版画课程目标,制定了"学会版画,学会审美,学会创新"的版画学习培养目标,形成了"课堂抓普及,社团抓提高,活动促发展"的实施路径,三条路径指向一个回归点:课程重育人。思想决定行动,学校的顶层理念逐步深入人心,成为西林版画教育蓬勃发展的源泉与动力。

(2) 整体布局,厘清推进思路

为了让每一个学生享受版画教育的快乐,学校对版画课程进行整体布局,让课程在纵向上首先实现统整,使课程的架构兼顾普及、多元和可选择。例如,在时间上四年统整;在内容上分层设置,低年级——吹塑版画创作(黑白版画、彩色粉印),中年级——纸版画创作(黑白版画、拓印纸版),高年级——木版画创作(黑白版画、套色版画);在进度上逐年进阶;在策略上点面结合;在抓手上积极发挥版画工作室的核心作用,编制课程计划,完善校本教材,让每一个不一样的学生都能有机会学习版画,丰富学习经历,提升综合素养。

① 课堂抓普及——发现特长。首先,从知识技能角度,率先实现人人会版画。在起始年级开设限定拓展课程,其他年级采用"美术大课堂"的形式,适当调整基础型课程内容,增加自编的版画校本教材内容,从最基本的吹塑画起步,开展面上的版画教学,确保"版画"成为全校学生的"正餐",使学生人人了解版画、认知版画,比较系统全面地学习版画艺术的制作技巧和方法。其次,从过程与方法、情感态度与价值观的角度,注重每一个学生的全面发

展,在"画刻涂印"的过程中培养习惯、意志,提升观察力、审美力、创造力等,为学生多元发展奠基。同时,在教学相长的过程中,采用螺旋式跟踪培养模式,让更多的学生有一技之长。

② 社团抓提高——培养特长。每周二、三是学校自主拓展课程安排日,每周五为学校社团文化日,学校开设了5门不同层面的版画拓展课程,组建了5个版画社团,包含纸版画、木版画、黑白画、套色画等,使版画课程走向多元,满足不同层次学生对课程选择和特长发展的需求。采用"定时间、定地点、定人员、定内容"的四定原则,探索社团与拓展课程整合之路,确保版画教育有序发展。

③ 活动促发展——展示特长。为了开阔学生视野,激发学生版画创作的灵感,本着"学生在校一切活动皆课程"的理念,学校积极组织各级版画文化活动,改变了传统美术教学只重知识和技能传授的倾向。一是常态活动,版画老师经常带领学生走上街头、走进社区,捕捉素材,将校内外生活和传统文化、区域文化的内容融入版画创作,激发创新精神,发展实践能力,促进个性发展,使学生成为版画课程学习的主体,一大批内涵丰富的优秀版画作品应运而生。二是大型活动的参展,西林版画创作队伍活跃在世博会、首届上海校本课程展示会、上海校际版画联展会、海峡两岸青少儿版画赛等舞台。金山电视台"快乐起跑线"来校拍摄了版画制作的全过程,学生娴熟的版画技艺和丰富的版画素养令大家刮目相看。孩子们在一次次的活动中体验了成功,展示了才华,提升了自信。

(3) 改进策略,丰富育人途径

《上海市中小学美术课程标准》指出:"实施义务教育阶段的美术教育,必须坚信每个学生都具有学习美术的能力,都能在他们不同的潜质上获得不同程度的发展,美术课程应适应素质教育的要求,面向全体学生,以学生发展为本。"关注学生的全面发展、健康成长是我校版画课程建设的出发点和终极目标。本着使每个学生在认知水平和实践创造能力上都有进步的宗旨,学校充分依托版画特有的艺术形式和学习方式,以赏识的目光挖掘、培养学生的个性,为他们的可持续发展注入正能量。

① 以美育德,培养道德习惯。版画学习融绘画和手工为一体,学习过程中蕴涵了许多渗透育德的因素。我们以版画学习为依托,重视学生的道德习

惯养成,以良好的道德为内驱动力,促进学生全面发展。例如,在健康题材的选择中,对学生进行人文素养的熏陶;在版画的创作和赏析中,对学生进行思想道德情感的教育;在画、刻、涂、印的过程中,进行对学生良好行为习惯的培养;在采风写生中,培养学生对生活的热爱等,这些都是很好的道德养成训练点,能够体现版画课程的育人功能,为学生综合素养的培养奠基。

②依托版画,转变学习方式。版画校本课程本身具有明显的开放性、综合性,体现了学生全面发展的特征。学校在校本教材的开发时,注意版画题材的选择,使教学内容的确定性与开放性并存,关注校园生活、学科活动、课余生活、社会生活等。同时,各单元内容提出学生习作的具体要求,如采用课余写生采风、上网搜索查询、调查了解访谈等形式,以调动学生积极参与、动手实践、自主探索、合作交流的有力措施,极大地转变了学生的学习方式,促进了学生的综合学习。

版画是融绘画和手工为一体的综合性实践活动,多种学习方式在版画的制作过程中融为一体、互为补充、互为促进。从主题内容的确立、版画材料的筛选、版画语言的运用、版画技法的选择,再到涂色、印制、成型这一系列过程,是学生观察与分析、概括与归纳、想象与创造的心理活动过程,也是学生与同伴合作、交流、探索的动手实践过程,还是学生感受美、表现美、创造美与欣赏美的审美过程,更是学生情感、态度、价值观有机协调的和谐发展过程。学生眼、脑、手、心综合感知、高度协调,极大地促进了学生综合学习能力的发展,为他们的终身发展奠定良好的素质基础。

③课程统整,促进综合学习。学校加强了版画教育与其他学科的融通,以彰显校本课程的价值与活力。在实践中我们发现,版画教育和语文学科的融通对学生表达、写作能力的培养有重要作用,是培养和发展学生表达、写作能力的一种优良载体。例如,语文课上,经常以版画作品为题材组织语言交际课,从作品的选材、构思、蕴含的思想感情、体现的生活气息、展示的地方特色等多方面进行语言交际的训练;经常以一幅版画作品为题,如"观画写文"组织作文课,从而开展"看图作文"的训练,让学生根据版画作品进行想象作文的写作,或是画文结合(为版画作品配文)、文画结合(根据一段文字创作版画作品)。再如,体育课中的口令、场地设计、节奏韵律、动作示范以及课间活动等表现出的节拍美、动作美、体态美等都为版画提供了广阔的创作空间;生

命科学、地理、科学、劳技等学科中对自然世界的认识和把握,极大地丰富了版画的题材表现。

(4) 优化评价,注重激励赏识

版画的创作过程,是一门图画和手工结合的综合过程。在创作过程中,除了学生的自主构思外,很重要的是画、刻、印等操作性极强的动手过程。鉴于初中生年龄特点,往往会形成画、刻、印过程中偶然的效果。因此,我们不断加强评价的优化研究,特别关注对学生的激励赏识。

① 突破"像"与"不像"的评价标准。不以"像"与"不像"等成人标准评价学生的作品,不是让学生复制"现实"和再现"现实",而是以创造思维元素为首,鼓励学生表达对事物的真切感受,学会用已有的知识经验较合理地把对象表达出来,使创新意识在思维碰撞中得以提升。

② 突破"整齐划一"的评价标准。学校版画教育的定位是为了让每个学生获得最近发展区的润泽。因此,我们不用同一标准、同一尺度去衡量作品质量,重点是看学生"最近发展区"的能力或知识获得的状况,即学生在获取知识的过程中努力的程度如何,努力培养其"自我实现的能力"。突破"整齐划一"的评价方式,促进了不同层次的学生对不同问题开展质疑与探索,从而促进其发散思维、求异思维、类比思维等的发展,创新意识也得以良好地发展。

(5) 完善机制,保障课程长效

为了确保版画特色课程的顺利实施,学校建立和完善各类版画教育机制,从人力、财力、物力等各方面予以支撑保障。

① 健全师资培训机制。通过自培、他培相结合,双管齐下,建立一支有爱心、有能力、责任心强、素质高的专、兼职教师队伍建设。一是专职教师的培养,学校配备了五位美术专职教师,邀请上海半岛工作室专家、上海师范大学教授等带教培养,逐步形成师资梯队结构,每年全员参加市、区各类版画专业培训,使教师发挥了关键的主导作用;二是与"十二五"师训相结合的非美术教师的版画培训,吸收非美术教师学习版画、认识版画,使更多的教师成为版画育人的传播者,促进了版画教育能在面上普及、点上深化,从而寓教于乐,彰显个性。

② 落实经费保障机制。学校每年投入足够资金用于版画课程,配齐版画设备和工具,建设版画工作室,陈列版画作品,编印版画教材、版画作品集,为

师生提供外出学习、展示的机会。

③ 坚持"四个确保"制度。严格落实版画活动"四个确保"——确保活动内容、确保活动人员、确保活动时间、确保活动效果,为版画教育的可持续发展保驾护航。

④ 建立管理考评机制。建立健全学生、家长、学校联合考评机制,并将结果与过程考评相结合。学生方面,在每年一度星级少年评选项目中增设"版画之星"的评选,作为学生年度评优的重要表彰项目。教师方面,将对版画教育的辅导成果计入年度绩效考核,并作为评先、晋级的重要依据。

（6）文化融合,让版画增辉

课程深处是文化。学校寻找版画课程与校园文化营造的契合点。一是外在的"形"的丰满。走进西林校园,俨然来到了版画世界。校门口硕大的版画拓印模型是版画特色教育的标志,叙说着"美丽西林,魅力版画"的梦想;我们将学生作品以"国粹廊、礼仪廊、名人故事廊"等不同主题版画文化廊分类展出,使校园天天有画展,使学生时时受赏识,他们用版画的形式叙说着对生活的热爱,对理想的追求。有同学连做梦都在说:"哈,我的版画作品上墙啦,我好开心啊!"二是内在的"魂"的深入。这体现在学生对版画学习的热爱和积极参与,以及从中体验到的快乐与得到的成长,每年的达人秀和西林之星评选,"版画之星"成了学生最看重的荣誉之一,他们在版画文化的润泽中享受教育的幸福。

西林版画课程厚积薄发,让育人有形。"随风潜入夜,润物细无声。"在普通的校园里,先后有万余人参与了版画创作,千余人因版画而获奖成功,百余幅作品在市级以上比赛获奖。藏书票、画册、画展等相继问世,西林版画在区内外有了较好的声誉。奖状只是形式,奖状背后所蕴含的学生的体验、成功、自信才是要义。学生通过版画课程的学习,不仅学会了版画技艺,而且丰富了学习经历,挖掘了创造潜能,培养了学习习惯,发展了个性特长。更重要的,每一个不一样的学生都体验了成功,获得了学习的信心和能力,找到了自主发展的动力,培育了对生活的热爱。

2. 罗星篆刻在传习中开发育人价值

篆刻是罗星中学的特色校本课程,学校把传习篆刻技艺、传承传统文化和课程综合育人紧密融合。学生通过篆刻的学习,不仅掌握了一种特长技艺,更重要的是对本民族的优秀传统文化有了深切认同,提升了民族自信,树立了社会主义核心价值观。同时,他们还陶冶了情操,很好地发展了观察力、创造力、意志力、动手能力、行为习惯、团队合作等核心素养。在课程实施过程中,学校通过"以篆育人"课程目标为引领,形成"分层实施、全面推广"的运行机制,将篆刻与校园文化融合,与其他课程融通。

（1）目标引领

篆刻教学是手段,育人是根本。学校确立了"篆写方圆,刻画人生"的课程目标,让每一个不一样的孩子在罗星中学都有篆刻学习的经历。

（2）形成机制

学校确立了"分层实施、全面推广"的运行机制,课堂抓普及,社团抓提高,参赛促发展,全面普及篆刻教育。

（3）传承创新

传统印石是学校一开始篆刻教学的基本载体,但通过初步尝试,我们很快发现由于石质印章太坚硬,初中学生手部力量不足,往往出现学生所刻的印石线条软弱、划出印面等问题。我们认识到,只有在材质上改良、在方法上改进,找到适合学生学习操作的材料,才能有利于篆刻在校园里普及。通过反复探索试验,我们尝试了橡皮、石膏、泡沫塑料等,最后发现陶瓷印是非常适合学生的一种好材料,集陶瓷艺术和篆刻艺术于一体。原材料是陶土或瓷土,学生先手工捏制印纽,塑造好外形,晾干,再设计好文字稿,用刀刻出文字,由于烧之前是泥巴,刻起来毫不费力,但同时它又保留了石质印章的艺术效果,最后通过上釉,高温烧制,印纽发出绚烂的颜色,让每一个学生都获得成功的喜悦。

陶瓷印具有"易、趣、美、雅"的特点。易——镌刻易,陶瓷印的原料为瓷土或陶泥,泥质疏松,用刀刻画毫不费力;趣——造型趣,自己设计捏制陶瓷印印纽,撰写印稿,镌刻文字,更能激发学生的学习兴趣,提升创造力和动手实践能力;美——釉色美,原本毫不起眼的泥坯经过施釉烧制,立即流光溢彩、赏心悦目,令人爱不释手;雅——意蕴高雅,陶瓷和印章都是我国优秀传统艺术的代表,都蕴含着深厚的文化底蕴。

学校已经开发了各种单色釉、花釉、青花、紫砂、青釉、裂纹釉等陶瓷印系列。但在教学中,我们既有传承又有创新,入门练习时我们仍然选用传统的印石,创作时我们选用陶瓷印,进一步发挥学生的想象力和趣味性。

（4）课程融通

学校定期开展各种篆刻与德育或其他学科融合的主题活动,如"识篆字写篆书""故土情怀篆刻金山"等。例如,语文课上,经常以篆刻作品为题材组织语言交际课、作文课。近年来,尝试与信息技术整合,通过陶瓷3D打印课程设计印胚。

（5）文化融合

努力寻找篆刻课程与校园文化建设的契合点。一是外在的"形"的丰满。校园建有篆刻围墙、篆刻长廊、篆刻研修室、篆刻展示厅、篆刻传习室等,让学生了解篆刻发展历史,浸润篆刻文化,展示篆刻作品。二是内在的"魂"的深入。体现在学生对篆刻学习的热爱和积极参与,从中体验成长的快乐。学校每年都举办篆刻文化周,评选篆刻之星,搭建展示的平台。

（6）队伍建设

通过自培、他培相结合,双管齐下,培养专职、兼职教师队伍。

罗星篆刻课程在传承中不断扩大影响,取得了丰硕成果,如罗星中学被评为上海市中华优秀传统文化研习和非遗进校园优秀传习基地、上海市篆刻进校园试点校等。

一位专家在一次来校参观后感慨道:"我们在大力复兴中华传统文化已经十年有成! 例如我参访的以'篆刻'为特色的罗星中学,竟让原本主修中国艺术的我叹为观止! 从未看过像这样一整个学校,包括建筑物内外走廊与围墙,处处都以放大的篆刻字画作为设计与装饰。更有一座堂皇的展示馆,从篆刻历史、相关文献、石头的种类、古人与今日学生的精彩作品,一直到现代化的材质改良与创新,以及如何借由篆刻培育学生的计划等,一一陈列在内。看到他们用'刻画人生'作为一所学校的品牌时,真是有说不出的感动!"

四、基于规准,建设教师队伍

在教师队伍建设中,有两个关键词常被人们说起:一是教师的专业发展,二是校本教研。教师作为一门专门的职业,已经被大家所认可,但当下的教师离这一专业的规范要求还是有一定距离的,教师只有不断努力发展自己,才能越来越接近专业要求，成为一名真正的专业工作者。教师的专业发展，从根本上说要靠自身的努力，但借助外力也是很重要的途径。教师的培训就是借助外力提升专业水准的有效途径之一，其中，校本教研的价值和作用逐渐被人们所认识，基于教学一线的教学智慧的提升成为各地培训的一致追求。

做任何事情之前，先培养规则意识，然后按照目标、流程、标准的"规准"要求来规范行为，将其这一方法应用于建设教师队伍时，就能够培养教师的专业自觉。学校和学校之间的差异，在很多时候就体现在做事是否有规则、是否有章法上。某位教师进入一所新的学校，很长时间都无法适应学校的工作，做事情总也做不到点子上，很有可能就是因为学校在教师队伍的发展上本身就没有章法，工作始终处于无序的状态。而那些办学质量显著的学校，在教师的专业自觉、在用"规准"规范教师的教育教学行为方面也是做得非常出色的。学校的校本培训、教师的专业发展，要从"规准"的角度多加思考，夯实教师成长的根基。要不断地提醒自己：基础不牢，地动山摇。

第三章

以激励赏识演绎课堂教学精彩

第一节　绿色指标为质量定标准

谈到教育教学质量，人们会不由自主地想到语、数、英等考试成绩。我觉得关注考试分数并不是坏事，当前以考试来进行标准化教育选拔，以评价的方式促进教育质量的提高，选拔优秀生源接受下一阶段的教育还是非常符合中国国情的。在教职工大会上，我经常说的一句话就是，教育质量是学校的生命线，抓质量是学校永恒的主题。我也很清楚，教育质量的确包含考试成绩，但成绩并不是全部。考试成绩只是"教育质量"的一个显性标志，只是一个方面。教育的根本任务是立德树人，倡导"面向全体学生，追求全面发展，注重学生个性发展"。学校、教师、家长，应该不仅仅抓好智育，更要重视德智体美劳全面发展，各育应相互渗透、协调发展，促进学生健康快乐地成长。所以，学校教育质量应该是可持续的质量，是整体的质量，是和谐的质量，是全面、科学的教育质量。

在社会应试教育的质量观还比较根深蒂固的背景下，传统教育习惯于把学业成绩和升学率作为评价教育质量、评价校长和教师工作业绩的唯一标准，造成了对教育质量观的误导，为"育人"这一教育本原带来了严重的负面影响。以考为本、突出测验的选拔功能势必会不断增加教育难度，在无形之中加重了学生的学业负担。例如，首次参加国际经合组织（Organization for Economic Cooperation and Development，简称 OECD）组织实施的国际学生评价项目（programme for international student assessment，简称 PISA）时，上海学生在阅读素养、数学素养和科学素养三项评价中均排在第一位。成绩最好，显示了上海基础教育在世界上的水平，然而上海学生课业负担偏重也在测试中显现了出来：每周校内外上课时间总量较多，学生课业负担偏重。过重的学业负担，不仅影响学生的健康，而且抑制了学生创造能力和良好品德的形成。如果学生跳不出考试提供的学习模式，就很难提高自主创新能力。

要解决上述这些问题，改革教育评价的内容和方式是重要抓手。随着教育改革的不断深入，基础教育进入内涵发展的"深水区"。《国家中长期改革与发展纲要》提出"办好每一所学校,教好每一个孩子"。上海率先提出了"为了每一个孩子的终身发展"的核心理念,上海基础教育提出:让每一个孩子健康快乐地成长,关注学生的全面发展。基于此,上海基础教育开了先河,率先开展"中小学生学业质量绿色指标体系"的"本土探索",将改革的重心直接切入了内涵之核——评价,并以此为切入口,全面关注学生的健康成长,引导正确教育质量观的建立,确保教育教学改革朝着有利于学生终身发展、健康成长的方向迈进。

贯彻落实学业质量绿色指标成为上海基础教育的热点话题。作为上海教育的"基础细胞",每一所基层学校要主动应答并有所作为。在西林中学担任校长期间,我带领教师进行了一系列探索。

一、厘清指标内涵,强化"思想领导"要义

思想决定行动,首先要让教师了解并且理解绿色评价指标的内涵和实质。只有清楚绿色指标的内容和要求,才能让变革的理念根植于教师的心灵。我校首先强化思想领导,引领教师认真学习,帮助教师厘清指标内涵。通过理论学习、观点碰撞,我们对绿色指标有了比较清晰的认识。

"绿色指标"的核心是促进学生全面发展和健康成长,是一种基于课程标准的学业质量测试与背景问卷相结合的综合性评价。

学生学业水平标准是依据课程标准,确定学生在某一学科、某一阶段应该掌握的基本内容与核心能力的标准等级。学业成绩的标准达成度指的是学生在各学科达到合格水平以上的人数比例。在关注学生标准达成度的同时,也要关注学生的高层次思维能力。高层次思维能力主要包括知识迁移的能力,预测、观察和解释能力,推理能力,问题解决能力,批判性思维和创造性思维能力等。

学业质量绿色指标包括"十大指数",具体如下。

学生学业水平指数,包括学生学业成绩的标准达成度指数(标准达成度在全国常模中的相对位置)、学生高层次思维能力指数(主要包括知识迁移的能力,预测、观察和解释能力,推理能力,问题解决能力,批判性思维和创造性思维能力)和学生学业成绩均衡度指数(总体均衡指数、区县间均衡度指数、

学校间均衡度指数）。

学生学习动力指数，包括学生学习自信心指数、学生学习动机指数、学生学习压力指数和学生对学校的认同度指数。

学生学业负担指数，包括学业综合指数（睡眠时间、作业时间、补课时间）和学业负担分项指数。

师生关系指数，反映教师是否尊重学生，是否公正、平等地对待学生，是否信任学生等（学生问卷）。

教师教学方式指数，包括教师对教学方式的自评指数（因材施教、互动教学、探索与发展能力）和学生对教师教学方式的评价指数（是否进行情境教学、鼓励学生动手实践等）。

校长课程领导力指数，包括课程决策与计划指数、课程组织与实施指数、课程管理与评价指数等。

学生社会经济背景对学业成绩的影响指数，包括父母受教育程度、父母职业、家庭文化资源等对学生学业成绩的影响指数，反映学校教育的作为。

品德行为指数，包括热爱祖国、自尊自爱、尊重他人、有诚信和责任心、遵守公告以及拥有希望之心和公正之心。

学生身心健康指数，包括学生近视率、肥胖率、身体素质及幸福感等。

跨年度进步指数，包括学习动力进步指数、师生关系进步指数、学业负担进步指数等，数值越大，趋势越好。

以上指标意味着单纯把学业成绩和升学率作为评价教育质量和工作业绩的唯一标准的时代将成为过去，它将为学校了解学业质量基本状况及其影响因素提供有力的实证依据。

如何将指标内涵内化为学校和教师的教育教学行为？各个学校都在实践探索。学校从校情出发，确定了"突出重点，多项并举，逐一攻关"的推进策略，选择"校长课程领导力指数、教师教学方式指数、学习动力指数、学生学业负担指数、学生品德行为指数"五项指数作为重点研究内容并予以落实，以期达到"以点带面、全面推进"的目的，让评价成为学生健康成长的助推器。

二、优化顶层设计，聚焦"课程领导"指数

校长的课程领导力一般指"课程决策与计划、课程组织与实施、课程管理与评价"等方面，其中制定和实施学校课程规划是校长课程领导的核心工作。西林中学注重理念先行，优化顶层设计，让课程成为学校自主发展的主要载体。

1. 确立发展愿景

西林中学提出"发展赏识校园文化，打造赏识教育品牌"的办学追求和"让教育适应学生发展的需求，让学生享受赏识教育的幸福"的办学理念，初步形成了以"构建和谐校园，打造绿色西林"办学目标为核心的赏识文化建设精神力系统。再提"绿色"，已经超越了环境教育之范畴，那是一抹转型发展时期的"新绿"，着眼发展，追求持续，尊重教育和学生身心发展的规律，满足学生成长的需要，回归教育本源，与绿色指标理念高度一致，成为全校师生共同的发展愿景。

2. 构建赏识课程

课程是学校品质提升和"瓶颈"突破的关键。学校着力加强了课程的整体性、基础性、选择性和开放性，构建了"以基础型课程为主，拓展型课程和探究型课程两翼齐飞"的课程体系，夯实基础型课程，发展校本课程。共开设了五十八门拓展型、探究型校本课程，开发了《校园植物的识别》《魅力版画》等八本校本教材，确定了以"西林版画"为龙头的"三六"特色课程项目，"三"指基础型课程中的"快乐英语"、拓展型课程中的"西林版画"、探究型课程中的"绿色环保"等，使三类课程各有一门龙头课程；"六"指六门体艺拓展课程，即版画、沙排、围棋、合唱、舞蹈、硬笔书法等，使课程基本满足学生发展的需求，让课程关照学生的生命成长。

3. 规范课程管理

西林中学成立了课程领导小组，制定学校课程实施方案。校长全面负责课程领导，分管副校长组织课程实施，教导处具体执行课程方案，做到课程计划严格执行，课程实施专职管理。同时，学校成立"课堂评估小组、课堂督查小组"，编制系列课程实施方案，通过行政随诊、同伴互诊、自我问诊、跨科协

诊等形式,改善和优化课堂教学的运行方式与品质,使规范有序的教学管理不断走向常态化。

4. 尝试绿色评价

绿色评价能使学生有动力、有方法,使教师有目标、有成效,使课程有愿景、有发展。我们尝试绿色评价,打破单一,关注多元;淡化结果,注重过程;关注负担,倡导有效等。在作业的评价上,实施赏识批阅,要求教师批改作业时,用"\"等符号替代"×",体现教师对学生人格的尊重、对学生错误的接纳和宽容以及对学生改正错误的鼓励和期待,以此让学生、教师和课程沿着持续发展的良性轨道一路前行。

三、打造赏识课堂,聚焦"教学方式"指数

课堂是实现课程目标、实施课程规划的主渠道。教师良好的教学方式能对学生的学业成绩起到积极的影响。因此,"聚焦课堂教学,打造赏识课堂"是学校的主攻方向。西林中学推出了"赏识课堂文化三年行动计划",围绕"和谐、高效、可持续"三个维度,实施环环相扣的"六招",追求环境友好型、资源节约型和持续创新型课堂。

1. 推行二次备课

学校实行个体、集体备课相结合策略,采取"个人提出问题—团队集体研讨—最后分享智慧"的方式,弘扬学科群体优势,落实二次备课要求。

2. 举办教学工程

实施"教学范式"工程,通过"观摩好课—析课评课—个人反思—撰写心得—模仿实践—观点交流",让示范促进规范。举办"教学领雁"工程,校内高级教师、骨干教师先行下水,智慧引领,发挥"领头雁"作用。举办"绿色课堂"评比,以教学微环节研究逐步提高课堂整体效益。

3. 研究教学模式

实施"讲、问、练、导"教学策略,如尝试"教学告白"——教得准确、学得明白;采用"课堂导学单"——主动学、针对教、有效练;倡导"精讲精练"——提高单位时间效益。

4. 编制校本作业

通过编制校本作业，实现了"考试学科编辑成册，从有到优逐步完善；其他学科丰富类型，强调动手实践探究"的格局。

5. 推进一日研修

以学科组为基本单位，聚焦主题教学研究，经历"集体备课—个体执教—集体议课—个体再执教—集体再会诊"等过程，重点加强反思环节和教学行为改进环节，探索实现有效课堂的策略与方法。

6. 依托信息应用

依托信息化应用辅助教学，优化教学行为。走进"数字教室"，人人上公开课，实现个人——教学反思、组内——听课会诊、同伴——网上评课，促进反思性教学；通过磨课工程，开展网络教研；通过信息平台，共建共享教学资源；通过教学软件，丰富教学评价、教学管理手段。信息化应用帮助教师自我审视，助推同伴互助，大大促进了教学行为的转变。

四、倡导赏识理念，聚焦"学习动力"指数

学习动力指数主要指学生学习自信心、学习动机、学习压力和学生对学校的认同度等。建校之初，学校声誉低下，师生缺乏信心，士气低落。我校以"赏识师生，和谐发展"为行动口号，以赏识为途径，践行"赏识教育"理念。学校多方创设机会，搭建平台，让渴望被尊重和认可的师生们尝到成功的喜悦，逐步树立自主发展的信心，催生教育智慧。

1. 让教师成就学生成长

西林中学以"发展教师，成就学生"为指导，为教师构建人本化的赏识环境，帮助他们提升素养。通过"教学评优，人人有奖；创设平台，绩效嘉奖；风尚讲坛，体验价值；青年骨干，重点培育"等途径，提升教师境界，以教师的发展来成就学生的成长。教师们为人师表，用阳光般平和的心态面对教育，用阳光般真诚的话语面对学生，用和煦的笑容照耀每一个学生的心灵。

2. 以赏识唤醒学生自信

我们坚持"有教无类"的思想，坚信"好孩子是夸出来的"。尝试实施"分层递进教学"，在学科教学的各个环节加以落实。课内将微笑带进课堂，提倡

鼓励性课堂评价;课外,开设爱心辅导时段,教师免费为高中低三个层次的学生进行提优补缺,使各层次学生都能体会到"跳一跳能摘到果子"的欢乐。"赏识"让学生愿学、会学、乐学,从自卑中走出,找到自我,不断走向成功。

3. 建平台提高学生认同

我们尝试开设基于需求的校本课程和学生社团,人人能参加,个个有项目;举办五大校园文化节,鼓励各类学生走上舞台;创办阳光电视台,以"人人是明星,天天有直播"为口号,鼓励更多普通学生甚至学困生走进直播间,展示才华,得到被欣赏的机会。定期开展"西林之星"的评选,让学生体验被欣赏的价值。我校从培养学生特长、张扬学生个性、提升学生自信着手,为各类学生创设成功的机会,力争让每个学生拥有成功的体验,从而点燃他们的学习求知欲,提高对学校的归属感。

五、着眼减负增效,聚焦"学业负担"指数

上海推行的"中小学生学业质量绿色指标",由学业水平及影响学业水平的相关因素构成,内涵广阔,既关注学生的学业,又关注学生为学业水平付出的各种代价。当前,学生的学业压力和课业负担仍然偏重,究其原因,主要与相关人员对教育质量的理解片面以及微观层面教学环节的不一致或低相关。

西林中学提出"功在课前,效在课中,导在课后"的口号,引导教师研究学科课程标准,把握教学基本要求,以增效为途径,实现减负目标。

1. 功在课前

实行个体、集体备课相结合的策略,研究课程标准和课程目标统整策略,精心设计过程,恰当处理教材内容,注重教学资源的开发积累,弘扬学科群体优势,在集体智慧中体现个性张扬,在教学实践中不断完善。

2. 效在课中

探索适合校情的课堂教学模式,关注学生,关注生成。通过引智借脑、骨干先行、同伴互助、教学论坛等形式,开展"好课"实战研修,实现思维碰撞,促进教学效益提高,让课堂焕发生命活力。

3. 导在课后

尊重学生学力差异,加强学生个别辅导,将分层教学落到实处。教辅资

料零征订,编制推行校本作业,组建班研组,控制每日作业量,拒绝无效作业。

六、坚持以德立校,聚焦"品德行为"指数

学生的品德塑造是否成功,一定程度上反映了学校教育的成功与否。我校围绕绿色德育理念,坚持"以德立校",强化自然、和谐、人文等绿色理念,将"学善、学实、学活、学长"的学风作为思想道德建设的基调深深根植于每一个学子的心灵。

1. 突显德育课程化

学校积极探索德育课程一体化实践,完善学校社会实践课程,建设德育微型课程,探索家校联动课程,开发午间阳光课程,形成了"学校、家庭、社会"三位一体的大德育格局。

2. 凸显德育功能化

围绕"全员德育"思想,开拓德育途径。一是整合学科资源,有序融合"两纲"教育,做到"教育有意、实施无痕"。二是整合文化资源,以绿色的理念布局校园,使校园处处彰显育人功能。三是整合活动资源,促进主题教育活动系列化,在活动中体验生活中的真、善、美。四是整合社会资源,建立"以学校教育为中心,以家庭教育为基点,以社会教育为依托"三位一体的大德育网络,形成教育合力。

3. 凸显德育人本化

依托团队组织,把学生推上自理的舞台。健全了"学校、年级、班级"三级学生自主管理网络,培养学生自我教育的能力。开办队长学校,形成队干部培训校本课程,提高学生的自主管理水平。与社区联手开展活动,引导学生融入社会、奉献社会,在多样的实践中体会美的内涵。

绿色指标的实施是一个长期的需要不断深化的过程。它能有力指导学校提升办学质量,改进教学行为,关注"人的发展",关注学生在学校的幸福感和对学校的归属感,关注学生的生命成长,在教学中实施素质教育,在育人中着力课程建设。

第二节　高阶思维为能力定路径

连续几次的上海中小学生学业质量绿色指标测试数据显示,学生高阶思维指数是较普遍的短板。为了以项目研究为抓手破解共性难题,西林中学联合金卫中学、松隐中学、兴塔中学等伙伴学校,共同开展了"基于高阶思维能力培养的课堂教学研究"项目,开启了不同地区不同学校在同一平台探索高阶思维课堂教学研究的破题之旅。

项目团队大致经历了"认同、认识、行动、总结、反思"五个阶段,直面发展中的短板,协同高阶思维教学研究。从一开始教师对高阶思维的懵懂、唯上,到日渐理出思路,最后找到研究支架,教师边学习,边探索,边反思,边调整,边改进。

一、思想认同先行

(一) 对研究意义的认同

通过分析绿色指标测试数据,我们发现高阶思维指数成为四校发展中的短板。四校不约而同地思考着同一个问题:如何直面问题,迎难而上,培养学生的思维能力? 思维力是学生智力活动和智力结构的核心,要让孩子更聪明、更胜人一筹,就应从小培养孩子的思维能力。"为了学生的终身发展"的核心理念让我们明确,只有培养"问题的解决者",才能使学生以"独立思考"的精神去面对未来生活。高阶思维培养应成为现代教学的核心价值取向和课堂教学的目标追求。教师若有意识地去培养学生的思维能力,是可以更有效地提高他们的思维水平的。

(二) 对研究途径的认同

高阶思维是可以培养和训练出来的,但需要恰当的教学支持。支持路径可以是专门的思维训练课程,但更有效的是与学科相整合的课堂教学。

1. 是解决现实问题的需要

分析绿色指标高阶思维指数数据背后的内涵,不难判断,课堂教学方式单一和思维培养意识淡薄是关键问题,这也导致学生自主学习的时空条件得不到保证,批判、探究、迁移、创新等高阶思维能力得不到很好的培育。而最有效的高阶思维能力发展方式,是将其融于具体教学活动之中,在完成课程学习内容、实现教学目标的同时,培养学生的高阶思维能力。

2. 是课程改革的大势所趋

当前,"课改"进入转型发展的深水区,而上海新优质学校也发展到了挖掘学与教的深层内涵的阶段。如果学校的改进仅仅停留在环境如何创建,课程如何丰富,而不进入"学与教"的层次,那么这样的学校改进永远无法深刻。良好的思维能力,就像百米赛跑一样,是一种技术(技巧)上的训练结果。良好的思维能力还需要相应的教学支持,包括一系列有针对性的练习,通过恰当的教学条件支持,培养学生的高阶思维能力。

3. 是新优质学校发展的需要

新优质最终应体现在为每一个学生的终身发展奠基,体现在学生在学习态度、方法和动力上的持续表现,而所有这些目标的实现,不进入"学与教"的层面永远无法达到。

(三) 对内涵发展的认同

对教师而言,教师专业发展如果不进入"学与教"的深层次,没有课堂要求的变化、行动和历练,会止步不前;对学校而言,学校的改进如果只停留在环境如何创建,课程如何丰富,不进入"学与教"的层次,这样的学校改进会比较肤浅。教师在课堂教学实践中的创新与改革,才是新优质之所以优质的根本所在。

(四) 对研究主体的认同

成员学校属于不同地区、不同层次,但各有优势学科和领军骨干,应予以赏识。确定各校领衔一门优势学科,同时参与其他学科研究的格局。

各校通过研讨达成了共识:我们的研究是有价值的,直面短板、破解难题是教育人应有的责任担当。

二、内涵认识到位

共同体组织了多次的学习培训。我们先后邀请上海市知名校长、区教研员等专家做专题指导，与先行一步的兄弟区县学校结成研究伙伴，到嘉定疁城实验学校、静教院附校、格致初级中学听课学习等。经过"请进来""走出去"以及无数次思维的碰撞后，各校统一了认识，逐步明确了项目的两项内涵概念。

其一，高阶思维，是发生在较高认知水平层次上的心智活动或较高层次的认知能力，主要由问题求解、决策、批判性思维、创造性思维这些能力构成。

其二，高阶思维课堂教学，课堂教学是师生最经常的活动，是高阶思维培养的主要途径，与高阶思维能力培养紧密结合的教学内容和教学方式能有效促进学生高阶思维能力的发展。

三、行动研究落地

（一）整体布局，纵横交错推进

1. 确立组织架构

成立"五组四中心"，即由各成员学校校长组成的领导小组，是项目研究的策划者、引领者、组织者、协调者、实施者和第一责任人；由各成员学校副校长或教导主任组成的工作小组，由资深专家组成的项目研究指导小组，由骨干教师组成的学科中心组以及由信息教师组成的信息宣传组，健全保障机构。

2. 注重目标引领

在不断学习研判的过程中，我们确立了项目研究的总目标，即为高阶思维的培养搭建各种支架，创设兼顾普适和个性的高阶学习活动，引导学生学会思考、享受思考，从而发展学生的思维品质，培养创新精神和实践能力，促进学生的生命成长和可持续发展。在总目标的引领下，我们进一步确定了项目研究的近期目标、中期目标和终期目标，做到过程与结果并重。

（1）总目标

通过以高阶思维能力培养为导向的课堂实践研究，创设兼顾普适和个性、基于课堂微技术教学策略的高阶学习活动,形成具有学科特性的思维课堂模式,从而发展学生的思维品质,培养创新精神和实践能力,促进学生的生命成长和可持续发展。

（2）分目标

近期目标:分析研究学科思维特征、品质,探索整合高阶思维培养的学科教学设计、作业设计等。

中期目标:研究课堂微技术教学策略,实现聚焦思维品质的课堂教学方式变革,形成以高阶思维能力培养为导向的学科课型教学基本模式。

长期目标:打造思维品质课堂,促进学生自主学习和思维品质的持续提升。

3. 落实机制保障

首先是机制保障,确立定期和不定期例会机制,引领校负责每学期推进和阶段总结互动,子项目学校负责策划每一次学科研讨活动。其次是确定各项机制,如资源共享机制、总结交流机制、定期会课机制、研训联动机制、"输血造血"机制、科研保障机制以及经费保障机制等。

4. 实施任务分解

以"四校对四科"为指导思想,每校引领一个基于本校优势学科的子项目,既是研究的引领者,也是研究的参与者,以此形成总分总纵横交错并进的研究架构,确保项目研究以课堂为主阵地,以学科推进为主线,四校联动、分头实施,优势互补、资源共享、合力共赢。

5. 细化工作母机

工作组是项目研究的工作母机。在工作组内又成立四个中心:培训学习中心,负责共同体教师的日常学习、主题培训与外出交流等;教研活动中心,负责共同体学科教学、教研活动等;项目研究中心,负责各子项目研究资料收集、整理,总结、提炼经验和教训等;展示筹备中心,负责组织每学期研究工作的总结、展示活动等。各"中心"每月召开例会,定期协调、交流、研讨,确保项目推进有分有合,实现研究实效最大化。

（二）调研诊断,研判课堂现状

通过课堂观察、访谈等调研,我们发现,大多数的课堂教学停留在低阶能力、低阶学习和低阶思维的层次上,没有有效地促进学生高阶思维能力的发展。主要表现为以下三点。

1. 教师审视高阶思维教学的意识淡薄

高阶思维是需要训练的,需要教师有意识地在教学目标设计、教学活动中贯彻落实。调研发现,我们的教学很多时间都在反复做练习,教师的要求是会做、做对,让学生养成较多低阶的思维习惯。

2. 课堂教学没有高阶学习问题的设计

设计开放性的、挑战性的、没有标准答案的、需要学生深度思考的问题,是培养学生高阶思维的最有效手段。调研发现,在多数课堂中,大量存在的"问题"是应试型的,也有一些教学基本没有问题,只有活动和任务,表面热闹,但学生不知道需要解决什么样的问题,应该怎样来解决。

3. 教师的课堂教学方式比较单一

教师讲授、学生听讲,记笔记的教学方式占多数。学生体验、讨论、思辨的机会很少或没有。

(三) 策略先行,寻找有效支架

任何一个教育教学改革,就是期待教师教育行为的改进、学生学习方式的改变。培养学生高阶思维能力,使课堂呈现从知识与技能的习得转向思维的学习,从浅表的零碎信息的获取到深层次的理解与应用,从强迫式学习转向主动的、有意义的建构,教学必须要让学生学会思考、学会怀疑、学会质询,而不是停留在教给学生现成的结论或答案上。

一节课是由一个个微小的环节组成的,一个个微小环节的思维含量决定了学生思维能力的培养质效。张人利校长提出的微方法的研究给予项目组很大的启迪。于是我们借鉴了静教院附校的做法并加以本土化落实,以研究指向课堂微环节的微方法为抓手,如课堂某教学情境、环节、内容、教学对象等,以此作为训练学生高阶思维能力的微支架,实现课堂的微改变,形成高阶思维发展的一个个生长点。通过实践,教师们提炼出了诸多有效的微技术,如学习任务链的铺设、课堂问题链的预设生成、面对失败时的倾听等待、小组合作的实施、课堂纠错的策略、课堂留白的运用等。

(四) 关注过程,注重学研并进

项目按总分总有序推进。每学期期初的推进会和期末的总结会雷打不动,分享经验,碰撞思想,开展跟进式培训,每一次总项目的研讨会总会有新的认识、新的火花,适时调整改进。每个学期都安排培训和学科"一日研修""同课异构""主题教研""同班会课"等研讨活动。例如"基于目标,挖掘内涵"高阶思维能力培养化学课例研讨,"发展学生思维,打造绿色课堂"为主题的数学教学研讨,以"关注课堂对话,促进学生理解"的课堂观察技巧落实、深度备课活动、教学设计比赛、思维作业升级编写等,从不同的课堂环节研究高阶思维的培养。

（五）信息互通,技术辅助教研

整合信息技术,利用微信、QQ 等通信软件建立共同体资源共建共享快速通道,实现"多媒体、多途径、多方式"的交流与互动和成果共享机制。

四、总结提炼跟进

（一）课堂微方法的提炼

研究组提炼了"学习任务链的铺设、课堂问题链的预设与生成、基于实验的设计探究、小组合作的实施、课堂纠错的策略、围绕课型的情景设计"等微方法。主要应用于三个方面:其一,课堂问题链的预设与生成。通过对课堂中教师的提问方式、追问环节的研究,分析对学生高阶思维的变化的引导作用,从而改进"追问"发展学生的独立思考能力与创造性思维的目的。其二,围绕课型的情景设计。分析课程标准对思维的要求、对思维最近发展区以及思维分类等层面的要求,运用图片、实物、视频等创设生活情境,解决真实或拟真的生活问题,引导学生开展反思、批判、创新等思维活动。其三,基于实验的设计探究。将典型的实验进行多角度的"变式",有针对性地训练学生的联想能力,促使学生领悟知识间的纵横联系,加强演绎推理能力,发展高阶思维能力。以下是两个课堂微技术的案例。

课堂问题链的预设与生成
——以初二物理《测定物质的密度》为例

这是初二一节"测定物质的密度"物理课。教师在这堂课中一共抛出了六大问题(如图)。

追问6	还有什么方法吗？如何计算酸奶的密度？
追问5	需要增加的实验步骤有哪些？
追问4	草图有什么不妥？
追问3	这个方案有什么不妥？如何改进？
追问2	如何设计这个实验？
追问1	测密度的原理？需要测什么物理量？用什么器材测量？

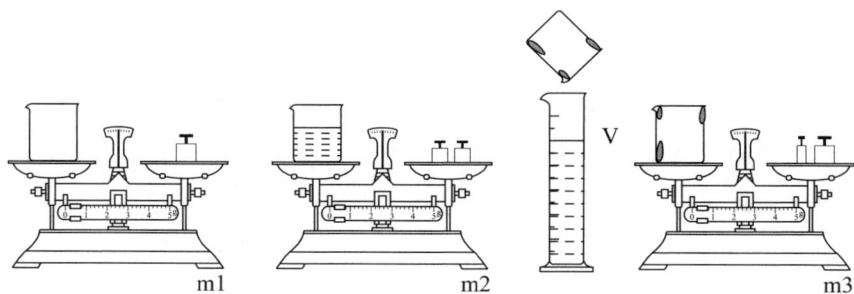

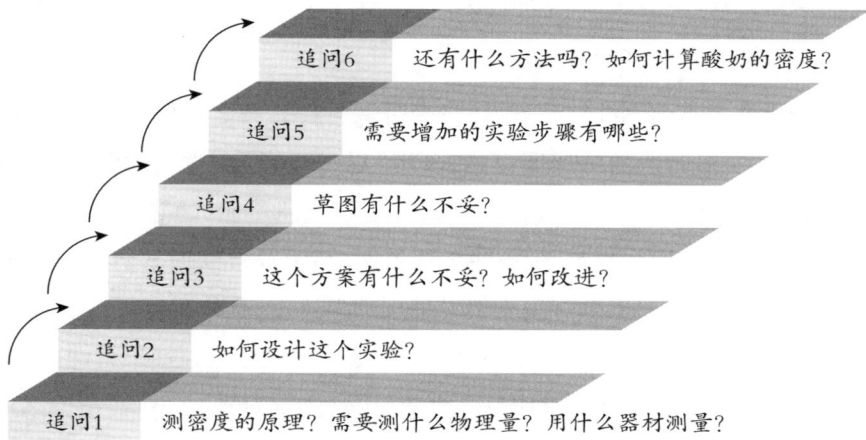

"测定物质的密度"问题链

教师多次追加问题，从追问频率和追问方式角度进行分析，教师的追问方式集中在逆向追问和因果追问两种方式。因果追问能够引导学生深入思考，给学生提供展示思维过程的机会，体现学习过程和学习方法。逆向追问引导学生针对某一具体问题进行多角度、多层面的分析与研究，培养学生的反思能力。这些适时的追问，设计合理，分层递进，使学生思维经过记忆、理解发展到分析、综合、评价，推动了思维层次的逐步提高和层层递进。对学生逻辑思维的提升具有很大的促进作用。

小组合作

——以英语学科小组合作学习为例

在英语课上，教师将5—6个学生按"组内异质，组间同质"的原则进行分组，选定组长，确定组名和奋斗目标等，以"讨论—展示—检测—评价"为基本模式开展课堂学习。其间，"讨论"是展示的前提，是暴露学生错误的机会；

"展示"是为了暴露典型错误和思维漏洞,是为了引发质疑,并将质疑的内容引向具体。教师鼓励引导学生质疑,不急于给予评判,不对错误的质疑当头棒喝,而要鼓励批判性思维;"检测"是学生巩固所学的保证,也是检验犯错同学是否已经掌握的机会。检测的内容一定是学生犯错的题目或者错题的变式训练。人人参与建立错题库,反复使用。"评价"是保证小组合作运行的制约和激励,是推动合作学习的强化剂。除了成绩,评价涉及学生对自身参与学习活动的态度、合作精神和合作能力。

(二) 课堂微观察的检验

为了检验课堂的思维训练含量,改变听课听什么与之后研讨内容脱节的问题,项目组突破传统的听评课模式,采用"以学习者为中心"的课堂微观察技术,精心设计基于问题链的课堂观察量表和追问量表,通过"成立观察小组,确定观察点,制定观察单,带观察工具观课,基于观察数据教研"五步课堂观察法,从"思维支架的达成度,支架对思维的促进度,个体思维的变化度"三个维度观察学生的课堂思维表现,获取课堂实证,通过微思考,研讨课堂行为改进的一个个落脚点。实践证明行之有效(附观测量表)。

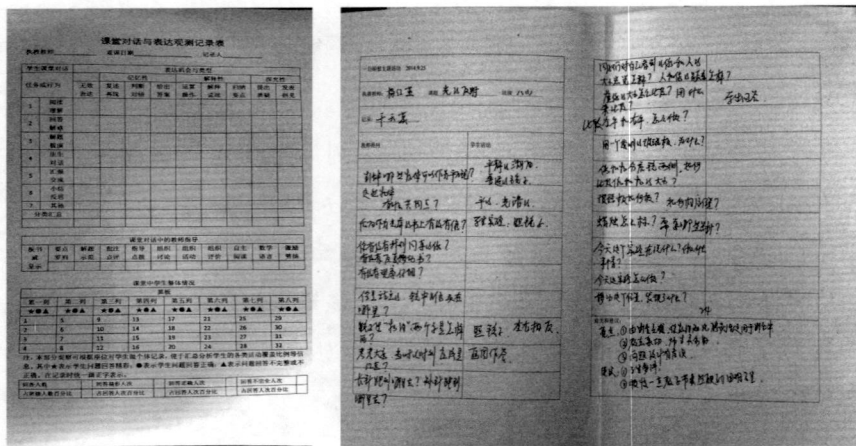

课堂对话与表达观测记录表示例

(三) 教学新方式的形成

课堂正逐步消除教师和教材对教学的控制,引导学生主动经常地参与课堂思维实践。教师能关注过程与方法,引导学生自觉、积极地吸收课堂"营养"。课堂问题逐步以开放性替代封闭性以及问题的生成。教学内容注重与真实生活情境联系,不断引发学生开展反思、批判、创新等思维活动。研究期间形成了基于思维的课后作业。四门学科分别汇编了研究思维含量的校本作业,供各校分享。2015 年绿色指标测试数据显示,各校的高阶思维指数均有不同程度提升。

五、推进持续研究

(一)"五个一"项目的推进

未来研究,项目组又聚焦"五个一"活动的持续推进,一是组织一次学生学习评比活动;二是筹办一次教师教学评比活动;三是开展一次子项目研讨展示活动;四是丰富一部项目研究成果集;五是撰写一份项目研究报告。

(二)高阶思维常态化的推进

项目推进的过程是不断思考、改进的过程。我们反思的问题是:当前的阶段性成果是否具有普适性?是否及时在面上辐射?如何开发更多元的课堂微方法?思维课堂的观察点是否最合理?基于实证的教学改进如何进一步跟进?等等。这些问题都有待今后进一步探索。我们将继续围绕微环节研究微方法,并从五个环节出发,备课更关注思维的策略;上课更关注微技术的落实;作业、命题更注重拓展性;辅导更关注分层的自主性;评价更关注开放性、过程性等,以激励赏识促进教师开发更多的思维发展支架,支撑学生完成预见未来的学习任务。

(三)以点带面创新研究方式

2018 年 11 月,我随上海市教育委员会赴国外进行了为期 10 周的学习考察。学习借鉴了国外许多学校在推行的"Think CERCA"五步批判性思维读写方法,并将之本土化地运用到自己学校的英语读写教学中,并取得了一定的成效。以下是运用"Think CERCA"五步批判性思维读写方法培养高阶思维能力的案例。

走进 K-12 学校,最耳熟能详的是师生口中的"Common Core",全称"Common Core Sate Standard"(共同课程核心标准,简称 CCSS),是外国政府为了统一各州教育水平而推出的标准,也是不同学校教学以及标准化考试的依据。其中,批判性思维能力(critical thinking)是 CCSS 最重视的三大素养之一,"提高写作能力,在写作中体现批判性思维"是 CCSS 六大指标中的一项。

所谓批判性思维,是通过一定的标准评价思维,进而改善思维,是合理的、反思性的思维,既是思维技能,又是思维倾向,是高阶思维的核心要素。其中的阅读和写作,一个是输入,一个是输出,是每个现代人的基本素养,也是美国教育的精髓——批判性思维的关键所在。

在许多学校,阅读和写作是所有学生的必修课程。"阅读和写作是帮助孩子思考的学科,是一种学习批判性思维的过程。"学校从低年级开始循序渐进地开展这种思维训练,并注重将技术引入课堂主渠道,支持并帮助批判性思维的培养。笔者走访的很多学校引入了"Think CERCA"技术平台,其五步批判思维方法在读写课上的运用层次清晰,效果明显,深受学生喜爱。考察结束回校后,我们认真学习并借鉴了"Think CERCA",同时本土化地运用到英语课堂教学之中。

一、什么是"Think CERCA"?

"Think CERCA"是一个培养学生精读、学习写作、提升思辨能力的在线平台,也是一套教授孩子批判性思维的方法。CERCA 五个字母分别代表"Claim(立论)、Evidence(论据)、Reasoning(论证)、Counterargument(反驳)和Audience(适应)"。

二、"Think CERCA"五步法的具体步骤

C	E	R	C	A
Claim	Evidence	Reasoning	Counterargument	Audience
立论	论据	论证	反驳	适应听众

"Think CERCA"五步法

1. Claim——提出论点

提出论点,就是提出个人的主张,并希望别人能够理解和接受它。很多人会用"我喜欢""我反对"等提出自己的观点,但这是经不起推敲的,最重要的是该用什么证据和推理来支持所提出的观点。以一张"移民母亲和她的孩子"的照片为例,某节课上学生发表的关于照片中母亲的论点如下。

论点 1:这个母亲是弱小的。

论点 2:这个母亲是强大的。

论点 3:这个母亲单枪匹马很弱,但对依靠她的孩子来说却代表着力量。

提出论点 3 的学生表明他能够运用多种视角来分析信息,这就是拥有批判性思维能力的学生具有的宝贵技能。

2. Evidence——使用论据支持论点

让人明白该使用什么样的逻辑和论据来证明观点是非常重要的。当提出论点后要找到符合的论据,用可靠的论据论证论点的成立。读写课中的论据可以从两个方面寻找:从文本、数据或其他信息中获取论据,也可以从自己的生活中获取论据。当然,如果尝试使用亲身经验作为论据时,要确保所有的听众能够明白你的经验。例如,"吃面包可以充饥"能作为论据,因为饿了吃过面包的人都知道它是一个准确的经验。

仍然以上图为例,可以描述母亲的外表、神情等来支撑论点。

主张 1:这个母亲是弱小的。

论据:她的眉头是皱着的,她的眼神充满着关切和困惑感。

主张 2:这个母亲是强大的。

论据:她的孩子依偎着她。

3. Reasoning——通过推理阐述论点

推理是批判性思维中最具挑战性的部分。如果把论据比喻为身体的骨架,那么推理则是支撑论点的肌肉。任何文本都可以成为论据,但只有运用推理组织论据,才能支持所提出的论点,这是建立一个强有力论点的关键。应特别注意不能把原因(Reason)和推理(Reasoning)这两个词弄混淆。原因(Reason)帮助构造一个主要的论点,运用论据支持你的主张,这是人的想法。而推理(Reasoning)是解释如何理解论据并将人的主张联系起来,它解释了为什么会这么想。以下是案例。

论点 1:这个的母亲很忧虑。

原因:她脸上的表情告诉我们她很忧虑。

推理:她紧皱的眉头显示了她非常担心和焦虑。

论点 2:这个母亲很坚强。

原因:她脸上的表情告诉我们她很坚强。

推理:虽然她忧虑又悲伤,但她仍然紧抱着并照顾把她视为唯一一依靠的孩子。

4. Counterargument——探讨反驳观点

反驳是另一种或相反的观点,是别人对所提出的论点的潜在回应。通常认为争论是消极的、愤怒的、对抗的。但是,基于论据的论证是人们运用批判性思维清晰表达的体现。例如,全班讨论一次社会考察的计划,可能有人提出了相反的主张,反驳引发了学生之间的互动和交流,却可能催生出更好的观点。因此,从多个角度看问题,评估相反的论点可以让人增长知识。教师在组织论点时,应该评估并想到可能的反对意见。

5. Audience——选择读者听众接受的语言

在阐述论点时,重要的是考虑向谁陈述观点。听众就是一群要向他们陈述论点的人,是写作的目标读者。在阐述论点时要考虑以下问题:读者对你的话题了解多少? 他们是否同意你的观点? 他们的价值观是什么? 他们担心什么?

CERCA 的五步法能够快速地培养学生的批判性思维能力,让他们能够学会并且轻松运用这些技巧,帮助学生成长和发展技能,使他们接受信息、批判性地思考信息以及有效地表达信息,更好地掌握批判性思维。

三、"Think CERCA"五步读写法的运用

"Think CERCA"是一个支持培养批判性思维的技术平台,也是一种有效的学习方法,无论在线上的技术平台还是线下的普通课堂都适用。教师在上读写课的时候不妨尝试学习"Think CERCA"的理念方法。具体实施策略如下。

1. Connect 联系策略——转身和说话

向学生提出一个问题,例如"机器人能代替教师上课吗?"教师提供一篇简短的文章,概述了该主题。然后,学生编写与主题相关的自己的想法和经验。

学生给出个人联系回答(2—3 句),然后转向周边的同学分享他们的个人联系反馈。课内可以要求 2—3 名志愿者与全班同学分享个人联系反馈。

2. Read 阅读策略——理解检查分析

提供一篇包含有关问题双方的更多信息的较长的文章,然后给出一系列多项选择题,以确保学生理解文章。

学生独立回答多项选择题,与伙伴或小组讨论答案。

3. Engage 吸引策略——合作寻找证据

学生在重新阅读文章考虑原始问题时,可以使用不同颜色的笔标记文章,一种颜色代表支持一方的论点,另一种颜色代表相对的论点。

教师把小组学生再分成两半,如一半跟着蓝绿色高亮显示的方向走,另一半跟着粉色高亮显示的方向走。每个小组分享他们的亮点和笔记,解释为什么他们选择了这一方。

4. Summarize 总结策略——思考配对分享

这一步是总结,学生用教师给予的框架撰写自己的文章摘要。不完整的示例句子有助于他们发现论文中支持问题双方的要点。

给学生 1—2 分钟,让他们思考如何总结课文,并写出总结的初稿。两两配对,分享各自的总结,然后对总结进行修改。

5. Build an Argument 建构论证策略——画廊行走

学生创建论点,整理论据以支持他们在问题上的立场,并写下论点。

教师给每个小组发一张便签,然后把海报分成四个象限,分别标记为:论点、理由、论据、推理。学生独立或以小组为单位完成便签,把便签(想法)贴在海报上相应的象限。学生们花 5 分钟的时间在教室里四处走动(画廊行走),看其他同学的想法。然后,以课堂形式讨论学生在"画廊行走"中的发现,并记录下来。

6. Create the CERCA 完成 CERCA 作文

学生使用他们在之前 5 个步骤中完成的工作正式撰写 CERCA 论文。

总之,立论(Claim)、论据(Evidence)、论证(Reasoning)、反驳(Counter Argument)和适应听众(Audience)是"Think CERCA"五步读写法的精髓,也是批判性思维最基本的元素。提出论点,然后提供有力论据,通过推理论证清楚解释想法,重视反驳观点,考虑读者,等等,整个过程就是一个批判性思考的过程。中国广大教师可以结合实际,将这些理念方法运用于线上或线下的教学实践。

高阶思维课堂教学的研究探索永远在路上。我们期待"看得见"的思维撑起充满活力的课堂,成就学生生命的成长。

第三节　教学改进为质量定出路

常说校长的责任和使命是"办好一所学校"，就是说，要不断地用先进的教育思想和办学理念，凭借校长个人的领导魅力，通过科学的组织管理，引导教师共同追求办学目标，从而促进学校可持续发展。办好教育需要继承，更需要发展。要发展就要不断变革和创新。在坚持教育创新、深化教育改革的今天，课堂教学的变革无疑是一切教育改革的重中之重。我在西林中学任校长六年，到罗星中学至今又当了五年校长，每天目睹老师们起早摸黑，早中晚也不肯放弃，特别感动，便陪着他们早七晚六。同时，我也一直扪心自问，如何加强校长的课堂领导力，帮助教师切准教学的命脉，少走弯路、重复路、回头路，打造优质课堂、愉悦课堂，让师生享受课堂，达到"教学成绩好，学生能力强、素养高"，但不是以牺牲教师和学生应有的活动时间、睡眠时间、休息时间为代价？课堂改革必然成了校长的责任和使命。

一、对课堂改进的再思考

任何教育改革，只有走进了课堂，才能说走进了改革；当我们通过课堂来展示教育改革的时候，才可以说真正实施了改革。也可以这样说，所有的教育思想、教育行为都必须通过课堂教学来实施和实现。课堂教学最现实地反映出小到教师、大到学校的教育思想、办学理念、师资水平、学生素养以及学校管理机制的现状。可见，课堂教学是学校的中心工作，是学校持续发展的生命线。

作为一校之长，应理所当然地全身心投入课堂教学的管理之中。佐藤学先生花了近20年的时间，走进课堂，研究教学，从教室里萌生出《静悄悄的革命》，轰动了整个日本教育界。书中对许多教育实例的剖析和论述，指向一条结论：教育改革在课堂。这对我国现行的教育改革，尤其是课堂教育改革，对一线教师，尤其是校长是很有启示的。这本书告诉我们：课堂教学改革是一场攻坚战,是一场持久战,并非一蹴而就的革命;课堂教学的变数很大,有很大的变革空间。

因此,如何更新教育理念,如何改革课堂教学的模式与方法,如何优化教学过程,已成为我们目前教育改革所面临的重要课题。我认为:教学方式的变革是课堂教学改革的关键所在。校长需要思考怎样真正做到,课堂教学的中心由以教为主转向以学为主,即围绕学生的学,促进学生的学,发展学生的学,并使教师明确自身定位——是组织者、引导者,是合作者、参与者,是共同发展者。

(一) 校长要有课堂变革的强烈意识

这种意识是基于对教育的深刻理解,基于对自己学校现状的理性分析。在此基础上,所采取的措施、所开展的活动要有针对性、有突破性、有长效性地进行,而不是停留在"照本宣科""纸上谈兵"的言行脱离的两张表皮上。例如,教学方式的变革,关键在于教师。怎样教,才能培养学生的创造性,培养学生的实践能力,培养学生善于发现问题、分析问题、解决问题的能力,培养学生的合作、探究、活动等综合能力以及良好的学习习惯和学习方法。这种意识要让每一位教师强烈地感受到。为此,我不仅言传,而且身行。例如,在全校教师面前我以"把学习的自主权还给学生"为题,上了一堂"自主式"语文公开课。以此强调:在充分发挥教师主导作用的前提下,确立学生的主体地位,把课堂的时空留给学生,把学习的主动权还给学生,让学生在自助、互助的参与中接受知识、发展潜力、完善人格。校长的决心和行动会"一石激起千层浪",再一次有力地影响大家,这也会成为"课改"的动力。

(二) 校长要把意识转化成共同追求

让教师们形成共鸣、达成共识,让每一位教师切身感悟到,课堂教学行为的改变从自身做起,从每节课做起,更重要的是把这种追求内化成教师的教学行为。在任校长期间,我在课堂改革方面的主要做法是发动教师、组织教师参与课堂教学改革的系列活动,如上课、听课、说课、评课、思课等;制定了相关的基本要求,每一项研讨活动有专题,如"预设与生成""自主型教学""合作探究"等;每一节课有教学反思和听课后感,每一位教师均参与其中,每一次活动有始有终,注重过程。

（三）校长要激活课堂教学变革要素

引导全校开展"好课标准"的大讨论、大实践。一堂好课的标准是什么，可以从以下四个方面去思考：一是能依据课程标准的基本要求，确立教学目标；二是能利用现代教育技术选择校内外资源，设计教学方案；三是教学方式的变革，善于与学生共同创造学习环境，为学生提供讨论、质疑、探究、合作、交流的机会，引导学生创新与实践；四是能对自己的教育理念和教学行为进行反思，并制定教学改进计划。为此，我们变革了一些评价方法：除了课堂即效评价外，还增添了过程评价；除了对教的评价外，还增添了对学的评价（关注学习态度、学习习惯、学习能力、自主意识等）；除了分数评价外，还增添了教学意识行为的评价，以及不同类型的课采用不同的评价标准，如主课侧重学生的思维、学法的评价，非考试学科侧重学生的学习能力、自主意识的评价。经过这样的评价，更加坚定了教师变革课堂教学的信心，同时可以形成课堂教学变革的持续发展。

（四）校长要创新教研攻关有效举措

在深化教学改革特别是推进课堂教学变革的过程中，各种各样的教学问题会层出不穷，许多问题都是过去的经验和理论难以解释与应付的，校长和教师也从未遇到过像今天这样巨大的挑战。在这样的形势下，校长在教研上要有深层思考，要有新的举措，以新的教育理念，构建教研组织，重塑教研新风，以崭新的姿态和面貌开展教研活动，侧重研究课堂教学。这样才有利于课堂教学变革的纵深和持久，形成新的教学模式，不断提高课堂教学效益。

二、开展好课标准的讨论

在西林中学，我们开展了关于"好课标准"的大讨论。我跟教师们交流并达成共识。作为学校，它的"主业"是什么？是教学。教学的主阵地在哪里？在课堂。教师职业生涯的意义是什么？选择了教师，意味着课堂成了职业生涯中最基本的场所，职业生涯的全部意义就绑定了课堂。如果课堂都是我讲你听，我问你答，我写你记，每天都在重复昨天的故事，那是痛苦、折磨人的，有意义就是要把课堂作为提升生命质量的职场，而不是折旧人生的过程。所以每个教师都要打造愉悦的课堂:心灵的碰撞、情感的交融、智慧的挑战。

那么,如何去实现这样美好的目标? 我的答案是:要离美好的目标近一点,全靠我们自己。教师无法选择适合教育的学生,但可以探索适合学生的教育,力争让每一节课都是好课,都是有意义的好课,都是为自己的职业生涯增值的好课。

（一）一般意义上的好课的概念

传统意义上的"课",就是指在规定单位时间内,教师以限定分量的教材或教学内容,以班级为单位开展的教学活动。课的组成部分以及各部分之间的联系、顺序、师生活动方式和时间分配等因素的组合,构成了课的基本结构。一堂"好课",是以上结构的共性反映,包括课的目标、内容、处理、过程、方法、手段等。

（二）一般意义上的好课的标准

利用集体学习的时间,全体教师开展了一场"好课标准"的讨论。好课到底有没有标准呢? 华东师范大学叶澜教授认为,一堂好课没有绝对的标准,但有一些基本的要求,大致表现在五个方面。

1. 有意义,即扎实

在一节课中,学生的学习首先是有意义的。初步的意义是他学到了新的知识,进一步是锻炼了他的能力,往前发展是在这个过程中有良好的、积极的情感体验,学生产生了进一步学习的强烈要求,再发展一步,他越来越会主动投入到学习中去。

学生上课,上课以前和上完课后是不是有了变化,如果没有变化就没有意义。假如教师讲的东西学生都知道了,那何必再上这个课呢? 换句话说,有意义的课,它首先应该是一节扎实的课,让学习真正发生的课。

2. 有效率,即充实

有效率表现在两个方面:一是对数量而言,一节课对全班多少学生是有效的,包括好的、中间的、困难的;二是效率的高低,有的学生高一些,有的学生低一些。如果一节课没有效率或者只是少数学生效率高,那么这节课都不能算是比较好的课。

从这个意义上来说,这节课应该是充实的课。整个过程中,大家都有事情干,通过教师的教学,学生都发生了一些变化,整个课堂的能量很大。

3. 生成性,即丰实

一节好课不完全是预先设计好的,而是在课堂中有教师和学生真实的、情感的、智慧的、思维和能力的投入,有互动的过程,气氛活跃。在这个过程中,既有资源的生成,又有过程状态的生成,这样的课可称为务实的课。

4. 常态性,即平实

不少教师受公开课、观摩课的影响太深,一旦开课,容易出现的毛病是准备过度。教师课前很辛苦,学生很兴奋,到了课堂上就拿着准备好的东西来表演,再没有新的东西呈现。当然,课前的准备有利于学生的学习,但课堂有它独特的价值,这个价值就在于它是公共的空间,需要有思维的碰撞及相应的讨论,最后在这个过程中,师生相互生成许多新的知识。

公开课、观摩课更应该是"研讨课"。叶澜教授告诫教师们:"不管是谁坐在你的教室里,你都要旁若无人,你是为孩子、为学生上课,不是给听课的人听的,要'无他人'。"她把这样的课称为平实(平平常常、实实在在)的课,并强调:"这种课是平时都能上的课,而不是有多人帮着准备,然后才能上的课。"

5. 有待完善,即真实

课不能十全十美,十全十美的课造假的可能性最大。只要是真实的就会有缺憾,有缺憾是真实的一个指标。公开课、观摩课要上成是没有一点点问题的,那么这个预设的目标本身就是错误的,这样的预设给教师增添了很多心理压力,然后作大量的准备,最后的效果往往是出不了"彩"。有了问题,才有进步的开始,不能把自己装扮起来、遮掩起来。生活中的课本来就是有待完善的,这样的课称之为真实的课。

扎实、充实、事实、平实、真实,说起来好像很容易,但真正做起来却很难。但正是在这样的一个追求过程中,教师的专业水平才能提高,心胸才能博大起来,同时也才能真正享受到"教学作为一个创造过程的全部欢乐和智慧的体验"。

(三) 一般意义上的好课的评价

通过讨论,引领教师从四个维度评价一节课,包括自己的课堂和其他教师的课堂。

1. 教学目标

三个维度的有机整合,要结合具体教学内容、学生实际和不同的课型等。

2. 教学内容

教学内容要符合学生的认知规律。对教材要抓住主线、突出重点、分散难点、安排有序;对教学内容进行合适的选择调整和加工提炼,能选取学生了解的社会生活知识充实教学内容。

3. 教学过程

精心设计学习问题,培养学生的质疑能力、问题解决能力以及创新精神和实践能力;注意师生之间交流和互动,体现教学民主,体现和谐的课堂氛围;能注意和信息技术进行有机与有效的整合,提高课堂教学效率;学习训练能注意引导学生进行探究体验与合作交流。

4. 评价原则

体现公正性和客观性,突出学生在学习过程中的行为表现、情感体验和认知发展。注意关注全体学生学习行为的均衡性和覆盖面,引导学生开展反思与自评;评价用语要平和、正确,切合实际;突出学生的发展性评价,帮助学生认识自我、建立自信。

(四) 核心素养下好课的新标准

必备品格、关键能力等素养要求是课程标准修订的依据,也是确保课程改革万变不离其宗的"DNA"。因此,在形成核心素养的校本化理解的基础上,教师要把好课与核心素养紧密融合,重新审视基于核心素养的好课标准。

1. 教学目标的定位

我们将"核心素养"作为课程教学育人价值的集中体现。

核心素养是"三维目标"的整合和提升,要避免只在学科教学的文本知识中去寻找它,将它机械地割裂开来,而应该将其贯穿于课程目标、结构、内容、教学实施以及质量标准与评价的整个过程中。在整个教学过程中得以完整体现。(跨)学科的知识和技能、过程与方法、情感态度和价值观的整合就是核心素养。

2. 教学内容的重构

超越内容取向的课程整合模式,以"核心素养"作为课程开发之主轴,实现同一学科不同内容、不同课型(基础型、拓展型、研究型)的重构和整合。

3. 学习方式的变革

教师何以让素养发生在课堂? 必须以学习方式和教学模式的变革为保障。在当下的教学中,知识灌输和技能训练仍然是教学的基本方式,过度关注固定解题过程和标准答案的现象非常普遍。所以,要把"以知识为本"的教学转变为"以核心素养为本"的教学。核心素养所蕴含的学习方式为:学习是在个体与情境的持续互动中,不断解决问题和创生意义的过程。情境非常重要,情境创设任务,提出素养要求。知识是素养的媒介和手段,知识转化为素养的重要途径是情境。如果脱离情境,知识就只剩下符号,更没有了知识的应用。真实或拟真的生活情境在以核心素养为本的教学中具有重要价值。学生的学习品质和学习能力具有情境依赖性,在真实而有意义的情境中有更好的表现! 如果学生在学校学到的知识与现实生活建立不起联系,那么很重要的原因就是,学校教学活动所应依存的情景缺失。情境是学生核心素养培育的途径和方法,是核心素养实现的现实基础。

因此,要大力提倡创设时代化的情境,引导学生关注社会生活;要创设主题化的情境(避免材料的碎片化倾向),提升学生深度思考的能力;探究化的情境,增强学生分析问题的能力;要创设综合化的情境(设置情境冲突,引起学生思考),增强学生系统运用知识的能力;要创设人文化的情境,健全学生人格。

要求教师超越课时主义和以知识点为中心的教学,创设与现实生活紧密关联的、真实性的问题情境,探索情境化、问题化的课堂形态,重视情境创设、知识整合、学生自主或合作建构知识的过程。

4. 教学评价的转型

学校要改变关注碎片化知识和标准答案的现状,构建促进核心素养发展的过程性评价体系。

三、实施有效课堂改进行动

有效课堂,和谐相伴。教师与学生的和谐是有效课堂的基础,预设与生成的和谐是"有效课堂"追求的目标,过程与结果的和谐是人性与灵性的高度融合。有效课堂的本质和核心是坚持以学生发展为本,促进师生共同成长;基本途径是营造和谐的教学环境,精心设计教学活动,发挥学生的主体性和创造性,努力提高课堂教学效益,使学生的时间资源得到充分利用;评价标准有和谐、高效、可持续发展三个维度;出发点和归宿点是焕发师生生命活力,促进师生主动、快乐、持续发展。在对有效课堂认识的基础上,围绕教学基本环节,我们狠抓了"三个环节":课前备课要精,"精"就是要抓住关键点,那就是要全程落实教学目标,全程关注学生;上课过程要活,"活"就是要体现生动活泼,体现教学互动,体现学生的活力;课后反思要深,"深"就是要及时掌握学生反馈,要及时总结经验教训,要深入探究、不断改进、精益求精。例如课堂教学,我们落实了"三个入手":从教学目标入手,贯穿整个教学过程,以提高学生综合素质来发展学生个体潜能和健康个性;从教学策略入手,以改变教与学行为来激活学生学习的活力;从学生学习方式入手,留给学生自主学习的天地。我们开展了"两个倡议":提倡"让教师'放'开来"时,提出了"精心处理教材,营造民主氛围,创设学习情境,善于驾驭课堂"的四项要求;提倡"让学生'动'起来"时,引导学生增强自主意识,养成良好的习惯,掌握学习的方式。

(一) 形成有效学程

"有效的课堂"首先应是学生的"有效学堂"。如何真正做到尊重并突出学生的主体地位?学校在实践研究中逐步构建了"四学学程模式",如下图所示。

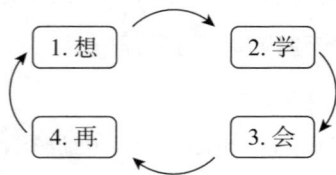

四学学程模式

其含义是:学生课前的最佳状态应是"我们想学……";课中在"想学"巨大内驱力的作用下,积极投入到教师精心设计或随机生成的学习活动中,完成对知识的有效建构,即"我们学会了……";在建构知识的同时,通过对教师的模仿、向同伴借鉴、自我总结提升等过程获得学习方法、提高学习能力、积累学习经验、增强学习兴趣和信心,实现"我们会学……";而这些不断丰富和完善的智力因素与非智力因素的有机结合,必然使学生对课堂有限的时间和空间、有限的活动和内容产生还不过瘾的感觉,于是有了"我们还想再学……"的强烈好奇心和求知欲,使课堂学习自然地延伸为课外学生"心动"后的"行动",并使学生对下一次课堂学习满怀期待和向往,这样就构成了一个良性的、高效的学程循环。

其意义在于:"想学"是真正变"要我学"为"我要学",激发学习兴趣、产生学习需要、形成学习动机;"学会"能真正夯实双基,注重基础知识的掌握和基本技能(包括应试技能)的训练;"会学"真正落实学法指导和思维训练,使学生全面提高搜集和处理信息的能力、获取新知识的能力、分析和解决问题的能力、交流与合作的能力;"再学"能注重学生创新精神的培养,重视保护学生浓厚的学习兴趣、旺盛的求知欲、积极的探索精神、坚持真理的态度。总之,"四学学程模式"旨在以学生为主体,充分发挥学生学习的主动性和能动作用,使学生在"要学""乐学"中实现单位学习时间的高效益、实现学习的可持续发展。

(二) 享受教育生涯

"有效课堂"还应是教师享受教育生涯的"绿色田野",课堂应是教师与学生共同成长的舞台。学校围绕教学以"备课和作业"为重点抓手,以"校本研修"为基本途径,对教师提出了具体要求。

1. 实施有效备课

建立"高效、共享、反思"的新型备课方式,有效实施绿色备课。教师应当真正以学生为主体,深入研究并顺应学情,了解学生的兴趣点及最近发展区,着眼于"三维"目标的全面落实,实施"六备"策略(备课标、备教材、备学生、备学法、备教法、备相关课外知识),以学生课堂学习活动为中心进行教学设计,做到关注学生已有经验与新知的衔接与联系,关注学生在课堂中的投入与探索,达到情与知的和谐统一。

同时,教师也应研究个体、集体备课策略,处理好宏观备课和微观备课的关系,注重教学资源的开发和积累。采取"个人提出问题——团队集体研讨——最后分享智慧"的方式,弘扬学科群体优势。开展主题备课、备课答辩、说课等系列活动,为教师搭建了展示自我、相互学习的绿色平台,并落实二次备课要求。以部分学科为先行试点学科,大力推进《学科校本教学指南》的试运行,提倡在集体智慧中体现个性张扬,在教学实践中不断完善。

2. 设计有效作业

作业是落实减负增效的重要环节。学校将作业环节作为规范教学基本要求的核心抓手。根据学情,创新作业内容、形式、时间、评价,将传统的文本作业与探索性、实践性作业有机整合,形成绿色作业。开展"西林绿色作业"的研究,将绿色作业分为三个层次:一是基础题,这是针对困难生设置的,这类题目有利于让"饱尝失败"的学生获得成功的体验,从而激发其学习的兴趣和积极性;二是巩固题,是面向全体学生的,作业设计紧扣当天所学的内容,主要目的是用来巩固新知;三是发展题,如开放性作业等,是针对学习能力较强的学生设计的,让学生能够在自己的"最近发展区"跳一跳摘到成功的果实。

(1) 使用"作业超市",体现选择的自主性

教师在开放性作业设计中,有意识地设计多样化的作业类型,放入"作业超市",让学生结合自己的情况选择"合适的作业"。这样,既能使学生带着愉悦的情感体验去完成作业,又能促进学生学习能力的有效发展。

(2) 放入"调味品",彰显作业的趣味性

在作业设计中放进一些"调味品",使作业形式灵活多样、生动有趣,如语文学科中模拟"与文中的人物对话",英语学科制作小报等,以弥补传统作业死板机械、枯燥乏味的缺陷,迎合学生的心理特点,激发学生的作业兴趣。

(3) 使用"温馨批语",增进情感交流

采用激励性、点拨性的批语,体现教师的"温馨提示"。教师在字迹端正的学生作业本上写上"真让人赏心悦目",给全对的作业本上印上一个"笑脸",对一题多解的作业注上"你真棒",遇上错题时用"\"代替"×",并附上一句"仔细想想,你能行",看到作业进步的写上"好样的!继续努力"等。

(4) 开辟合作渠道,寻求作业改进途径

其一,校际联动,互惠共进。以学校组团共建项目为契机,通过教学互动、主题研讨、作业资源共建等举措,发挥两校优势,丰富作业的改进方式。其二,借力指导,专业引领。以进修学院教研员、学科中心组和专家顾问为依托,采用专题交流、课例研究、撰写经验文章等内容,助推教师专业发展。其

三,技术整合,共享资源。利用信息化技术优势,建立教师网上学习平台、开辟专题博客、创建校本作业资源库等形式和内容,促进教师资源共享。其四,校本培训,锻造师资。挖掘校内外人力资源,采用集中培训与自主学习相结合的形式,开展"优化作业设计""规范作业布置""强化作业批改反馈"培训,打造师资队伍。

3. 开展有效教研

学校立足校本实战培训,将它作为师资队伍培养的基本途径,使校本研修的过程成为普通教师专业发展的过程。要求学科组将教学中存在的不符合发展理念的问题一一梳理,征集课堂教学中的困惑和问题,把解决课堂教学的真实问题作为校本教研的立足点,把促进教师理论与实践的结合作为校本教研的着眼点,把教学方式与学习方式的转变作为校本教研的切入点。

（1）课堂实战——在教学实践中磨砺

学校通过骨干教师的"示范课"和青年教师"随堂跟踪课""规范专题课""教学告白实践课""家长开放日汇报课""中青年教学评优课""一日研修"等活动的开展,使教师呈现主动开课,主动投入课题研究,主动参与培训的良好势态。

（2）专题培训——促进教师均衡发展

学校通过如何规范教学行为,如何落实教学环节,如何上好"家常课",如何用好多媒体,如何关心困难学生等专题培训,促进教师专业水平提升。目前,学校大部分教师的课虽不精彩,但很规范,很实效,虽优秀教师不多,但令人满意的教师不少。教师间的差异不大,班级间落差很小,均衡教育也收到一定的成效。

（3）比试体验——在体验、感悟中提升

"感悟中考""师生统考""学科基本要求测试"等活动已形成常态。写作文、做听力、默写、计算……当学生们正在紧张而投入地进行着期末大考时,所有参考科目的教师也正和他们体验着同样的经历。继学校开展所有中考科目教师参与"中考体验"测试后,我们又开展了教师学生同步考,旨在让教师们感受、反思自己在日常教学中对教材的理解、把握的准确度,以便在今后的教育教学中做到更有针对性、实效性。

（4）同伴互助——在团队合作中共进

骨干作示范,师傅带徒弟,你病我代课,开课齐参谋等现象蔚然成风,西林中学的团队精神凸显威力。

（5）借助外力———在对外交流中成长

学校通过请进来、走出去的方式，为教师创造学习进修的机会。例如听专家报告、与校外骨干同课异构、请区导师团上门指导、参加高一层次论坛、到市区学校挂职蹲点、到名校取经等。校本研修的成果《教育教学案例集》《学生习作集》等相继问世。

（三）打造有效课堂

思想决定行动，打造有效课堂，理念应先行。通过实践研讨，西林教师初步形成有效课堂"六"理念，即教学目标———"三维"整合设计；教学内容———知识点、能力点、育人点，三点到位；教学形式———师生互动、生生互动，灵活多样；教学方法———接受式、探究式，有机结合；教学手段———常规和信息技术相辅相成，有效应用；教学氛围———开放、民主、平等、和谐而有活力。在此基础上，学校积极抓行动落实，本着"立意高、起点低"的原则，全校教师从微环节入手，从小事做起，潜移默化，逐步推进，创出环环相扣的"六招"，倾力推进"绿色课堂模式"的研究。

1. 实施"讲、问、练、导"教学策略

例如实施"教学告白"———教得准确、学得明白；采用"课堂导学单"———主动学、针对教、有效练；倡导"精讲精练"———提高单位时间效益等，实施"一日研修"教研模式，加强教学反思、改进，促进学习型教研文化形成。

2. 举办基于课型的教学范式工程

以课型基本模式研究为抓手，在经历了"看、思、论、行"环节，即"观摩好课—析课评课—个人反思—撰写心得—模仿实践"后，举办基于课型的好课标准大讨论教学论坛，进行了经验分享、观点交流、智慧碰撞。在此基础上，举行教学比武，营造研究好课内涵、践行好课标准的氛围，提升教师研究课堂的热情。

3. 依托教育信息平台，改进教学行为

西林中学是上海市农村教育信息化应用实验学校，我们依托信息化应用辅助教学，促进教学反思，优化教学策略、行为。通过"数字教室"，人人上"公开课"，实现个人教学反思、组内听课会诊、他人网上评课，促进反思性教学；

通过观看"课堂实录",进行"名师送教""教研展示""同课异构""网上教学博客",开辟网络教研途径;通过信息平台,形成电子教案库、个性教案库、优质课件库,创建教学共享资源;通过"朗超"软件开发,开展课件制作、教师评语、质量分析;丰富教学技术、教学评价、教学管理手段。自我审视,同伴互助,大大促进了教师教学行为的转变。

4. 通过听课、评课,引领教师成长

学校成立了"课堂教学评估小组",每位行政人员、每位教师每周最少听、评一节课。校长经常通过听"推门课"寻找普通案例,然后在教研活动或教师会上给大家剖析讲解。教研室出身的我在教师会议上的讲话几乎有一半是在教学辅导。老师们通过互相听课、评课,共同提高教学水平,相互成为"成长同伴"。

5. 开展教学评优,搭建成才平台

每年一度的"和谐杯"中青年教学评优和"绿苗杯"青年教师教学评优已成为老师们期盼的"节日"。在教学大奖赛中,学校鼓励教师根据自己的教学特长和研究兴趣为自己设单项奖,把单项奖的设置与平时的小课题研究、微环节研究紧密结合在一起。这不仅激发了全体教师的参赛热情,增强了教师的教研信心,更重要的是引导教师们学会了通过提高课堂教学微环节效益来提高课堂教学整体效益的方法。教师们除了确保自设的单项奖不被别人抢走,每人还想凭自己的表现争夺"和谐""高效"综合奖和"绿色课堂"最高奖。大家同台竞技,相互学习,取长补短,共同提高。

6. 开展"40 保 4"大行动

把实现"40 保 4"行动作为"构建绿色课堂模式"的终极目标。为了促进学生"一体两翼"全面发展,我校提出了确保学生"4 个 1 小时"的计划:每天家庭作业总量不超过 1 小时,每天参加阳光体育锻炼不少于 1 小时,每周参加社团活动不少于 1 小时,每周参加"社会实践"活动不少于 1 小时。我们组织开展"抓好每一个 40 分钟,确保学生 4 个 1 小时"的大讨论,教师在讨论中达成共识:创建绿色课堂是"抓好每一个 40 分钟"的最好途径!只有抓好每一个 40 分钟,"绿化"课堂教学,追求课堂教学的和谐、高效、可持续,才能"确保学生 4 个 1 小时",才能真正落实素质教育,达成"打造绿色教育品牌,促进学校持续发展"的鲜明办学特色的共同愿景。

（四）运用绿色评价

有效教学需要与绿色评价相匹配,发挥评价的激励、导向、调控功能,使学生有动力、有方法,使教师有目标、有成效,使课程有愿景、有发展。我们着力打破单一,关注多元;淡化结果,注重过程;倡导反思等绿色评价,让学生、教师和课程沿着良性轨道持续发展,让校园充满生机活力。

1. 关注多元

对学生,打破教师主宰、分数至上的评价方式,开辟师生互评、学校测评、家长点评、社区参评等渠道。例如用好《学生成长手册》,采用学生自评、组内互评、教师详评、家长点评、社区参评等方式;对教师,采用专业发展自评、教研组与年级组互评、学校综合考评、家长"教学开放日"点评,在内容上涉及师德修养、专业技能、工作态度、合作意识、团队精神、教学质量等内容的多元化,学校通过对学生的调查访问、听课、查阅资料和家长反馈情况进行考核,将结果纳入绩效考核,实现方法多元。

2. 注重过程

过程是最好的老师,注重过程就是要让评价促进学生发展和构建完善的课程。例如,以"推优生""优秀学生"评选为导向,更关注学生思想品德、行为习惯、实践过程以及学业发展等方面的整个过程,采用活动记录、日常表现记录等方式;对"行为后进生"提倡以建立学生档案的方式进行长期跟踪;对学生学期成绩采用"3+3+4"学业成绩综合评价等。

3. 倡导反思

反思是发展的重要环节,在课程实施过程中,对教师的评价涉及教学目标的设定是否合理科学,教学内容的组织是否恰当有效,教学方法的运用是否灵活适当,师生互动是否充分,课程实施的效果是否达到了预定的目标等,这都是课程管理者时刻思考的内容。我们采取"建立学科教学行为参考指标,填写教师专业发展计划,开展专业发展自评,修正教学行为改进计划"等举措,鼓舞了教师的积极性,促进了教学行为的改变,引导教师不断成长。

四、探索课程的融合创新

2018 年 4 月,《上海市进一步推进高中阶段学校考试招生制度改革实施意见》正式发布,计分科目总分由 630 分调整为 750 分,进一步强化了对初中学生实际问题解决能力的培养和评价,主要体现在四点:一是外语科目增设听说测试;二是物理和化学实验操作考试成绩计入总成绩;三是设置跨学科案例分析题,以提高综合运用所学的学科知识来分析和解决实际问题的能力;四是逐步推行综合素质评价。中考新政对学生关键能力,即认知能力、合作能力、创新能力、职业能力等的培养提出了新要求,进一步强化了对初中生核心素养,特别是实际问题解决能力的培养和评价。站在新时代,已是罗星中学校长的我带领团队积极迎接新挑战,探索基于中考新政的课程融合与创新。

(一) 整合创新的认识与思考

1. 对中考新政的认识与思考

中考改革是教育主动适应社会变化的能动反应。中考新政下的学校竞争力主要体现在课程的竞争上:课程是一所学校的心脏,有什么样的课程就会培养出什么样的人才。所以应对中考新政,我认为最基本的抓手是课程教学的创新,对课程进行整合与开发,建构具有学校和学生个性的课程群,以加强对学生创新品质等核心素养的培育。

2. 对学校课程教学现状的研判

自我诊断发现,目前我校课程教学还存在较大局限。在课程教学目标上,普遍以知识传授、解题答题为主;在组织方式上,教师讲,学生听过多,独立学习、合作学习不够;在认知方式上,文本学习、间接知识获得过多,而实践性学习、直接知识的获得不够,接受性学习过多,而研究性、探究性学习不够;在活动方式上,存在听讲、刷题过多,而参观、考察、辩论、演讲、交流等不够;特别是在内容方式上,存在学科知识系统学习过多,而主题学习、项目学习不够,单门学科学习过多,而跨学科学习不够等。诸多问题不能满足中考改革的要求和人才发展的需求。

3. 其他学校实践经验的启发

2018 年我在国外接受了为期 2 个月的培训,印象最深的是国外学校的课程体系和学习方式。例如访问的旧金山一所学校,学生没有分科学习的概念,K-12 期间就是完成 39 个项目,一个项目一个故事。例如闪电、彩虹、山火等项目,教师给出问题或主题,学生经历"探究—表达—展示"三个基本阶段,完成一个主题项目的学习。我又有幸学习了静教院附校的"TRIP 综合实践课程",其就是在探索让教学从学科学习转变为项目学习,从独立学习到合作学习,从间接知识学习变为直接知识学习。

（二）课程统整的设计与实施

基于问题和需求导向,我们尝试以项目式学习作为课程统整的载体,从学校已有的"少年创客"课程切入,推出以项目式学习为中心的跨学科综合实践课程"星奇创意课程",跨出破解课程教学局限的第一步。"星"即罗星的星,亦代表创新的新;"奇",就是鼓励每一个孩子奇思妙想,创意无限,用想象力和创造力去开发他们的神奇世界。下面围绕课程诸要素作简要介绍。

1. 目标引领,确定课程架构

近年来,学校不断运用积极心理学原理调适已有的课程体系,探索"让每个人都成为一颗闪亮的星星"的课程目标,初步建立了"STAR 五星课程体系",给学生更多的课程选择权。其中包含基于课程统整、教学方式转变的"星奇"创意课程。

"全明星"课程目标引领下的"星奇"课程以问题分析和解决能力培育为主要目标,积极寻求学科之间、学科内不同单元之间,学科知识与学生生活、社会经验之间的整合以及与三类课程的相互融合。

2. 集群攻关,研发学习项目

采用"两自两统"策略开发项目,最终研发五大课程、九个主题项目,完成了"星奇计划"首布局。

（1）学生自主研究

3D 创意课程分成基础型课程"巧夺天工"、应用型课程"顺理成章"和探究型课程"睹物生杯",学生自主选择难度梯度。

（2）教师自主开发

"妙笔生花"课程,是将美术课程与 3D 打印笔成功融合的自主开发的最新"星奇"课程。

（3）学科融合统整

"灵动传神"课程很好地结合了信息技术的编程训练与劳技课程的动手实践。"虚拟视界"课程，则利用混合现实技术让生命科学课程中的人体结构、历史课程中的战争进程等难点内容直观呈现。

（4）年级融合统筹

传统年级制的课程安排经常不能满足学生对课程学习的需求。例如八年级的学生对地理非常感兴趣，可地理的学业考试在初一就结束了；热爱动手实践的九年级学生，也不能回到六七年级的劳技课堂；而六年级的学生无论多么好奇，也无法跳级去学习理化生的知识。"星奇"课程融合统筹了不同年级的基础型课程，如环保创意课程下有融合地理学科的"stem+"课程"防止水土流失"，木工机械课程模块下有校企合作的"转动生命课程"和教育创意课程"教具学具的研发"，满足了学生对课程学习的需求。

（三）整体实施的分层与分步

学校确立了"分层实施、全面推广"的运行模式，形成了"课堂抓普及，社团抓提高，活动促发展"的实施路径。学校对星奇课程进行整体布局，在时间上四年统整；在内容上分层设置；在进度上逐年进阶；在策略上点面结合；在抓手上成立星奇创新中心，编制课程计划，完善项目课程，逐步让统整课程"星罗棋布"，让每一个不一样的学生都有机会跨学科学习。

（四）课程推进的管理与评价

1. 课程的管理

课程的管理与评价做到流程实时监控，发现问题、解决问题，主要突出五大关键点。

（1）行政统领

研究表明，只有学校的大多数成员及整个学校的文化能够接受统整课程，而所有学校的行政工作都能予以配合时，统整课程的实施才有希望。故而在"星奇"课程的开发与实施过程中，均有行政人员的直接参与。

（2）过程监控

过程监控既关注自上而下的课程管理，更突出自下而上的课程建设的自主性和创生性。学校专门成立了"课程组"，由负责教学工作的行政人员、学科组长、年级组长组成，负责"课程领导"，对全校的课程资源进行合理调配，加强过程监控。学校更关注和强调课程的愿景、决策、创新、团队合作和民主协商的方式，以及课程建设的学术含量和研究含量，既关注自上而下的课程管理，更突出自下而上的课程建设的自主性和创生性。这一管理理念的创新和管理方式的转变，充分激发了教师群体投入课程统整的热情，也让教师在课程统整实践中，提升了课程的开发力、实施力。

（3）编排课表

学校以学习内容为依据来组织时间、人力资源等。经过统整的课程打破了以往根据国家规定的学科课时数来安排课表的思路，而是以学习内容为依据来组织时间资源、环境资源、物资资源、人力资源，按需安排两名以上不同学科教师进行协同教学。例如，按以往惯例，课表基本是以独立的一课时来安排各学科的课程，每个课时中，执教的教师也只有一位。但在项目学习中，如果只安排一课时，因学习内容的整合性，学生有可能还没有进入学习状态就下课了。这就需要根据课程的实际需要，将部分课两节连排，实行长课时。还有些课堂，比如学校少年宫的"FPSPI（Future Problem Solving Program International）未来问题解决"课程，也安排了两名以上不同学科的教师进行协同教学，以达到更好的学习效果。

（4）团队合作

在摸索实践中，我们不断鼓励团队合作开发，组建统整课程开发共同体。教师合理分工，发掘资源，设计活动，制作课件，组内共享。这一措施，首先，保证了课程内容的有效实施，也让教师在提高学生的学习动机及合作精神的同时，提高了自己的教学动机。其次，教师团队因共同合作更具有向心力，教学更显高效。

（5）策略指导

学校通过自主建构、小组讨论，指导学生如何选择学习工具，如何根据自己的爱好、认知、经验选择研究方向，如何在项目学习中有效利用资源，如何与别人合作等。在项目学习中，学生是真正的主人，需要跳出学科学习的思维局限，主动建构知识，积累经验，形成技能，发展智力。每一个环节，学生都需亲自参与，动手实践，才得以"完成"。一个规范的学习项目的生成及完成，需要学生与学生之间、学生与教师之间、学生与文本之间、学生与材料之间的互动,贯穿着"自主、合作、探究"的学习方式。掌握了学习策略,学生在项目学习过程中才能如鱼得水,在自主的、体验的、实践的学习方式中充分体验学习过程的幸福。

2. 课程的评价

学校采用过程取向的课程评价,对课程方案、实施过程和课程成果进行全方位评价。采用说课程方案的形式,进行准入;将说实施过程和过程监管、学生反馈等结合的形式进行评优;以动态或静态相结合的方式,对课程成果进行展示。

四、师资队伍的建设与培养

教师是课程统整的主力军。没有现成的跨学科师资,就充分调动他们的积极性,促进学科教师转型,赋予他们课程的开发权和决策权。在师资力量建设过程中重三"变"。

（一）专业培训——变学科教师为星级教师

吸收并培训了新的"星"教师,分别为两位地理教师、两位科学教师、两位体育教师、一位美术教师,他们分别参加了 stem 课程教师专业发展培训、人工智能课程培训、AR 设备使用的培训、3D 打印笔的研究。至此,学校建立了一支以朱德宝老师为首的十五位"星"教师团队,教师们具有较强的学习能力,吃苦耐劳,热衷于投身"星奇"课程教育。学校积极组织培训,提升其各种创新素养与能力、跨学科分析能力等。

（二）任务驱动——变单打独斗为团队融合

学校"星"教师在原教研组体系中分属不同组别,在分科教学模式下,教师对于其他学科的知识内容了解不深,所以学校经常组织"星"教师团队开展交流,共同完成同一项任务或创意,努力让教师由学科特长向跨学科能力发展。同时,为吸取其他学校师资队伍建设和课程开发的经验,学校邀请了市科协科普教育中心的老师来校指导,罗星教育集团交流、区科技节的承办、校园开放日活动、校园科技节、社区活动、区素质教育成果展示活动等向全区其他学校展示了我校创新实验基地的开展情况,并在跟兄弟学校的交流中学习新的教育理念,拓宽视野,取长补短。

（三）自主体验——变传统培训为玩中培训

"星奇"课程教育的基本教学过程是基于项目的学习,是"玩中学",学校在培训"星"教师中也注重突出"玩"的特征,让教师注重学生的自主实践,积极创设自由交流、分享、研究的空间,以教师布置任务或学生的一个创意为起点,让学生经历自主学习、自由交流、完成任务或实现创意、分享评价等项目学习的完整过程。

基于项目学习的课程统整还只是初步实践,课程统整的基本流程、操作规范、管理举措等是不成熟的,但学生对课程选择的获得感以及教师的课程意识与专业能力的提升却是实实在在看得见的。学校对课程统整的探索会一直在路上。

第四节　教研重构为转型定模式

教研的生命力在于改正、改进、改善。教师只有在有效的教研中,通过自主、反思、合作,形成教学智慧,带进课堂教学形成智慧课堂,才能实现教学的有效性。有效教研的核心是:学科发展与课程执行、课堂教学效益的提升、教师专业化成长。

一、狠抓教学常规管理,促进有效教研

以"素养"为抓手,以"行动"为方式,以"研讨"为核心,以"校本"为主线,以"发展"为目标,抓好科学管理与人文管理的"缰绳",促进教学管理工作的制度化、标准化、序列化,向教学管理要质量,要效益。

（一）建立健全教学管理的规章制度

建立健全一系列相关教学管理的规章制度。例如为教师的备课、上课、作业、辅导、评价等环节建立和健全专业规范。

（二）完善落实教师教学的评估体系

进一步落实教学管理的规章制度,细化和量化教学各项工作的要求,建立并不断完善教师教学的评估体系,制定教学评估方案,如课堂教学评价量表等。

（三）突出显现教学管理的"有序"性

根据教学的客观规律和教学活动的阶段性特点,对教学管理进行"序列化"安排,提高教学管理的针对性。

1. 学期初重"计划管理"——教学管理的基石

按照普通管理学的一般理论,管理的过程是"计划—实施—检查—总结"四个环节不断循环的过程。其中,计划是管理过程中第一个要做的事情,教学管理自然也不能例外。没有计划,想到什么做什么,就没有一个通盘的考

虑,就没有明确的目标和方向。制定计划,明确任务和要求,预设教学进度,整体把握学期教学内容及其在各个学科教学中的地位和作用。

（1）课程计划

学校对课程实施在一定时间内进行合理调控,对人力、物力、信息资源进行统筹安排。兼顾三类课程,注重课程的开发。

（2）教研计划

教研组、学科组要做计划,学校教学工作行要有事历。但目前我们所看到的计划,不少是流于形式的计划,缺乏时代气息,缺乏学校个性,缺乏新的思路。一份好的教研工作计划要符合以下四个原则。一是了解教改趋势,把握教学现状。二是教研工作内容、措施必须建立在客观的基础上。制定计划前,首要的工作是分析现状、剖析原因、思考对策。三是围绕整体目标。教学工作是学校整体工作中的一部分。学校在不同的时期、不同的阶段,都是有不同的工作目标或者说不同的工作侧重点,教学工作应该有机地与之结合。四是体现力所能及。教研工作必须一切从实际出发,目标过低或过高都不合适。因此,要充分考虑到学校主客观条件,体现力所能及的原则和可操作性、实效性原则。

2. 学期中重调控管理——教学管理的关键

课堂教学需要改革,但并不等于废除常规。一些常规的要求沿用了千百年,是被实践证明行之有效的基本操作规范,应当给予肯定和继承。其中教学常规（五环节）是底线,是落实教育教学任务的中心环节,是保证教学正常秩序、提高教学质量的重要前提。管理团队应该切实担负起指导和检查的双重职责,引导教师明确教学常规基本要求。

（1）备课

对不同发展阶段的教师（如新教师、成熟教师、优秀教师）可以有不同的备课要求,教案要因校因人而异;教案要留有发展的空间,注重实效。

新课程背景下的备课（教学设计）应关注以下三个方面。

① 精选教学内容。教什么永远比怎么教重要。备课首先要备教材,但绝对不仅仅是准备教材内容,或只是由教参到教案的简单"移动"。新"课改"要求教师要对教材重新进行结构的组织、脉络的把握以及内在规律的揭示。一是吃透教材,感悟文本。备课首先要吃透教材,了解编者思路与编写意图,把

握重点、难点。二是合理舍弃,突出重点。要学会研究不教什么,从某种意义上说,有时明确不教什么比只研究教什么还要重要。合理的舍弃是一种智慧,能有效地突出教学的重难点。三是创造性使用教材。要改变教学内容呈现方式——努力使教学内容生活化、情境化、动态化;合理开发课程资源——使教师真正做到变"如何教教材"为"如何用教材教",力图成为教材的开发者、课程的创生者;选好教学切入点(问题)——问题设计要体现探究性、开放性和自主性。

② 找准学生真实的学习起点。通常情况下,学生的学习起点有逻辑起点与现实起点之分。逻辑起点是指学生按照教材学习应具有的知识基础;现实起点则指学生在多种学习资源上已具有的知识基础、理解能力、计算和实验能力等。把握好学生的逻辑起点和现实起点,寻求最佳的学习起点,进行难度适宜的教学,学生的学习会更高效。

③ 研究实施过程。一是选择教学流程。教材的内容不同,呈现的形式不同,采取的教学程序也有所不同。但无论采取何种程式,都应关注以下七点:是否有利于教学情境的创设,是否有利于学生的自主学习活动,是否有利于问题的生成,是否有利于合作学习,是否有利于学生的自主体验,是否有利于全员参与,是否有利于培养创新精神和实践能力。二是选择教学方式:接受式还是自主式。三是注重教学艺术。教学艺术是教学个性的升华与美化,具有审美性、趣味性。备课时要通过有效的预设,努力做到"教学内容再现美,主体情思表现美,优化教法传达美,个性特色风格美",使教学活动成为一种美的享受。四是整合教学手段。"整合教学手段",不是简单地将信息技术作为一种教学手段与传统的教学手段叠加,而是将信息技术作为学生的基本认知工具,与其他教学手段有机结合,以便更好地完成教学目标。

(2) 上课

上课要注重学习的兴趣、启发的讲授、有效的活动、积极的评价。

叶澜教授提出的好课标准:有意义,即扎实(教师讲的学生都知道,何必再上课);有效率,即充实(课堂上学生都应该有事情做);生成性,即丰实(上课不能完全预先设计);常态性,即平实(哪怕部长听课,也要"目中无人");有待完善,即真实(只要是真实的就会有缺憾)。

核心素养下好课的标准:教学目标的定位,将"核心素养"作为课程教学育人价值的集中体现,注重(跨)学科的知识和技能、过程与方法、情感态度与价值观的整合;教学内容,超越内容取向的课程整合模式,以"核心素养"作为课程开发之主轴,实现同一学科不同内容、不同课型(基础型、拓展型、研究型)的重构和整合;学习方式和教学模式的变革,要把"知识为本"的教学转变为"核心素养为本"的教学,如果学生在学校学到的知识与现实生活建立不起联系,那么很重要的原因就是,学校教学活动所应依存的情境缺失。情境是学生核心素养培育的途径和方法,是核心素养实现的现实基础。

（3）作业的设计、布置与批改

学生作业是启发学习思维、巩固学习成果、拓展学习内容的练习形式。引导教师在设计作业时,认真理解学科课程标准,准确理解学科教材,准确了解学生,准确依据教学重点与难点,有基本巩固、测量目标,用好双向细目表。同时,要注意作业逻辑性,严格确定题杆、问项;提高作业趣味性,努力与学生实际结合;设定作业巩固性,衡量出学生真实水平;保持作业合理性,先易后难,编排有序;消灭作业失误性,加强责任,强化核对;强调作业可操作性,控制阅读和书写量。布置作业,要做到作业内容要精选;作业量要适当;作业形式多样;作业态度要端正。批改作业时,要讲科学重实效,全批全改,一般作业当天批改,作文一周内批改,提倡个别面批;教师对学生改正的错误要及时给予复批,对错误集中的作业要集中订正;作业批改认真细致,准确无误,无漏批、错批现象;作业批改后,要签署时间,必要时可加批语。

（4）教学辅导

教学辅导应体现在课前、课中、课后等教学的全过程。

（四）加强监控教学过程的全程管理

1. 备课管理

每周备课组的活动排入课表,有行政蹲点;教研组活动保证一月一次。对教师教案的检查,做到定期检查与随时检查相结合。

2. 课堂教学管理

坚持有效地听课与评课,每学期或大型教学活动应规定每位教师的听课量,同时给每位听课老师发简单的评议表,做到每课必评。规范教学行为,在课堂教学中,要求教师举止文明,仪表端庄得体,上下课师生要互致问候与道别,杜绝酒后进课堂、上课接打手机、上课抽烟、中途离开课堂、上课迟到等现象发生。每学期应有计划、有目的地组织一定数量的示范课和研讨课,及时组织评课,评课记录和反思总结要存入教学档案。教师相互听课要认真做好听课笔记,听课教师在课后要及时与讲课教师交换意见,共同研讨,相互切磋教艺。重视评价的导向性。要指导教师评课方向,如明确教学目标定位和达成度、教学内容确定和处理、教学过程、教学方法、教学效果等。

3. 作业管理

（1）培养习惯

学校制定《学生作业规范》,对学生提出明确的作业要求,培养学生良好的作业习惯。

（2）规范要求

学校制定《作业批改规范》,对教师批改作业提出明确的要求。倡导要点指导和评语激励等作业批改方式,对学有困难或学有余力的学生实行面批,并给予适当的指导和激励,反对"只对答案""打钩、写日期"的行为,坚决制止"只做不批"的行为。

（3）设计作业

在落实基础性作业的基础上,实行分层选择性作业,反对"题海战术",作业形式要多样化,书面作业与口头作业、操作作业、实践作业相结合,学生独立作业与教师指导作业、团队合作作业相结合。加强作业批改与分析:通过及时批改作业获得有效信息,诊断学生的学习问题及教师的教学问题,并及时向学生反馈,改善教学行为。最后不忘控制作业量,提高实效,减轻负担。

4. 辅导管理

全程做好提优补差工作,遵循最近发展区原理,重点抓"临界生"的辅导,让他们能够跳一跳摘到成功的果实。

5. 考核评价管理

学校采取多种措施抓命题质量、抓阅卷管理、抓考后分析（分析教和学）、抓考试形式（绿色评价）、抓考风考纪,认真组织每一次测试、竞赛,提高考试信度。每位学生与学校签订考试诚信承诺书。

（五）凸显强化管理的总结提炼

学校定期召开教学工作总结会议;课程满意度调查,对本学期教学目标任务完成的情况、计划落实情况、取得的成绩及存在的主要问题等进行分析和评价,找出下阶段教学工作的努力方向。

二、实施教学改进计划,促进有效教学

实践和反思是教师专业成长的必由之路,也是提高教学有效性的必由之路。学校以项目为引领,制定了《课堂教学改进行动计划》,把"引领教师专业发展"聚焦在"教师课堂教学改进"上。树立"课前、课中、课后"大课堂概念,课前反思——做好充分准备,课中反思——及时调整教学行为,课后反思——发现新的教学契机,使教师在教中开展研,在研中促进教。

（一） 编制改进手册

《改进手册》分为课堂教学主要优势分析、课堂教学主要不足分析、本学年课堂教学改进目标和改进措施、课堂教学改进案例记载、课堂教学评价记载、课堂教学改进学期小结等栏目,主要目的是让教师的教学经历有比较规范性的积累,从而促进教师逐步养成用各种方式记录自己教学过程的习惯,为教师专业化的长效发展打下基础。同时,也可以把教师的手册作为工作交流、教学研究的资料。在具体实施中,教师对教学过程进行反思、发现、分析问题,制定教学改进计划,实施教学改进行动(寻求同伴互助、专业引领),进一步反思教学过程,阶段性教学行为研究小结。

（二） 制定参照标准

课堂教学的自我分析、自我反思,应该根据一定的参照标准来进行。没有依据的分析是不科学的,设计出来的改进措施也是不严谨的。学校制定了《课堂教学改进计划的参考指标》,使"教学优势分析""不足之处分析"有尺度上的参照,使"改进目标和改进措施"更有依据。

课堂教学改进参考指标

一、专业知识方面

1. 学科知识扎实程度,包括对学科知识体系以及与之相关的背景材料、发展趋势的掌握状况。

2.教育理论了解程度,包括对人才论、学生论、课程论、方法论的了解状况。

3.教育心理学知识熟悉程度,特别是对学习心理学的了解情况。

二、专业技能方面

1.教材处理能力,包括教材的选用、补充、组合和重难点的把握等。

2.实施教学能力,分为教学设计能力、教学语言能力、课堂调控能力、板书设计能力、信息媒体选用能力。其中,教学设计能力,包括教学目标设置、教学内容选择、教学问题设计、教学形式选择、教学环境创设等。教学语言能力,包括教学语言的准确性、教育性和艺术性等。课堂调控能力,包括气氛营造、节奏控制、学生调动和生成问题的处理等。信息媒体选用能力,包括信息媒体选用是否得当、是否适时等。

3.教学测评能力,包括练习设计、测试题设计及与之相关据此作出评价的能力等。

4.教学反思能力,包括反思意识、反思方法、反思结果的修正等能力。

三、专业品质方面

1.热爱学生,包括尊重学生、理解信任、关心和教育等。

2.敬业精神,包括从教信念、从教态度等。

3.思想道德。

(三)解决具体问题

教学行为、教学方法是教学理念的载体,课堂教学的改进本质是把先进的教育理念转化为具体的教学操作行为,并渗透在教学方法的改进之中。研究课堂教学的改进,主要研究的是教学过程和学习方式的改进,研究课堂教学操作的最优化选择。因此,"改进目标"指的是行为目标,即解决教学行为和教学方法上的具体问题,如教学中如何培养学生良好的学习心态;课堂上如何激发和保持学生的学习兴趣;关注学生神态,及时调节教学等。

(四)倡导以点带面

大处着眼,小处着手,以点带面,带动整体。针对不足之处提出改进目标,不足之处可能有多处,但改进目标须集中,不必面面俱到,选择教师迫切需要改进的或相对容易改进的一二点入手。

总之,教学改进是以教师自身反思为基础,集众教师智慧于一身,重在解决具体的课堂教学问题,以点带面地逐步提高教师的教育教学能力,初步形成校本教研制度的基本路径,即"自我反思—发现问题—确定目标—制定措施—行为改进—再次反思—小结评价"。

三、构建教研共同体,促进分层教研

我担任校长的十年,也是教育推进优质均衡发展的十年。不管是西林中学还是罗星中学,都是区域组团发展、初中学区建设、新优质学校共同体、强校工程集团化办学等项目的领衔学校,成员学校中有城镇学校,也有农村学校。随着校本教研的发展,出现了一些发展中的问题,如有的学校学科规模太小,仅靠一所学校很难组织起有效的教研活动;或缺少同伴间的互助与合作;或本校同伴互助满足不了教师专业发展的需要。我们视差异为资源,多元统整,努力给予校本教研更多的外力支持。

(一) 组建异质化的教研共同体

所谓异质化的教研共同体,就是由一所办学基础较好的学校领衔,集几所薄弱学校于一体。例如,在 2018 年上海市强校工程背景下应运而生的罗星教育集团,是由城区学校罗星中学、大镇学校张堰二中以及农村学校松隐中学、吕巷中学组成。四所学校实验校分属不同梯队,校际差异较大。领衔学校罗星中学从组建异质化教研共同体视角,视差异为资源,确立了"平等互助、扬长发展"的原则,建立了协同化雁阵式的治理机制,成立"课程教学"等六大职能中心和"语文"等十大学科工作室,以共同体学校中的骨干担任职能中心的负责人和学科工作室主持人,相互学习、优势互补、精诚合作,通过"课程共建共享、课堂改进同步、教学管理统筹、中考新政共研"等举措,充分发挥优质教育强大的拉力作用和示范效应,在实践探索中提升教师课程的执行力,缩小城乡差距,促进各校教学研究的内涵发展和教育的均衡发展。

(二) 组建同质化的教研共同体

"同质化的教研共同体",是指将办学基础、教学资源、学生生源、教学质量等相当的学校组建成教研共同体。例如，罗星教育集团中的两所实验学校——吕巷中学和松隐中学，在教育情境、办学基础、教学资源、办学期待等诸多方面与城区学校罗星中学不一样。在四校组成的异质化研究共同体中，他们更多的是学习借鉴，但缺乏共性的基础。由领衔校罗星中学牵头，将基础、条件、水平等相当的这两所学校组成同质化研究共同体，由学科工作室主持人指导，开展适切的教学研究活动，如教学视导、质量分析、课例研讨、备课说课、专家会诊、教学互访、命题研究等。有骨干教师和专业引领人员指导的同质化教研共同体，更能帮助教师发现和研究解决发展中面临的困难和问题，也能从校情出发探索适合的路径方法，激发教师教改的热情，从而促进学校教育教学品质的提升。

（三）建立校际协作式教研模式

集团让共同体内的教师在会课、探讨、互访等活动中交流、合作，唤醒了教师们的专业自觉性。

1. 校际会课模式

校际会课模式是指同质和异质区域教研共同体中的每所学校承担一门学科，每个学科针对相同的教学内容，由各个学校各派一位教师，在独立备课之后，在规定的学校进行同课异构的课堂教学。

2. 研修沙龙模式

研修沙龙模式是通过沙龙活动的方式，对当下教师的教育教学实践中出现的各类问题进行研讨，从而达到解决教师疑惑、启发教师思考、促进教师教育教学能力提高。

3. 专家引领模式

专家引领模式是通过专家学者以及骨干教师的专业引领，努力提高教学理论素养，有效地提高教师研究的水平，促进教师专业发展，这也是摆脱"教书匠"的必经之路。

4. 命题评价模式

命题水平是教师专业素养的一个重要指标。命题评价模式是校际教研联合体中各学校针对不同学生采取的不同的，但能激发学生成功感的命题和评价方式。

（四）构建教研活动形式与内容

1. 主题课例式研训

"主题课例式研训"结合教研模式在设计上有两个特点：一是主题、课例、研讨、培训四者有机结合；二是以主题统领"教—研—训"整个过程，每一位教师亲身体验"教—研—训—提升"的循环往复、螺旋上升的过程。"同课异构"是"主题课例式研训"教研模式中一个具体实例。

2. 集体备课说课

"同质和异质区域教研共同体"为教师集体备课和说课提供了更大的学习和交流的平台，校际和教师间的学习和交流机会增多，使教师有效提高备课和说课的质量。

3. 专家会诊

专家会诊是促进教师专业成长的一个重要策略。专家、优秀教师和本人通过共同的备课、听课、评课，在区校之间、校际之间、教研员与教师之间必须寻求彼此的交流、合作，在有行为跟进的全过程反思中得到共同的成长。

4. 教学互访

教学互访是指在学期结束的时候，让共同体中的每所学校的教师们对刚刚过去的学期中遇到的教学实际问题进行罗列和筛选，确定教学疑难问题，然后各校走访互动，通过交流探讨、集思广益，汲取他校同行的智慧。

5. 命题研究

把"命题研究"作为校本培训的一项重要内容，采取培训引领方向、研究重在实践、活动确立主题的模式，引导教师掌握教学的真本领和硬功夫。

四、依托"互联网+"，实现优质资源共享

（一）建立资源共享平台

实现"资源共建"，包括课题研究、情报资料、优秀课例、教学设计、学科题库等栏目，这些优质教育资源是学校教研组活动资源的有效补充，也是引领教研组活动深入推进的宝贵资源，可助人打开思路，引领教学，少走弯路。

（二）探索远程教研平台

利用钉钉、腾讯等平台，在网上组织教研活动，由教研员引领，引导教师看课、思课、评课，对于重点、难点问题通过发帖子的形式在网上互动交流、智慧碰撞，打破了时空界限，其以快捷、便利、自由、灵活等特点，形成跨越时空的网上互动模式，使教研活动向纵深发展。

教研有道，探索无涯。教研工作将继续着眼于教师教学行为的改进；着眼于教研工作品质的提高；着眼于学科教研力量的集聚，使有效教研支撑有效教学。

（三）点亮疫情下云端研途

2020年初，一场突如其来的疫情让大规模在线教学席卷而来，为学校创新教研模式带来了新契机。罗星中学顺势而行，运用"互联网+思维"，变革和创新"角色、内容、资源、技术、评价"等教研诸要素。通过缔结教研共同体重塑教研角色；将"互联网+"技术作为教研内容生成途径、展现方式、融合创新的新引擎；用众筹与典型引路，构建教研供给侧与需求侧灵活对接的新机制；兼顾各学科的特色，实现技术迭代更新的良性循环；基于数据驱动，推行活力涌动的弹性教研评价。

1. 创新教研共同体，重塑教研新角色

在传统教研中，青年教师往往处于学习者的身份。在线教学伊始，我校赋予拥有相对较高信息素养的青年教师技术指导角色、资源建设角色，让他们独立组织聚焦技术运用的教研活动、研讨沙龙，为全校教师进行技术培训，发挥他们的主观能动性，他们从"班级管理、课堂互动、师生关系、在线监测"等分享在线教学的微技术、微方法。同时让青年教师发挥学生学习数据跟踪角色，及时进行大数据分析，给出教学调整建议。

同时，我们赋予核心团队整体架构、专业指导角色。线上教研使得教师合作、协同效应在增强，线上教学资源在沉淀，形成了资深教师规划单元学习目标与学习路径整体架构教学设计、核心团队分解课时目标与重要学习活动设计、青年教师指导技术掌握并进行资源建设、全体教师再次审核资源质量的集体备课模式，让技术与专业有机融合，各执所长进行数字资源共建共享。

2. 加强主题教研,聚焦教研新内容

在线教学期间,各学科组在原有主题教研的基础上,聚焦市级空中课堂视频开展听课、悟课、磨课活动,研讨空中课堂衔接策略、混合教学模式和学生学习流程再造,提供优质数字资源,促进学生深度学习、个性化学习,收集与使用学生学习大数据,探索精准教学。在线上教学期间,语文组进行了关注学习经历、提升语言素养的研讨,数学组研讨了线上教学策略,英语组聚焦技术开发,理化生组聚焦任务单设计、课件制作、微视频制作、在线练习反馈,体育组研究居家锻炼小视频制作,政史地组进行了战疫思政课堂研讨,道法、历史学科还研讨了综合性评价指南,综合组聚焦线上教学的微技术和微方法。返校复课后,除了常规教研主题外,教师们还研讨混合教学模式,研究空中课堂资源校本化实施策略,研究信息技术优化教学方式,促进学生深度学习。每周一次的备课组活动,教师们参与研讨热情空前高涨,经常是每日一研讨,甚至每日多次研讨,一研技术,二研内容,三研教法,使经验得到积累,困惑得到及时解决。

3. 聚焦全员参与,重构教研新流程

大规模在线教学点燃了教师的教研热情,学校自上而下对教研流程进行了重构,教师们隔空互动、共议困惑、共享智慧。我们采用学生问卷、教师提案的方式自下而上征集问题,经核心团队研讨形成教研主题,随后由教研组长发布在线教研主题预告,招募教师备课上课,发送教学视频至钉钉教研组群,教师在线听课、教研组长组织在线评课,集体教研结束后,教师在微信群、钉钉群继续打卡发表观点,在线教研拓宽了教研时空,让研讨更深入,让教师参与率更高。

4. 积聚众人智慧,构建教研新机制

在在线教学准备期,各备课组几乎是全天候进行在线教学技术、教学方法和教学内容的研讨,解决技术问题后,所有学科每周至少一次集体备课,教研组每两周一次在线主题教研,并与罗星教育集团三所实验校、外区兄弟学校多次进行网络在线教研。学校构建了供给侧和需求侧灵活对接的教研新机制,全员参与听课议课研修活动,一听空中课堂的课,悟课学课、做好互动环节衔接;二听同伴的课,所有教师每日在钉钉教研组群分享上课视频链接,实现全校课堂网上全开放,供同伴按需听课;三听自己的课,写教后反思。

5. 基于数据驱动,推行教研新评价

学校以数据驱动,推行活动涌动的弹性教研评价。首先是管理团队在线巡课,做到全覆盖、无死角。我们经历了从基本技术掌握,到运用技术提高课堂效率,到课堂教学质量提升的过程,建立了问题及时反馈、优点及时弘扬的机制,以告教师书形式进行阶段小结。其次是规定全校教师每周听课议课数量底线要求,形成每日汇总反馈机制,利用问卷星填写听课评价,教导处及时反馈给被听课教师,积聚众人智慧。

第四章

以核心素养发展引领学生成长

第一节 育人目标为学生发展引路

教育是一门科学,更是一门永恒的艺术,需要每一个教育者孜孜以求,探索教育成功的奥秘。习近平总书记在全国教育大会上强调,"培养什么人、怎样培养人、为谁培养人"是教育的根本问题,必须坚持立德树人,把培养社会主义建设者和接班人作为根本任务。我期望我们的学生都是一颗颗闪亮的星星,他们人格健全、个性张扬、自信自强,德智体美劳全面发展。他们不仅能看到自己某一方面的优点或长处,不断激发积极向上的动力,而且善于赏识同伴,赏识团队中的每一个人,能够相互取长补短,以长促长,以长补短。我们希望每一个不一样的生命拥有一样的精彩,在某一个或某一些方面熠熠生辉,成为最好的自己。担任校长以来,我和同事们不断寻求着对学生施加教育影响的技巧和艺术。

一、确立育人目标

两千多年前,孔子就倡导"有教无类"。既然每个孩子都渴望得到肯定,那我们就要善于发现他们的闪光点并予以鼓励赏识。既然每个孩子是独特的、多样性的,就不能用标准化的办法去培养孩子,而应该提供各种不同的机会为不同的学生服务,用多样化的教育去适应孩子的特点与个性,把不同的潜能挖掘出来,哺育他们成长。既然初中阶段学生的差异最大,而且主要是学业的差异,那我们就应该关注学生学习的差异,优化课程设置,推动教学变革,引领教师创设适切的教育环境,全面实施因材施教,聚焦学生的核心素养发展。

我始终坚持把学生视作独立的主体。强调要研究学生的兴趣、需要、志向,主张教育要主动适应学生,一切以学生的终身发展为中心。

在西林中学担任校长的六年里,我提出赏识教育的办学方略,强调彼此赏识、和谐发展,提出"三相信",即相信人性的优点,每个人身上都有闪光之处;相信人性的本质,每个人都有被赏识的渴望;相信人性的潜能,每个人都能在互赏中获取进步的力量。我还提出赏识"三部曲","赏识自己,树立自信;赏识他人,取长补短;赏识彼此,和谐发展",倡导师生要善于欣赏自己的美,也要欣赏他人的美,各美其美,承认每个生命都有光华和潜力;美人之美,激发学生的光华和潜能。学校确立了"培育'自强自立、人格健全、个性张扬、和谐发展'的阳光少年"的培养目标,创设了一个个让师生体验成功的机会和平台,提倡同事之间、师生之间、生生之间的真诚欣赏,不断地给学生以心灵上的慰藉、思想上的引领和行为上的鼓励,抬起头来走路,挺起腰杆做人,瞄准目标行进,让成功与自信的神奇力量改变师生面貌,助推学校发展。西林师生因赏识而改变,走上了发展的快车道,学校成为上海市新优质学校。

调任罗星中学后的"二次创业",虽赏识育人初心不改,但我没有简单复制移植,而是根据罗中的校情,无痕渗透、有机融合并校本化发展,做到形神兼备。

我在罗星中学的校名上寻找嫁接点。"罗星"不应只是平淡无奇的两个字,而应赋予它更为丰富的内涵。党的十九大提出,要让每一位学生享有公平而有质量的教育。学校是育人的场所,要让接受教育的学生都能像天上的星星那样,发出生命的光彩。

我明确提出"让每一位学生成为闪亮的星"的学生观,背后是对学生共性和个性的认可,强调基于学生素养培育的全面发展观。我对老师们说,学校教育应是公平的,要点亮每一颗未来之星,给予每一个学生发光的机会。天空中不能只有耀眼的孤星,应该发现学生哪怕某一点上的优势,引导每位学生成为一颗颗闪亮的星,最终形成群星闪耀的局面,让罗中校园星罗棋布。我提出的"星"理念很快得到教职工、家长的认可,大家群策群力,丰富了"星理念"的内涵。对应中国学生发展核心素养"自主发展""文化基础""社会参与"三个维度,确立了成为"自强自立、人格健全、个性鲜明"的"未来之星"的培养目标,主要培养"自主动力""学习能力""个性活力"三大能力,为学生的出彩人生奠定坚实基础。因此,基于学校基础和新环境特点的赏识育人理念更浓厚了。

二、转变育人观念

"各美其美,美人之美","赏识自己、赏识他人、赏识彼此"不能仅仅成为领导、教师脑海中的一个概念,而应该真正落实成教师的行为。赏识学生,就要尊重学生、理解学生、信任学生、欣赏学生、激励学生和宽容学生,促进学生素养的逐步提升。在西林中学,我带领教师学习、领会赏识的内涵,推进了一次又一次的赏识行动。

（一）赏识,要尊重学生

教师不能唯我独尊,抛弃师道尊严,主观臆断,独断专行。如果教师不去设身处地为学生着想,不注重体会学生的思想感情,会造成学生心理极度不满,出现抵触情绪和行为。赏识,就是要尊重学生的差异与人格。

作家席慕蓉接受良好家教的故事令我印象很深。席慕蓉上小学时,除了文科成绩外,其他科目成绩一般,甚至经常不及格。有一年放寒假了,席慕蓉的两个姐姐把成绩单都带回来了,一个是第二名,一个是第五名。唯独席慕蓉放学后钻到卫生间很长时间不出来,出来的时候手里拿着一张皱巴巴的成绩单,上面写的是第□十五名。当全家看着这张被明显涂改过的成绩单时,良好的修养使在场的每个人都没有揭穿这个"事件"。她的爸爸只说了这样一句话:"你们老师怎么把成绩单搞得皱巴巴的,下一次一定要干净、平整。"第二天晚上,席慕蓉悄悄来到父亲的书房,爸爸看见女儿进来了,面带微笑并轻轻关上门。席慕蓉向父亲道歉:"爸爸,是我涂改了成绩单,全班六十名同学我考了第五十五名。"慈祥的父亲微笑着抚摸女儿的头说:"不可能,我们席家的女儿都是非常优秀的,如果说应该擦去的话,那个十也应该擦去。"如此良好的家庭修养和父亲的伟大人格,保护了一个小学生的自尊与自信,也才有了一个伟大作家席慕蓉的成长。含蓄不仅是一种修养,更是一种美德。

（二）赏识,要理解学生

做教育要知其然,也要知其所以然。于漪老师说,一些老师埋怨现在学生太淡漠,其实他们没有走进学生的内心。教师要走近学生生活,走进学生心灵,与学生达到心与心的交流。学生年龄小,心理不成熟,看问题不全面,再加上现代社会信息高度发展,各种参差不齐的信息都会影响学生。所以,每个学生在认识问题、处理问题上会有很大的差异。教师处理问题时要充分理解学生,以关心、爱护学生为原则,在师生间架起一座理解的桥梁。

（三）赏识,要信任学生

要信任学生的能力,保护学生的自信、自尊;要指导学生的行为,让学生自强、自立;要放飞学生的身心,让学生明白责任和义务。我经常跟老师们分享于永正老师"让学生第八次读课文"的故事。

一次于永正老师到外地给老师们上观摩课。在抽读课文时,他叫一名想举手却又把手缩了回去的小女孩读一小段文章,没想到她读了四五次都没有读好。于老师没有换别的学生读,而是走到小女孩的身边,轻轻地抚摸着她的头说:"孩子别怕,与爷爷一起读,爷爷等你读到第八次。"就这样,于老师一个词、一句话地带着这个小女孩,把这一小段读得声情并茂、叫人陶醉。课堂爆发出热烈的掌声,这掌声是给小女孩的,也是给于老师的。下课后,小女孩拉着于老师的手说:"于爷爷,我希望您永远教我!"

这节课令所有在场的学生和老师们都很感动。因为于老师没有采取老师们惯用的方法"换人",而是在对这个小女孩的指导中让全体同学都在体会与感悟,更重要的是于老师给了这个胆怯的小女孩以勇气和自信。对孩子们的爱是教育永恒的支点。

（四）赏识,要欣赏学生

教师要研究和发现每一位孩子的潜在优势和智能强项,通过恰当的教育和训练使之发扬光大并实现有效迁移。

加德纳的多元智能理论认为,在每一个人的身上都存在着八种智能因素,有的处于显现状态,有的处于潜藏状态。而每一个人的智能都有一种或几种强项,人与人是无法相比的。邓亚萍与宋祖英怎么比? 一个把乒乓球打成了多届世界冠军,一个把中国民歌唱到了维也纳的金色大厅。教师的责任就在于研究和发现每一位孩子的潜在优势和智能强项,通过恰当的教育和训练使之发扬光大并实现有效迁移。最优秀的老师能从不同的学生身上发现最美好的东西,允许学生以不同的速度、不同的角度成长与发展。

（五）赏识,要激励学生

教师要经常、及时地给予学生激励,要激励具体行为而非学生本身,防止学生形成对激励的依赖。我在西林中学工作时,学校有个学习不突出的女生,在一次习作训练时,语文老师发现她的习作与众不同——真实,于是推举她在习作讲评时范读,她站起来,红红的脸上掩饰不住喜悦。教师趁此机会鼓励:"A同学的作文虽然没有华丽的辞藻,却有实实在在的真实! 这是习作的生命,也是老师要表扬的主要原因!"学生们深受启发,A同学也主动问语文老师该作文能否发表在校园网"学子风采"栏目。在老师的指导下,她几易其稿,最终发表在杂志上。从此,她学习的劲头可足了,特别喜爱写作文,成了习作达人。我深深体会到赏识对激发学生学习兴趣的重要性。

（六）赏识,要宽容学生

教师要能够诊断学生出现错误的原因,是学生智能水平不足还是缺乏学习动力? 是学习过程思维被动,对知识理解不透彻还是教师的教学策略、方法有待改进? 在作出正确的诊断后,再对症下药、因材施教。

在不断的思维碰撞中,老师们逐步达成了对赏识的一致认识,即赏识是一种思想,直接指向学生生命的成长,教师必须坚持信任、尊重、理解、激励和宽容学生;赏识是一种目标,注重学生的优点和长处,让学生在"我是好学生"的心态中觉醒;赏识是一种策略,承认差异、允许失败,应适时、适度、适当;赏识是一种手段,应注意有效赏识和适当惩罚的有机结合;赏识是一种能力,要求教师摒弃"监工式"的教育和管理,探索最受学生欢迎的教育方式。

三、落实赏识育人

（一）为学生学习打开时空

课堂是实施教育的主阵地。在西林中学,学校将赏识理念植入课堂,为赏识理念的践行找到了主要落脚点,也为学生的学习空间开辟了一片充满阳光的开阔地,实现多方合力提高学生的核心素养。

1. 充分信任学生的学习能力,让学生预习先学,以学定教

学校通过专家报告、上门学习、教师送教到校等举措,引进并学习了上海静安区教育学院附校"后茶馆式"教学方式,充分信任学生的学习能力,强调

让学生预习先学,从"书中学",在"做中学",注重学生学习的过程。在课堂上,学生自己能学会的,教师不讲,更多的是暴露学生的知识盲区,引导学生"相异构想"的发现和解决。教师不盲目灌输知识,组织"读—议—练—讲—做",让学生进行知识的自我建构,针对学生不懂的问题和学习需求进行教学。课上,教师特别关注那些自己没有学会的学生,请他们讲讲自己的想法,让学生纠错,体现课堂"以学定教、以生为本"的教学理念。

2. 积极赏识学生的见解主张,让学生自由表达,民主开放

在课堂中,确立民主、平等的师生关系,倡导师生间的平等交流,让教师从"权威"走向"伙伴"。我们把教学看成是师生之间双方合作的活动。教学过程中教师真诚地接纳学生,以平等对话者的态势参与到学生的世界中,和学生分享彼此的思考、见解和知识,交流彼此的感情、观念。同时,鼓励学生自由表达,变教师"一言堂"为师生"群言堂",变学生"只听不说"为"既听又说"。教师在师生互动中发现学生的亮点,懂得赏识学生;学生在同学互动中发现同学及自己的亮点,懂得赏识自己和他人。

3. 全面尊重学生的学力差异,让学生体验进步,异步发展

教育的对象是一个有差异的群体,每个孩子都是不同的生命个体,性格特点各有不同。赏识就是要承认差异,因材施教,让每一个孩子都有从一个成功走向另一个成功的机会。学校坚持"有教无类"的思想,坚信"好孩子是夸出来的"。尊重学力差异,制定分层学习目标,充分顾及不同层次学生认知水平的差异,实施"分层递进教学"。对低层次学生采用"低起步,补台阶,拉着走,多鼓励",赏识他们的每一点进步,长期坚持,不轻言放弃;对中层次学生采用"慢变化,多练习,小步走,抓反馈",使最具可塑性的大多数中等生得到有针对性的培养;对高层次学生采用"小综合,多变化,主动走,促能力"的方法,在教学各环节加以落实,引导学生百尺竿头更进一步。此外,学校还在放学后开设爱心辅导时段,教师免费为高中低三个层次的学生进行提优补缺,使各层次学生都能体会到"跳一跳能摘到果子"的欢乐。总之,学校引导教师充分尊重学生的学力差异和课堂上的种种误差,最大限度地发挥学生的天赋和才干,让弱势的孩子体验进步,抬头走路;让优秀的孩子备受鼓舞,更进一步,帮助每一个学生体验成功,获得自信。

4. 细心关注学生的内心体验,让学生享受平等,自信成长

（1）用宽容改正学生的错误

在课堂内,教师允许学生犯错,没有训斥,只有鼓励;没有说教,只有引导。教师用亲切的话语循循善诱,使学生的心灵受到触动,错误得以改正。作业本上,教师批改不打"×",而是用"\"等符号代替。批阅符号的小小改变,不是作秀,而是体现老师对学生人格的尊重、对学生错误的接纳以及对学生改正错误的鼓励和期待。教师的宽容,很好地缓和了师生之间的紧张局面,转变了学生的逆反心理,防止学生产生抵触情绪,使教育收到最佳的效果。

（2）用"赏识妙语"彰显对学生的激励

学校汇编了《课堂赏识妙语集》,要求教师在课前、课中、课后以及课堂的各个微环节中运用赏识课堂用语。同时,要求教师每堂课至少对 20 名学生说一句表扬鼓励的话。

（3）用微笑沟通学生的心灵

学校提倡"三带进":把微笑带进课堂,把信任带进课堂,把激励带进课堂。课堂中一个甜蜜的微笑、一句亲切的话语、一个鼓励的眼神、一次主动的问候都是促使学生进步的良药,让学生时时感受到真挚的师爱,缩短了彼此间的心理距离,密切了师生的情感,促进了和谐师生关系的形成。

（二）为学生发展搭建平台

学校生源以来自外来务工和农村家庭的孩子为主,学生普遍缺乏自信,上课不敢发言,活动羞于表演。学校坚信每个学生都有闪光点,坚持"人人体验成功,个个得到发展"的信念,以赏识的原则搭建平台,努力使学生的成长呈现自主、个性的特征,化"外压式"强制教育为"内调式"自我教育,让每一个西林学子都有发展的机会和享受教育的幸福。

1. 搭建赏识平台,让学生在体验中发展

学校开设基于需求的校本课程和学生社团,涵盖艺术、文学、技能、体育等领域,做到人人能参加,个个有项目,在活动中体验生活的多彩。校园艺术节、读书节、科技节、体育节、英语节等文化节贯穿全年,鼓励各类学生走上舞台。学生的各类评优获奖,学校都会大张旗鼓地进行表彰鼓励;学生的作业本上有老师以鼓励为主的即时评语,学生有了点滴进步,都会得到老师物质

或精神的奖励。学校创办了阳光电视台,打出"人人是明星,天天有直播"的口号,鼓励更多普通学生甚至学困生走进直播间,展示才华,得到被欣赏的机会。学校通过搭建各种平台,力争让每个学生体验成功的快乐,增强对学校的归属感,感受到教育的幸福……

2. 整合教育资源,让学生在感悟中成长

学校整合校内外各种优质教育资源,多角度促进学生健康成长。例如,开设"晨间故事会",演绎精彩的育人故事,让学生感悟成长的秘诀;利用各种节庆日,融合德育内容等开展主题教育,帮助学生树立正确的价值取向;利用家长资源,开展各种主题教育活动,使教育更具体,让学生明事理。再比如,建立志愿者服务队,与各村、居委会建立"村居校"联动机制,精心设计社会实践项目,把活动开展到农村田头,开展到居民小区,让学生回归社会,增强社会责任意识。

3. 依托团队组织,让学生作管理的主人

建立健全了"学校—年级—班级"三级学生自主管理网络,培养学生自我教育的能力,把学生推上自理的舞台。值周班集文明示范和服务检查于一体,每周以"值周快报"的形式反映值周情况,表扬校园内一周的好人好事,提示校园内不和谐现象。开办并完善队长学校,形成队干部培训校本课程,提高学生的自主管理水平。将每周一的升旗仪式交给值周班的学生,由他们负责,以不同的形式展示班级风采,让学生体验成功的快乐。

(三) 为学生自信转变评价

赏识学生,需要实施赏识性评价,以发挥评价的激励、导向、调控功能,使学生有动力、有方法。

1. 赏识课堂评价

在课堂中,一个赞许的眼神,一次关切的爱抚,一句赏识的话语,都足以让学生喜不自禁。我校提倡即时赏识性评语评价,针对学生在课堂中各具特色的表现和这样那样的问题,教师都进行及时、准确、符合个性的评价和引导,而不是简单地对知识进行"对"和"错"的判断,而是挖掘问题背后的教育资源,使学生从知识、技能、情感、态度、价值观等多方面都得到发展。教师以学习伙伴的身份在学生群体中穿梭着、交流着、建议着,评价用语注重鼓励,把握转瞬即逝的教育时机,让学生充分体验成功,树立自信。

2. 赏识作业评价

书面练习中使用的评价语言,是老师与学生进行交流与沟通的重要方式。教师批改学生的书面练习时,不但批改不打"×",而且在练习本上运用谈话交流式的评价,这样不仅能评价学生书面练习的对错,也能评价学生练习的态度、习惯、方法、兴趣爱好。教师的评价语言一词一句都饱含热情,仿佛在与孩子们谈心。学生一丝不苟地完成作业,在赏识中进步。

3. 赏识学生评价

首先是打破单一,关注多元。在形式上,改变教师主宰、分数唯一的评价方式,开辟师生互评、学校测评、家长点评、社区参评等渠道。以《学生成长手册》为抓手,采用学生自评、组内互评、教师详评、家长点评、社区参评等方式,使评价更具科学性。在内容上,承认每个学生都是独立的、富有个性的人,每个人都有可能在某方面表现出色。学校鼓励学生发挥特长、张扬个性,肯定学生单方面的进步与成绩,通过"西林之星"的评选对学生进行个性成长的肯定,让任何有一技之长的学生体验"明星"的价值,使评价更具针对性,如授予礼仪方面特别优秀的学生"礼仪之星"等。其次淡化结果,注重过程,让评价促进学生全面发展。针对一年一度的"推优生""优秀生"评选,我们更关注学生思想品德、行为习惯、实践过程以及学业发展等方面的整体情况,采用活动记录、日常表现记录等方式,对"行为后进生"建立学生档案,进行长期跟踪。对学生学期成绩采用"3+3+4"学科成绩综合评价等办法。

赏识性评价让评价从单一走向多元,从结果走向过程,使评价成为学生学习、实践反思、发现自我、赏识自己、赏识别人的过程。

(四) 为学生评价创新形式

赏识的形式不能总是跷大拇指,说说"你真棒",这会让人产生审美疲劳。赏识需要不断创新形式,提高艺术。在实践中,学校积累了多种赏识形式。

1. 口头式

口头式包括一般鼓励性的语句、公开场合庄重的表扬、特殊学生特殊时候的悄悄话等。有的班级将表扬的内容编成快板书,让学生进行"快板式"表扬,效果更好。

2. 表情式

表情式包括亲切的眼神、和善的微笑、鼓励的手势、关怀的态度、夸张的身体语言等。

3. 书面式

书面式包括在评改习作时加上鼓励的句子；把表扬的内容编成"颁奖词"，让教师或学生致"颁奖词"；把表扬词逐一编号，不出现学生姓名，通过多媒体课件展示，让大伙儿猜猜他（她）是谁；把对某学生的表扬写成小纸条，悄悄夹在他的书本或作业本里；把一些好人好事编成故事、集成对联等张贴出来；通过打电话、发信息和电子邮件等形式把学生的积极表现告知家长，并嘱托家长转告；把学生的事迹写成充满赏识之情的"下水文"，发表在校报或者自己的博客上；把照片制成证书样式，正面是学生参加某项活动的留影，反面写上学生获得的荣誉；把表扬词写成书法作品赠予学生；等等。

4. 行为式

行为式包括亲切地拍拍肩摸摸头，热情地鼓掌，赠送小礼物，和学生共进午餐，共同参加活动，等等。

5. 榜样式

榜样式是通过树立身边的典型，让学生从真实同伴身上感受榜样的力量，让德育深入人心。例如开设学生风尚讲坛，演绎身边的感动，宣讲身边的成功；让品学兼优的学子"现身说法"，让学生感悟榜样就在身边，成功离大家并不远。

6. 责任式

责任式是赋予学生责任，可以是让学生负责某一方面的工作，把某个重要任务交给某生等。"压担子"意味着信任与肯定，往往能激发巨大潜能。

（五）为学生展示营造文化

学校以赏识激励文化为背景，高起点、高标准地致力于校园文化建设，为师生营建了一所"快乐、健康、和谐"的阳光校园。

1. 构建"赏识育人"的精神文化

学校确立了"没有完美的个人，但有完美的团队"的校长理念，"在赏识中诞生天才"的教师理念，以及"与老师共同赏识与鼓励孩子"的家长理念，这些思想成为学校的精神脊梁，撑起校园一片赏识育人的天空。优良的校风、教风、学风在稳固延续和发展,形成了难能可贵的"学校精神",那就是"自强不息,和谐进取;勇于担当,追求卓越"。不管是刚踏上工作岗位的职初教师,还是奉献了几十载的资深教师,都会受到这种精神的熏陶和感染,融入学校这个和谐的大家庭,形成团队的凝聚力,共同演绎西林赏识办学的新乐章。

2. 彰显"赏识育人"的物质文化

赏识理念是学校发展的灵魂,它浸润着学校的每一处细节,使学校气质独到,品质卓然。

(1)布局环境文化

在赏识理念的指引下,学校加强了校园环境的整体设计和布局,让地面呈绿,让校园成荫,让空地有景,让墙壁说话,让小河有鱼,让树林有鸟……走进西林校园,映入眼帘的是硕大的"白鸽幕"。LED屏幕两旁振翅翱翔的白鸽群栩栩如生,寓意西林团队在美丽和谐的校园充满自信地搏击蓝天,追求美好的未来。教学楼厅的赏识墙和星光墙交相辉映,"西林之星"在楼厅中闪耀,自信的笑容在校园中绽放。位于校门右侧的"星光大道"成了西林校园一道亮丽的风景线,曾经或者目前在西林校园学习、工作过的师德标兵、先进骨干、优秀教师、阳光少年在"星光大道"上留下足迹,散发着迷人的魅力,他们让学校发光,成为师生学习的楷模。如今,以赏识理念引领的"十景一坛四中心"成为学校赏识文化靓丽的风景线。

(2)设计班级文化

"温馨教室"的建设是"班级文化"的集中体现。西林中学班班都创设温馨教室,既有统一的布局,又有班级的特色。教室的墙壁体现着积极的精神和理想。校训、班训、班歌、优秀书画作品、摄影作品等,点缀着教室的四壁;"读书角""卫生角""赏识角""雏鹰争章园地"等,诉说着"真善美"的真谛。"班级之星"是"赏识角"的主角,每一颗星星都让学生看到自己的点滴进步,骄傲地诉说着:"我能行,我最行!"而"雏鹰争章园地"则搭建了展示学生个性特长的平台。西林班级文化渗透在教室的各个角落,让学生时时处处浸润在温馨、和谐而高品位的育人环境中。每一个班级都释放着精彩的赏识创意,每一间教室都创造着温馨和谐的精神佳话!

(3)优化组室文化

学校积极引导教师建设"温馨办公室",营造良好的工作环境。教师们群策群力,利用有限的经费,创造最大的效益。墙上励志的标语、可亲可爱的图案和话语激人奋进;办公桌上、墙角里怡人的植物与装饰令人倍感温馨;"教师专业发展标准"标牌时刻鞭策着每一位教师;"合家欢、旅游照"等的分享让人怦然心动。亲切的办公室文化传递了浓浓的爱心、暖暖的师情,营造了赏识的氛围,办公室成了教师的集体家园。

（六）加强家校合力

学校教育必须与家庭教育形成合力,同步开展赏识教育,才能使教育效果事半功倍。我们规范家长学校,让家长掌握赏识教育的方法,用赏识思维和赏识语言教育孩子;创新家长会形式,帮助家长了解孩子的闪光点,用赏识的目光重新审视孩子;设立家长开放日,全方位展示学校赏识教育;建立"家校通"网络,每天与家长沟通;开展全员家访活动,面对面探讨赏识教育的方法;成立社区教育委员会,参与学校教育管理,组织特色班级、学生社团、特长生进社区展示特长、服务居民,从而增强学生的成功感和社会责任感。

一位家长在学校实行赏识教育后的一次家长开放日反馈表上写道:"农民怎样对待庄稼,决定了庄稼的命运;老师怎样对待学生,决定了学生的发展。我儿子已经在赏识中发生了明显的改变,在西林之星这块肥沃的土壤中自由自在地生根、开花了……"一位社区主任则在赏识教育进社区活动反馈表上写道:"西林中学将赏识教育渗透到社区,不仅拓宽和丰富了学校的赏识场所,培养了学生的个性和特长,也为社区内部工作的有效开展提供了一个很好的方法,特别是为我们社区开展青少年的思想教育工作和建立和谐社区提供了极有价值的理论及方法参考……"

赏识赋予了学生积极向上的力量,让每一名学生都能看到自己的优点与不足,还能看到别人超越自己之处。学生在教师的一次次表扬和肯定中,学习潜能得到充分的挖掘。学生觉得自己是优秀的学生,处处表现出一种积极的姿态,燃起希望的火花,对学习充满了信心。皮格马利翁效应在学生身上得到了最好的诠释。校园中学生领袖不断冒尖,学生品行学业明显改善,学生获奖层出不穷,学业质量稳步攀升。

学校汇编了《在赏识中成长——西林中学学生案例集》。以下选取一篇外来务工子女李同学的数字故事文本。

长跑队是西林中学的骄傲。

长跑队的李同学来自福建,他是班级中有名的"刺头"。

捣乱课堂,不做作业,逃课、打架无所不能。

嗜酒成性的父亲要么不闻不问,要么暴打一顿!

他也能在赏识中成才吗?

体育课上,老师说谁先跑满三圈,谁就可以先踢足球了,李同学总是以比别人将近快一圈的速度跑完全程!

在体育老师的极力推荐下,李同学进了学校长跑队。

在参加区中学生冬季长跑比赛的前一天,李同学租借的家里发生了火灾,原本就不富裕的家庭变得一贫如洗。社区干部来了,学校领导来了,老师同学来了……

当李同学从老师手中接过师生们捐助的书包、校服和午餐费的时候,这个在大冬天被酒后的爸爸暴打一顿,扔进冰冷的鱼塘,自己爬起来没有掉一滴眼泪的"铁汉",此时却泪光闪闪,这可是比金子还要珍贵的"闪光"呀!老师牢牢捕捉到了这一瞬间……"校长,请您放心,我保证不给学校丢脸。我一定要参加这次比赛。"

当他手捧冠军奖杯站在学校高高的领奖台上的时候,感动了全场,更感动了他自己。

今天的他再也不是班里的"刺头"。

他在一段真人录像中说道:"我已经不打架了,不和老师吵了,我会好好读书的,这次我语文考了64分,数学、英语我也一定要考及格。"

第二节　五育融合为学生发展奠基

2018 年,习近平总书记在全国教育大会上首次对德智体美劳教育内容和新时代人才培养目标提出了明确的要求。《中国教育现代化 2035》也明确提出,大力发展素质教育,促进"五育融合"。2018 年,上海出台了新中考改革方案,主要是聚焦"考试改革、评价改革、录取改革",体现了鲜明的价值导向。因此,"五育融合"是新时代学校改进育人方式最值得关注的发展方向和路径。

实施五育并举、融合育人,主要载体是课程,主要渠道是课堂,关键靠教师。学校通过"群星课程的构架、WISE 慧课堂的打造、学习资源的定制以及多元评价的支持"四管齐下,在四个维度进行探索,开展课程教学融合育人的实践研究。

一、架构五星课程,为培育核心素养提供适切载体

在基础教育阶段的各门学科中,有着学生成长所需要的基本营养元素,是学生精神成长的基础品质,是培养健康生活习惯、审美情趣和劳动观念的有效途径。"五育融合"首先应体现在课程的设置和管理上。我校以育人价值主导课程建设,在守牢底线要求、开齐开足并规范实施国家课程的基础上,根据校情适切开发以校为本的特色课程,丰富学生学习经历,积蓄成长力量。

（一）确立理念目标

我校将理念与学校文化相融合,确立了"点亮每一颗未来之星"的办学理念。根据行星自转、公转、相互吸引的特性,确定了通过"自主动力""学习能力""个性活力"三大能力的发展,成为"自强自立、人格健全与个性鲜明"未来之星的培养目标。根据恒星"发光发热、有牵引力、大质量"等特性,确定了成为"敬业有爱、指导有方、博学有才、具有魅力"的"星教师"教师发展目标。

（二）构建"五星"课程

围绕"点亮每一颗未来之星"的办学理念,我校构建了注重基础、丰富拓

展、引领探究、具有跨学科特质的"五星"课程,涵盖"星馨"德育课程、"星睿"智育课程、"星跃"体育课程、"星艺"美育课程、"星动"劳育课程,形成了"德智体美劳"五位一体共同促进学生全面发展、多元可选择的课程。"五星"课程在横向上对应"德智体美劳"五大课程板块,纵向上则依照上海市的课程设置要求分为基础型、拓展型、探究型三类课程。基础型课程严格按照国家要求设立,开足开齐并校本化实施。拓展型和探究型课程依据校情适切开发,满足学生个性发展需求。

（三）做强特色课程

发挥上海市体育"两化"试点校、上海市艺术教育特色校、中华优秀传统文化进校园暨非遗传习基地校的作用,将多彩体育、罗星篆刻、少年创客等作为特色课程进行打造,实现"以体育人、以篆育人、科创育人"的特色发展目标。

1. 多彩体育,健康第一

罗星中学是上海市体育"两化"试点校、上海市艺术教育特色校。从 2012 年开始,学校就开设"3+2"节体育课（其中 2 节为活动课）,至 2015 年起开设 5 节体育课,都由专职体育教师执教。体育多样化,是学校体育教学多年来的方略和实践。以体育"多样化"提升以体育人的全面性,创造条件促使各项工作向"为每个学生终身发展"的理念靠拢;以体育活动"多元化"增强大体育的辐射力,采取有效措施,开设足球、篮球、排球、羽毛球、乒乓球、民间体育、武术、健美操、毽球等项目,扩大学校体育活动的时空;以体育项目"多彩化"增强体质锻炼的正能量,为立德树人、以体育人提供新动能。学校足球队多次荣获国内外足球比赛冠亚军。韩寒当年在学校就表现出很好的体育素质,积极参加各类体育活动,为他以后参加赛车运动打下了基础。

2. 以篆育人,镌刻人生

篆刻是一门非常能体现五育融合的课程。学习篆刻本身就是在传习传统文化,树立民族文化自信。罗星篆刻课程的目标为"篆写方圆,刻画人生"。课程的实施与五育融合浑然一体,彰显了学校以篆育人的价值追求。

以篆润德。将德育内涵和艺术创作融为一体。创作题材经典与现代并重,如"论语""四史"学习、抗疫、社会主义核心价值观等。在篆刻过程中,培养学生不畏困难、坚韧不拔等意志品质。

以篆促智。篆刻,方寸之间气象万千。字法、刀法、章法等的处理,阴阳、疏密、方圆等机巧的体现,是对学生要求极高的智力训练。题材中的古代文辞对学生积累中国史、哲学、文学、书法、美学等具有极大的促进作用。

以篆强"体"。通过创作奥运冠军等名人肖像印等,了解冠军成长的故事,弘扬体育精神。通过运刀的过程促进精细动作和运动能力的增强。

以篆塑美。篆刻,一笔一画以及表达形式等,无不体现中华文字之美,学习篆刻能让学生时时感受中华民族的审美情趣和艺术追求。

以篆践劳。篆刻也是一种手工技艺,在磨石刻印的过程中可以培养学生专心细致、吃苦耐劳的劳动观,懂得一分耕耘一分收获。

学校在普及、提高和拔尖三级层面制定了不同的学习目标和学习内容。罗中学子在方寸古韵中不断增强文化自信、积蓄成长力量。2018 年 5 月,我校作为基层学校代表,在李岚清同志组织的"篆刻进校园"座谈会上发言。

3. 少年创客　驱动未来

科技改变生活,创新驱动未来。学校坚持自主创新,深入科创教育,感受科技魅力。学校成立了"星奇创新中心",建设了"一馆三室"现代学习空间(科创成果展示馆、德宝创新实验室、3D 创客活动室和 STEM 工程实验室),开发了"巧夺天工"等十多门科创课程,以育人价值主导科创课程建设,积极寻求课程与核心素养培育融合之路,努力让每一个学生的创新潜能转化为现实。

(四)补齐短板课程

1. 完善综合实践活动课程

学校对跨学科综合实践活动进行整体设计,丰富完善聚焦科技创新的星奇创新课程群,以"参观体验、实践操作、创意习练"三大模块课程,开设"无人机竞技"等六类十六门特色子课程,实施项目化学习。

2. 完善劳育课程

充实劳动教育课程内容,在德育活动、语文、道德与法治等学科加大劳动观念的培养,在劳技、信息科技等学科中加大动手操作和劳动技能的培养,在校本课程中开设手工制作等劳动课程,丰富家务劳动、职业体验、校内志愿服务等劳动教育。

二、打造 WISE 慧课堂,为培育核心素养注入生命活力

践行五育融合,除了建设特色课程,更多的是依托国家课程的规范开设和校本化实施。学校打造"Warm 温暖、Inspirational 启发、Specific 个性、Extensive 延展"的慧课堂,为融合育人视角下的课程实施注入生命活力。

践行五育融合最关键的是依托国家课程的规范开设和校本化实施。罗星教育集团以深度学习为抓手,开展五育融合的教学探索。在这个过程中,罗星中学打造集聚"温馨、启发、个性、延展"特质的 WISE 慧课堂。

(一) 单元设计,促进学科资源的融合

课前,加强对单元教学内容的分析统整,通过挖掘"五育"在学科资源上的契合点改进备课环节,实现"一育领衔、诸育融合"。例如体育学科中的跳箱单元,对分腿腾跃等共五个课时的内容进行统整设计,运用物理学科中力的相互作用、生命科学中的相关知识,助力学生助跑、踏跳、推手;用力学和美学引导学生正确提臀、分腿、落地;在运动过程中教育学生学会保护和互赏,培养学生不畏艰难、善于合作的精神。课后回收器材体现劳动教育。

(二) 构建模式,促进教学方式的融合

尊重学生的学习起点和需求,营造平等温馨的氛围,实施"三七"课堂模式。课堂含三个教学环节、七个教学要素:"定向导学"环节,包括"情境设置""问题提出"和"知识阐释"三要素;"互动展示"环节,包括"活动交流"和"应用展示"两要素;"当堂反馈"环节,包括"现场诊断"和"练习巩固"两要素。在时间配置上,定向导学、互动展示与当堂反馈的时间比例大致为 7∶3。课中响一次短铃,提醒教师多与学生进行交流互动。"三七"课堂模式以学习能力的提升为主线,将"教学评"融为一体,通过真实情境和阶梯化任务的创设,用问题链串起一节课,让学习在课堂上真实发生,有效促进学生深度学习。课后的作业与辅导同样体现学科育人。

(三) 学科协同,促进跨学科有机融合

打破学科边界,运用学科间的内在融合解决真实的问题。我校以上海中考新计分科目"跨学科案例分析"先行,统整地理与生命科学相关内容,形成

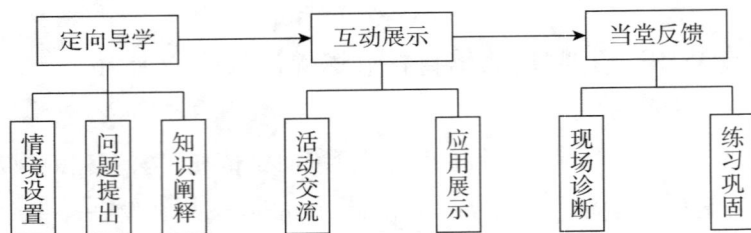

"三七"课堂模式

知识链,让学生学会用"思维导图"去分析和解决问题。例如学生提出"校园的芭蕉为什么不结果?"这一身边的现实问题,教师顺势引导学生运用"气温、降水"等地理知识以及植物对环境的适应性等生命科学知识,认识芭蕉由于耐寒能力差,只有在北回归线附近才能顺利开花结果的道理。在这样的探究中,孩子们深度学习、学以致用的能力不断提升。

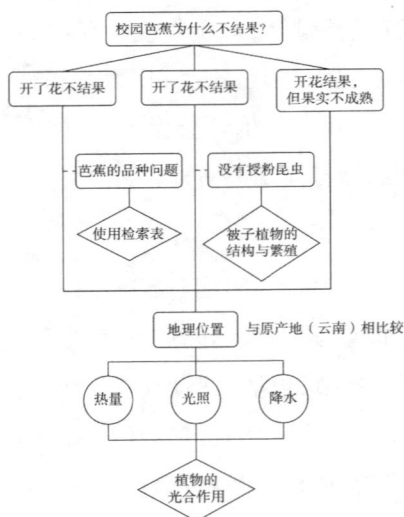

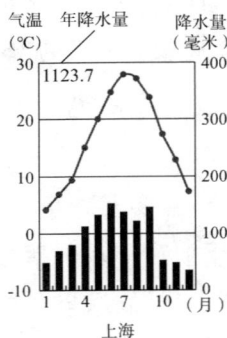

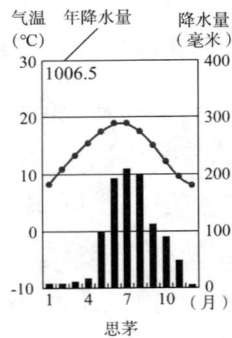

"跨学科案例分析"示例

三、优化研训机制,为培育核心素养提供师资保障

教师是融合育人的第一资源。通过教研训一体的实战培训完善教师成长路径。一是分层进阶,通过"班级分层、学科分层、教师分层"等方式,构建

"同质化和异质化"的研修共同体。二是分类联动,通过"青蓝带教、互动读书、一日研修、四课展评"等途径,促进教师梯队可持续发展。三是靶向管理,针对5年内青年教师特定的专业成长需求,构建目标导向e积分管理的校本研修机制,促进青年教师成长加速度。

（一）师德建设全面保障

学校通过教职工大会、中心组学习、年级组教研组等活动,精选经典及最新学习内容,组织讨论,明确教师师德底线及高尚师德内涵,并化为实际行动。学校有明确的师德规范要求和师德考评制度。例如对照"金山区教师职业道德考核登记表",全体教师撰写个人师德小结并在组内交流考评;组织"阳光教师大讨论"活动,明确阳光教师的内涵,并于2014年1月形成《阳光教师特点优秀提案汇编》,为教师成长创设良好环境;注重梳理身边的师德典型,组织教职工撰写《有风格的罗中人》并汇编成册;组织两年一次的"我心目中的阳光教师"评选活动,挖掘身边的感动,弘扬罗中精神。

学校的师德建设活动也富有校本特色,阳光论坛、教职工四星社团系列活动,融价值观教育于民族技艺培训、成长故事演讲、参观交流等活动中,渗透到教师心灵,内化为教师的价值观念、行动指南,外化为道德准则、行为规范。

（二）育德能力核心保障

通过设计、评比、展示主题班会和阳光论坛等系列活动,不断提升教师的育德能力。注重加强教师心理健康培训,增强教师辅导能力。例如邀请区教育学院德育教研员来校作"主题班会设计"讲座,全体教师参加。在听完讲座后,发动教师撰写班会活动设计,全校共收到68份主题活动设计方案。随后进行方案评比,邀请了校外的三位评委进行评审,共评出了8个一等奖、10个二等奖、17个三等奖、33个参与奖。评出奖项后,请5位年轻教师借班上课,校内外的教师观摩听课、评课,听取不同意见,让教师在活动中受益良多,并出版了《阳光教师主题班会设计资料汇编》。之后,每学年组织全体班主任分批进行主题班会展示课活动,针对不同年级学生特点确定班会课主题,全体教师参与听课与研讨活动,营造浓厚的育德氛围。

（三）专业素养关键保障

通过师徒带教、教研组研讨、开设主题教学公开课等活动,不断提升各年龄层教师的学科素养。

1. 完善青蓝带教制,分层培养促发展

学校加强青年教师成长黄金期的带教与培养,在入职前进行新教师岗前培训,在入职三年期间进行青蓝结对带教,形成"适应性带教、发展性带教与特色性带教"的带教模式。学校施行新教师跟班、班主任带教制度,并组织青年班主任培训,让新教师尽快适应班主任的工作内容。以沐曦园和星羽社青年教师社团为平台,创设了丰富的学习活动机会,激发青年教师自主发展的热情。学校进一步建立和完善了骨干教师选拔、培养和考核制度,形成了《上海市罗星中学骨干教师评选与管理方案》,骨干教师充分发挥专业引领作用,在青蓝带教、市级区级示范课、教育科研与发展项目中发挥骨干带头作用。

2. 深入课堂研究,提高教学有效性

在课堂实践研究过程中,教师深入课堂研究。教师以教研组为单位进行主题教研活动、"我看我的课"录播课反思、以学科教研组为单位开展一日研修活动,通过组内磨课、听课、评课等扎实开展课堂教学研究。以"生态教学阳光课堂"为主题先后进行了两次大型的课堂教学研讨活动,共有 20 位教师开课展示。另外,高级教师主动开设示范课,青年教师参加"星光杯"教学评优、微课比赛、命题比赛、教育教学论文评比、案例评比等活动以评促教。

(四) 人文素养根基保障

学校通过每月一次的教职工四星社团活动,在潜移默化中让老师们愉悦身心;结合校本培训及社团活动,邀请心理专家来校为青年、中老年教师作不同的心理辅导,让教师们心态阳光。例如邀请心理学专家为我校教师作学习策略的心理辅导,邀请责任督学为中年教师作"做一个幸福的教师"的讲座,邀请教育学院老院长为青年教师作"教师的礼仪"讲座。进一步丰富教师的职业生活,提升职业幸福感。例如在社团中,开展"骑游参观"活动,教师在骑游中锻炼身体,在骑游中参观兄弟学校的校园文化建设,思考我校的特色文化建设;通过观看影片、写观后感,思考教师的价值与职业幸福;通过《有风格的罗中人》的写作,弘扬校园正能量;通过家校联合活动,凝聚各方力量,打造阳光教师。

四、完善德育网络,为培育核心素养提供显性支撑

(一) 完善德育机制,保障课程实施

1. 发挥德育引领作用,提升德育工作的领导力

德育工作始终是学校工作的首位,树人必先立德。健全了适合学校实际的德育整体规划及各项规章制度,保证学校德育工作能有章可循。在课题研究期间,我校作为学区化办学的领衔学校,成立了学区德育工作小组,制定了学区德育工作计划,充分利用三校德育优势资源,取长补短,实现互助互赢,努力探索能整体提升学区德育管理的有效模式与方法,携手共促学区学校德育内涵的发展。

2. 加强德育队伍建设,提高德育活动的执行力

学校重视德育工作队伍的建设,选拔责任心强、教育经验丰富的教师担任领队,并通过班主任工作考核制度,强化班主任的岗位责任意识。实行班主任例会制度,进一步强化对班主任在工作方法、心理辅导技能、师生和谐关系建立等方面的培训,提高工作的有效性。推行见习班主任制度,要求进校0—5年的青年教师跟岗一位优秀班主任,深入参与班级的日常管理,促进青年教师育德能力的提升,做好班主任队伍的梯队建设。在学区化办学实践中,成立学区班主任工作指导小组,开设青年教师班主任岗位培训班、组织青年教师班主任基本功比赛、开设德育论坛等,进一步提升班主任的专业素养和育德能力。通过开展行为规范示范班、温馨教室建设评比、阳光教师评选等活动,激发班主任工作的积极性、主动性和创造性。作为上海市红旗大队、金山区团工作改革试点学校,通过开展班级文化秀活动、活力中队创建等活动,不但各项工作规范有特色,而且学校德育工作也与共青团、少先队工作有效对接,形成了一体化的教育局面。

3. 强化教师育德意识,增强全员育人的战斗力

学校建立健全了"全员、全程、全方位"的德育工作机制,既有校园内的管理网络,也将校外辅导员、家长等纳入网络管理中,各方明确职责,共同实施德育教育目标,形成共建共育模式。通过党团员教师联合家访、党团员教师

结对困难学生等活动,关注各个层面的学生,把特殊的爱传递给特殊的学生。在全体教师中开展阳光教育主题班会设计展评活动,定期开展班会研究活动,将"人人都是德育工作者"的理念落到实处。成立校级、年级、班级三级家委会,每学期定期召开各级家委会会议,让家长积极参与学校和学生的管理。通过家长会、家长开放日、家长学校和征集教育案例等活动,不断完善家校联动课程内容。

学校充分发挥学科育德的作用。开展"聚焦学科德育"的教学设计比赛,在语文、思想品德、历史、地理课等德育国家课程中多角度地开发育人价值、挖掘育德素材,实现学科教学和教书育人的有机融合,使学科课堂教学做到"教育有意、实施无痕"。同时,开展好已有的"金山区中小学生禁毒教育读本""廉政教育进课堂""青少年统战知识""金山情主题教育"等区本德育课程。

(二) 构建德育课程,彰显育德目标

1. 确定德育课程目标

德育课程的总体目标即坚持阳光育德,培育阳光少年。设置的分年级目标为:六年级以行为习惯养成教育为主,完成成长之旅;七年级以学习习惯养成教育为主,完成奋斗之旅;八年级以心理健康教育为主,完成展望之旅;九年级以理想信念教育为主,完成圆梦之旅。以此形成各年级的工作目标和重点,做到有方案、有措施、有评价、有保障螺旋上升,让学生走过初中四年幸福的旅程。

2. 构建主题教育课程

构建"五个三"的主题教育课程,将品德教育与公民教育渗透于教育教学各环节中。

(1) "三爱"主题教育模块

在教育中,爱是教育的灵魂和生命。"三爱"即爱自己、爱他人、爱祖国,由此推及爱集体、爱家乡。爱自己即对学生进行珍爱生命教育,学校除了开设法治教育、安全教育、禁毒教育等专题教育外,还通过开展以"悦纳自我,善待生命"为主题的生命教育月活动,组织青春期健康教育讲座以及阳光小使者沙龙等活动,增强学生自我认识、人际交往及情绪管理方面的协调能力,使每个学生都能正确认识自我、悦纳自我、调节自我、完善自我。爱他人即重视与他人之间的合作互动。学校通过常规礼仪教育、"感恩在心,感谢在行"爱的教育月主题活动、"用心去感悟,发现身边的美"征文摄影活动、"我的阳光集体"班级文化秀活动、"少年向上,真善美伴我行"读书征文演讲活动等,培育学生爱亲人、爱集体的优良品质,用阳光心态面对生活,正确看待和处理个人利益与社会责任的关系,学会合作、奉献、敢于担当。爱祖国即培养自己对祖国和人民的伟大感情。一方面将爱国主义实践贯穿在语文、思想品德、历史等文史类学科教学中,融入日常的学科教学中;另一方面,通过系列主题活动增强国家意识以及对中国优秀文化的认同。围绕"追寻最美中国梦"这一主旋律,开展以"我爱我校,争做罗中好少年"为主题的系列活动,包括"向国旗敬礼,做一个有道德的人""美丽中国,我的中国梦"读书征文演讲等,潜移默化地将爱国思想植入学生心田。

（2）"三声"文化艺术模块

让书声、歌声、笑声充满校园,是我们的追求。我们探索了将体育、艺术、诗文融为一体的校园文化艺术建设,以读书节、艺术节、体育节为载体,作为激活学生昂扬向上、生动活泼、健康快乐成长的催化剂,使校园成为学生快乐成长的舞台。读书节开展"我喜爱的好书"推荐、红领巾书市、读书节征文、书签制作比赛等活动,营造浓郁的书香氛围,提升师生审美情趣和人文底蕴。语文、数学、英语、物理、化学等学科开展了学科文化周活动。学校每学年开展"展青春风采,让梦想闪光"的艺术节系列活动,包括全体学生人人参加的"班班有歌声"十月歌会、"星辰杯"学生电视卡拉 OK 大赛、器乐小能手展示、舞蹈达人秀、星辰合唱团展示及班级文化秀等丰富多彩的活动,为学生搭建展示才华的舞台,秀出他们阳光自信的风采。为了进一步落实"健康第一"的思想,为学生身心发展打下良好的基础,学校在合理安排和落实每天一小时体育活动的基础上,积极发展体育特色项目(包括足球、羽毛球、健美操、马术等)。同时,积极开展以"阳光下锻炼,健康中成长"为主题的体育节系列活动。学校每学年开展学校秋季运动会、春季趣味运动会、冬季长跑比赛、冬季跳踢节比赛、各年级足球联赛、篮球联赛等,为全体学生人人参与搭建平台,提高学生体育锻炼的意识,增强他们的体魄,同时促进其智力发展与提高审美情趣。

（3）"三会"科技创新模块

学校为激发学生热爱中华优秀传统文化,激活其创新意识与提高其创新能力,以罗星篆刻特色课程和德宝创新实验室为核心,开设民族技艺培训课程与科技创新实践课程,通过实践让学生会操作、会制作、会创作。以罗星篆刻为核心的民族文化技艺培训活动,以点带面,逐步推进,实施对象分为普及层面和提高层面,制定不同的教学目标与内容。每学期开展罗星篆刻文化周活动,营造篆刻特色氛围,丰富校园文化建设。学生制作陶瓷印纽,镌刻上祝福送给亲友师长表达感恩之情,感悟中华传统美德,传承中国传统文化。以"体验、创新、生态"为主题的校园科技节活动,通过开展各种形式的科技创新体验和科技创新比赛,培养学生学科学、爱科学、用科学的精神及感受美、表现美和创造美的能力。

（4）"三自"自主管理模块

学校倡导让学生"自主参与、自我教育、自我发展"的管理模式,在培养学生主人翁意识的基础上提高其自律能力,促进其健康发展。首先,创设各类学生自主参与和自我教育的机会,如各类学生社团、校园电视台、值周班级、值日班长、文明礼仪岗、文明交通岗、行规点评台等。其次,开展各种类型与形式的培训,如队干部培训、小记者培训、小主持人培训等各类岗位培训,增强学生自主管理的意识与组织工作的能力。此外,校园里的各项活动都将活动过程还给学生,从活动的设计、组织、实施到评价,尽可能由学生自主操作,让学生在活动中体验和探索,增强其主体意识和实践能力。

（5）"三教"联合育人模块

星少年的培育需要学校、家庭和社区三方联动,建立理解包容、互信互爱、互联互通的伙伴关系,构建学校与家庭、社区联动的阳光通道,合力育人。

学校定期开办家长学校指导家庭教育,邀请家长、教师及专家开展家庭教育指导专题讲座。建立家校互访制度,每学年举办家长开放日活动,开门办学形成合力。学校每学年进行学生思想状况、学生满意度、家长满意度调查问卷,重视家长的意见和建议,及时制定相应措施调整教育教学策略,不断完善学校各项工作。建立校级、年级组、班级三级家委会网络,让家长积极参与学校管理,对学校重大活动建言献策。学校面向全体家长征集家庭教育案例并将优秀案例集结成册,要求家长参加学校重大活动,如开学典礼的家长寄语、主题班会中亲子互动、学校运动会中的亲子项目、学校各类比赛中邀请家长评委、创建平安校园时的家长志愿者等。

学校有效利用校内外的各种教育资源,通过结对共建的方式建设良好的外部育人环境,引导学生参加有益的社区服务。学校先后与居委会、区交警支队、区消防支队、区博物馆、区水利管理署、区妇幼保健所、区血站、邮政支局、区红十字协会等建立长期合作关系;积极开展"崇文通理,成就人生"主题实践活动,根据学生的年龄、认知等个性特点,学校分别在六、七、八、九年级开展以"金山情教育""国防教育""职业体验教育""青春期教育"和"理想信念教育"为主题的素质教育实践活动,让学生参观"廊下新农村建设""荣欣书院""强丰农庄"等家乡德育资源,培养学生热爱家乡的美好情感。把各社区共建单位作为主题实践的活动基地,切实保障各项活动正常有序地开展,让学生在社会实践活动中不断提升学生的综合素养。在每年的办学满意度调查中,召集社区代表以及家长代表听取意见和建议,并予以及时改进,形成以学校为主体,学校、家庭、社区三位一体的良好育人格局。

3. 班团晨午会课及行规教育促进班风学风建设

学校严格落实班、团(队)会开展,时间为每周五第五节,将其排入课表。政教处制定每月主题班会课的活动主题,通过学生活动、教师主题教育、校级专题讲座、星辰电视台节目等多种形式开展主题教育活动。大队部根据少先队活动课分年级目标,制定每个年级每学期的活动计划,开展少先队组织生活活动。

学校保证晨会、午会课开展,不仅在时间上通过年级组团队常规巡查进行严格落实,对内容及质量也高度关注。每周一7:20—8:00为各班级晨会课,要求班主任到位组织开展班级一周工作总结。在一批资深班主任的带领下,班主任们鼓励学生自主管理,主持每周晨会活动,通过"行规点播台"回顾一周学校生活的闪光点和问题点,及时反馈整改。午会课时间,利用星辰电视台,开展包括时政讲座、民防知识宣传、生理卫生健康、心理健康教育及团队知识等的主题教育讲座;制定了《温馨教室建设实施方案》,每年开展温馨教室布置评比活动、阳光小队集体评比活动;班级文化秀、班班有歌声比赛和创建活力中队等活动也增强了班级的凝聚力,促进了班级文化的建设。

学校将行为规范常规教育与学生心理健康教育有机融合。完善了《学生一日常规制度》,细化日常行为规范管理,实行"日检查、周评比、月讲评"制度,每日值勤班检查、年级团队检查、每天公布"笑脸哭脸",做到"检查及时""汇总及时""通报及时""整改及时",提升行规检查管理的实效。每周升旗开设"一周校园行规点评台",每周评选班级行为规范示范员,每月评比行为规范示范班,每学年评选校级行为规范示范员。学校制定了《学生养成教育实施方案》,每年举办新生"入学须知集训",开设行规教育主题班会和学习习惯养成教育主题班会等,促使学生各类行为习惯的养成。

4. 德育校本微课程实践育人

建设德育校本微课程,促进学生个性张扬。学校建立学生社团,使得人人有项目,个个能参与;"节日活动课程"则充分挖掘传统节日中的育人因素,开展如清明节祭扫英烈活动,中秋节"品家乡月饼,说家乡发展"活动等主题教育活动;校园文化节日贯穿全年,学生积极参与节日活动,在活动中学会合作、学习做人,鼓励了更多的学生走上舞台,展示了才华,提升了学校育人的品质。

积极开展丰富多彩的德育实践活动。除了常规的七年级为期一周的国防教育活动、八年级为期一周的职业体验教育之外,每年的寒暑假学校都会开展不同主题的实践活动,实行学生进社区报到制,参与社区各类志愿服务活动,并在个人的假期实践卡上写上自己参与社区服务的心得体会以及社区评价。积极开展雏鹰假日小队活动,每学年活动次数不得少于6次。与社会教育资源开展结对共建活动,例如我们与区水利管理署共建开展水利工程参观调查活动,与朱泾镇环卫所结对开展环卫工人职业体验等,同时学校也创设各类夏令营活动,比如篆刻夏令营、气象夏令营、优秀学生夏令营等。丰富多彩的德育实践活动使学生的学习经历更丰富。

开发并完善德育校本课程。学校开发了"罗星篆刻""青少年法律""青春期性健康教育""巧夺天工—3D打印课程"等校本课程,特别是充分挖掘校本特色课程"罗星篆刻"的育人因素,作为"中华优秀传统文化和非遗进校园"的传习项目,在篆刻教学中探索以篆育人的途径和模式,挖掘育人价值和素材,使学生传承中华优秀传统文化,树立社会主义核心价值观,弘扬民族精神,提高青少年对本民族的文化认同和文化自信。同时培养学生认真细致、严谨治学的精神和锲而不舍、百折不挠的意志,以及健康向上、积极进取的阳光心态。"罗星篆刻"多次开展交流学习展示活动,在区内外享有很高的知名度。

(三) 重视心理健康,助力阳光育德

1. 凝练阳光心育特色,发挥示范辐射作用

罗星中学自 20 世纪 90 年代开展心理健康教育工作,迄今已经有二十余年的历程,2015 年成为上海市心理健康教育示范校,2017 年获得全国中小学心理健康教育特色校称号。"阳光心育"是学校心理健康教育的特色课程。

学校拥有占地 132 平方米的心理辅导中心,全天开放。有专职心理教师2 名,兼职教师 7 名,持有国家二级及学校中级心理咨询证书。二十余年来学校坚持在起始年级开设每周一节的心理辅导课。根据不同年级需要开设心理健康教育主题教育课程。同时,将每年五月定为学校心理健康教育活动月,营造良好心理健康教育氛围,提升学生对自身、对他人心理健康的关注。

学校拥有富有特色的学生同伴辅导队伍——阳光小使者团队。鼓励学生利用自身和同学好相处易沟通的优势,发挥同伴辅导的效能。第一是由班级自主竞选的心理委员,第二是学校开设心理社团,第三是学校大队部队长学校,由心理辅导中心的专职教师为其开展活动,培训心理咨询技能与知识。三支队伍在学生心理健康教育工作中齐头并进,相辅相成,在日常生活中发挥"暖心""助心""关心"的作用,统称其为"阳光小使者团队"。

2. 协同阳光心育,做好特殊学生转化工作

学校重视对特殊学生转化及危机干预工作,制定《特殊学生帮教制度》《危机干预预警机制》等管理制度,成立危机干预领导小组,定期研讨。对于一些特殊学生,学校党支部联合政教处实施党团员联合家访制度,有针对性地给学生送温暖、献爱心。对于部分学困生,学校党支部还携手教导处组织优秀教师与他们一对一结对,帮助他们克服学习困难,不断进步。学校政教处携手班主任队伍建立班级特殊学生档案,对学困、行困、患有身体、心理疾病的同学给予积极关注,定期与家长交流,进行家访,并记录学生成长档案。学校的同伴辅导队伍"阳光小使者团队"也积极帮助身边需要支持的同学,及时与老师交流反馈,起到正面作用。针对具有心理疾病的学生,学校会主动提醒家长,并与区未成年人心理辅导中心及区精神卫生中心联系,及时转介及时干预。多年来我校成功处理多起学生心理危机事件,特殊学生帮教转化工作及时有效。

（四）重视医教结合，促进健康成长

学校卫生保健室设置配备齐全，预防体系健全。有专职卫生人员 2 名，加强学校公共卫生工作，建立监督检查制度。卫生室保健老师负责传染病防控、饮水监控、食品安全检查等多项常态工作。学校利用健康教育宣传栏以及每周二午会时间进行健康教育讲座，从健康教育课堂、健康讲座、健康竞赛活动三个方面入手，加强健康教育，普及卫生知识。学生医保制度和健康教育课落实到位，严格按照有关规定进行学生体检，参与率 100%。

五、注重有效评价，为培育核心素养引领价值方向

课堂评价对教学有反馈、矫正和激励的作用，应更多地发生在教学的分分秒秒。课堂评价有多种方式，可分为肢体语言、口头呈现、表情交流、借助工具、提问互动和练习反馈。

（一）内容上：五育融合

引导教师在课堂评价中加入对"五育"教学的评价。在德育评价方面，加强对培养人才的理想信念、爱国主义、思想品德等方面总体状况和成长变化情况的考查，增强"育人"效果评价；在智育评价方面，加强对学生创新能力、知识能力和诚信担当的成长情况和取得成果的考查，考查学生的发展质量和成长情况，检验"育才"效果；在体育评价方面，关注健康体质增强、教育意识、意志坚毅、人格健全的现状和成长发生的变化情况，通过培育过程中的检测和具体的实例呈现体育效果；在美育评价方面，关注综合素养的提升情况以及美育素养、文化素质获得情况，关注美育教育的成长度和满意度；在劳动教育方面，考查人才尊重劳动、崇尚劳动、诚实劳动、辛勤劳动的劳动精神，以及参与社会劳动实践和创造性劳动等的情况。

（二）形式上：多元评价

1. 改革评价体系，让不同的学生脱颖而出

学校让多元评价相伴，助力因材施教的落实。学校通过建立星少年评价体系、引导家长转变评价观等举措，给不一样的学生成功的机会。将传统的"优秀学生"评选改为"阳光少年"评选，更能挖掘每个学生身上的闪光点，给

予他们积极的鼓励和肯定。学校设有"阳光少年"之"学习之星""进步之星""艺术之星""管理之星""体育之星""礼仪之星""科技之星""篆刻之星"等称号，通过学生自评、师生互评、家长参评等方式，将学生推上成功的舞台，每学年予以隆重表彰，并将优秀学生的成长故事汇编分享，在学校微信公众号平台进行推送宣传。校园中的星光大道，既有韩寒、陈果等杰出校友的优秀事迹，又有在校优秀或特色学生的闪光故事，让身边的榜样激励学生成为下一个让学校发光的你，突出"让每一位学生成为闪亮的星"的育人立场。

2. 搭建多元平台，给各种学生成功机会

舞台有多大，心才会有多大。通过打造"学校—年级—班级"三级平台，做到社团、活动"人人能参加，个个有项目"。根据年级特征，学校做了星少年"幸福之旅"的一体化设计。学校结合"星奇"创意综合课程和校外社会实践，探索项目化学习，在自主的、体验的、实践的学习方式中让学生的个性特长得以施展。以"温馨教室"建设为抓手，比如每班设每周一星、明星角等，让每位学生找到属于自己的平台。学校通过优化校园环境建设，让教育无处不在。

六、营造校园文化，为五育融合提供环境支持

学校遵循整体性原则、个性化原则和参与性原则，积极打造校园文化，处处体现对生命的关怀与尊重。

（一）学校环境文化

学校逐步导入视觉识别系统，对学校环境中的各种显性文化加以整合，使之形成一个系列，如口号、校徽、标语、宣传册、校服、校园布置、温馨教室布置等。这些举措使校园文化看得见、摸得着，通过这些形象与符号传达出来，从而树立起学校在环境物质文化层面上的全新形象。此外，学校对建筑物外表和内饰进行统一的规划与改造，从颜色、风格等方面打造整体和谐而有特色的格调，将罗星篆刻文化等元素充分彰显。建设以体育馆、篆刻馆、科创馆、图书馆、校园电视台、心理辅导中心、安全体验中心为主的"四馆一台二中心"现代学习空间，建设楼厅阅读长廊、教室读书角、篆刻廊、篆刻墙等环境文化，进一步丰富学生的学习经历，让校园里的一景一物都蕴含着无处不在的

教育。

（二）学校精神文化

学校充分利用校园精神文化的诸多载体，引领师生深入学习、领会并践行办学理念，完善校园文化内涵，促校风、教风、学风建设。通过周五政治学习，教师四星社团活动、教研组和年级组活动以及师徒结对等促进教师和谐发展，评选阳光教师，让教师拥有更多实践的平台，促进形成"乐教、懂教、善教、崇教"的教风。学校通过升旗仪式、校园电视台、校会、主题班队会，引导学生形成良好的学习习惯、生活习惯、卫生习惯和行为习惯等。学校用丰富多彩的校园文化活动培养学生阳光的心态；评选星少年，激励学生健康成长，着眼学生未来发展，强化"刻苦、踏实、求活、创新"的学风。

第三节　学习变革为学生发展搭台

信息技术的迅猛发展与知识的爆炸式增长,决定了学习者在受教育过程中,必须更关注"如何学会更有效地学习"。近年来,另一种全新的学习模式悄然而生,这就是信息技术带给现代教育典型的变化。信息技术条件下的学习,在数字化学习的基础上,通过有效信息技术手段,带给学生随时随地学习的全新感受。学校以教师教学的变革促进学生学习的变革,赋能学生核心素养的生长。

一、以教育信息化促进教育现代化

西林中学加入"上海市农村中小学教育信息化应用实验学校",吹响了学校全面推进信息化应用工作的号角。学校抓住机遇,迎接挑战,让教育信息化应用成为学校新的生长点,以信息化应用带动校本教研现代化,以教师的专业发展带动学生的健康成长,促进了学校办学品质的提升。

为了有力推进教育信息化工作,西林中学首先优化了规划与决策,确定了"平台建设、队伍建设、课程实践、机制建设"四大发展目标,建立联合班组加强项目建设的领导力,从制度、环境、培训、经费等方面落实保障项目,内外合力,确保信息化应用工作的顺利推进。

我们认识到,学生的发展,关键在教师,只有教师的发展才能更好地促进学生的发展。我们提出"发展教师,成就学生"的行动口号,以教师的发展带动学生的成长,并将信息化应用贯穿教学的全过程,主要体现在五个"着力"。

（一）着力课前的教学预设,促进学习针对性

提高课堂效率,功在课前。教师课前对教材的把握和教学设计是关键。我们充分运用信息平台辅助教学预设环节,研究个体、集体备课策略,注重教学资源的开发和积累。备课组在开学前将一学期的教学内容进行组内分工,

教师在备课组集体解读教材的基础上,按照学校的"六备"(备课标、备教材、备学生、备学法、备教法、备相关课外知识)策略,先进行个体备课,然后将备课资料上传校园资源平台。在分享平台资源的基础上,学校推行二次备课要求,要求每位教师进行班本化的个性教学再设计,科学地处理好宏观备课和微观备课的关系。通过教师课前精准的教学设计,促进学生学习的针对性。

(二) 着力课堂的实践研究,促进学习的创新性

依托信息化应用辅助教学,将实践的切入点落实于课堂实践,运用于课堂改进。首先,学校以实施不同的课堂教学策略为形式,优化课堂教学;从课堂教学存在的问题入手,促进教师教学行为转变;以教研组备课组为具体实施单位,提高教研组研修能力。学校充分利用"数字教室",助推教学反思,优化教学行为。有了"数字教室",人人都上"公开课",实现了"个人教学反思、组内听课会诊、他人网上评课"的基本研课模式。其次,大力开展网络教研,缩短教研时空。网上观课、名师送教、教学教研展示、教学博客等,丰富了教研途径。信息化应用助推教师自我审视,同伴互助,大大促进了教学行为的转变,使课堂改进的落实真正成为提升教师专业发展的有效途径。通过教师对教学过程的反思研究实践,引领学生学习方式的转型,促进学习的创新性。

(三) 着力教学智慧的碰撞,促进学习实效性

基于网络资源的教学实践的立足点在于教学的全过程,即课前、课中和课后,而课后反思是提升教师专业成长的有效途径之一。学校以"把握真实问题、提倡真诚互助、突出自我反思、追求有效改变"为工作环节,借助"教学范式工程""教学领雁工程""绿色课堂文化建设活动""教研论坛"等,将所有活动过程在平台上即时展示,使每位教师在新旧理念、新旧教法、新旧手段、新旧师生关系的不断碰撞中体现教学智慧,从而初步形成"重研讨、重实践、重反思"的校本研修氛围。通过教师的任务驱动式的集群研究、智慧碰撞,促进学生学习的实效性。

(四) 着力教学信息的共享,促进学习延展性

西林中学离区教育局和区教育学院较远,再加上课务安排的实际困难,学校借助校本研修平台,在论坛中开设"把好课带回家"专栏。我们采用了"有序安排—有效学习—有质交流—有据考核"的"四有分步学习交流法",以

此来规范和引导外出听课活动,同时也提高了听课的有效性,延伸了资源的共享性。通过教师的资源分享、同伴互助,也拓展了学生学习的时空,促进了学习的延展性。

（五）着力教学方式的转变,促进学习灵动性

学校积极搭建平台,鼓励教师在网络环境下学习和工作。日益活跃的信息化工作给教育教学带来了新的激情,在螺旋上升的教学行动实践中,教师们的信息化能力得到了蓬勃的发展。学校信息技术与教学整合技术的运用达到100%,课时覆盖率也超过90%。广大教师在课堂教学中积极运用如PPT、FLASH、几何画板、播放器等各种信息技术手段,极大地丰富和扩展了课堂的定义。教师们逐步养成了上网搜索资源、浏览博客、回复留言等习惯,彻底改变了传统的"一块黑板、一支粉笔打天下"的单一教学模式,改变了师生教与学的方式。教师们教学热情上涨,纷纷执教区、片、校际公开课并通过平台向全区直播开放。教师教学方式的转变必然带动学生学习方式的转型,促进了学习的灵动性。

二、"星辰"校园电视台结伴成长

罗星中学的教育信息化应用基础扎实,走在区域的前列。学校加入了校园网平台,建设了班主任知识库、校本资源库和学校播客等系统,不断充实内容,使教师有更多的信息化应用平台。学校积极倡导并鼓励全校教师共享资源,使其真正成为教师教育教学的好帮手。

学校较早地使用了信息化综合平台,这一平台的应用得到了全体教师的一致肯定,对教育质量的监控、分析和决策起到了关键的作用。

学校成立信息中心,配有一支强大的技术支持队伍来保障学校信息化设备和平台的正常运行,无论是网络、各种平台的管理及网站建设,信息化设备的维护与维修、电视台节目的拍摄制作、录像课及学校活动的拍摄,还是学校各种活动的摄影及综合平台与教师平台的管理,项项有人抓,事事有落实。团队成员分工不分家,充分发扬团队精神,有问题团体协作、共同解决。

教育信息化关键是应用,信息中心在如何帮助教师对现代信息技术的应

用上下了大力气,根据不同阶段的需要,加强对教职工的培训,其中有管理方面的应用、现代信息技术在教育教学方面应用,还有人事、档案、财务、校产等的信息化管理,信息中心遵循信息技术为教育教学服务的宗旨,及时提供技术上的支持和帮助。

校园电视台是现代中小学校校园文化传播的重要媒介之一,在中小学的校园文化建设工作中起着非常重要的作用。在信息化校园、在数字化时代,校园电视台已经成为校园文化中一道美丽的风景线,它对校园文化建设特别是舆论建设起到促进作用,是拓展学生综合素质的有效途径。它还能丰富校园文化娱乐生活,发挥实践育人的功能,是培养学生综合能力的载体。

星辰电视台的开办带动数字校园建设迈上台阶,成为师生线上线下实践展示的重要平台。一方面,它作为对外交流的窗口,实时记录校园文化,展现优秀教职工与朝气蓬勃的学生的精神面貌;另一方面,校园电视台是学生第二课堂的舞台,是实施素质教育的载体,为学生提供了一个自我表现、自我发展的大舞台,学生在这个舞台上锻炼成长,在教育教学中起到课堂中不能达到的效果。

电视台成立以来共举办了 16 期的小主持人课程班。聘请区电视台节目主持人来校培训,专业系统地培训主持中应注意的要点,如气息、发声等技巧。聘请学校语文老师,主要开展小主持人新闻稿的撰写、普通话的把关、朗诵时的语气语调等方面的培训。信息中心的老师,则从拍摄的角度培训学生的脸部表情、站姿、坐姿以及拍摄前的注意事项;从节目的角度培训与人沟通的方式方法,训练应变能力。学校请已毕业校园电视主持人对小主持人进行培训,谈谈作为校园主持人的感受,处理主持与学习间的关系,拍摄时的趣事及对自己成长所起的作用。迄今,学校已培训了 400 多位同学,培养了一大批喜爱主持、喜爱影视制作的同学,他们活跃在校内外活动的主持中,傅婉婷等许多小主持人还获得全国中小学校园主持人大赛的一、二等奖,《我的舞蹈梦》等多部影视作品分别获得全国、市、区一等奖。

学校开设了校园主持、影视制作的拓展型课程,让更多拥有影视梦的同学参与进来,电视台成了锻炼学生的舞台。在这里,他们展现了自我,张扬了个性,课程对他们的学习、职业选择、人生道路产生了深远的影响。他们难忘在校园电视台工作的经历,每每讲起,满满回忆,觉得星辰电视台是他们梦想起航的地方。以下是一些星辰电视台学员的肺腑之言。

可以说这里是我第一次意识到,我可以从事与新闻相关的行业,从而成就了我的理想。兜兜转转过后,星辰才是最初的港湾。感谢罗中给予我这样一个机会,让我找到了自己最真实的追求。

——朱奕(《才富大考场》栏目主持人,现担任金山区广播电视台记者)

在星辰电视台的主持经历锻炼了我与人沟通的能力,让我变得更加自信。

——张小雨(《聚焦你我他》栏目主持人,毕业于复旦大学世界经济系,现在美国哈佛大学读 MBA)

电视台给了我一个锻炼的机会,本来我是一个很内向的人,说话会偶尔紧张,电视台给了我很多锻炼的机会,老师们也不厌其烦地让我一遍一遍NG,对于如今的我,面对 50 多位员工,开会时也能够自信从容。

——夏杨(《才富大考场》栏目主持人,互联网钢琴第一 O2O 平台创始人,城联信科网络科技有限公司首席执行官)

至今还记得当时星辰电视台开播仪式以及第一期校园新闻坊的录制,都曾经让我对电视主持人这一行业有了最初的憧憬。后来的大学专业,甚至是现在的工作也都和当年的这些经历密切相关。希望星辰电视台能继续办下去,为了更多罗中人的电视梦。

——吴筱敏(《校园新闻坊》主持人,上海大学新闻学专业,曾在 SMG 担任节目编导。现在 FANCL 担任品牌公关,主要负责媒体关系的维护、发布、活动策划执行等)

在星辰电视台担任校园新闻主持人的经历,让我更敢于去尝试不同的新鲜事物,更喜欢与人交流和交新朋友,更善于去探索和发现生活中的故事。

——周怡文(《校园新闻坊》主持人,毕业于美国加利福尼亚大学伯克利分校,获得应用数学和经济双学位,现在美国从事精算咨询工作)

快十年过去了,当时的有趣经历如今想来还历历在目。我想一直以来我对于媒体的热衷,一部分原因也与曾经在母校的宝贵体验有关,使得我有这份热忱在未来的日子继续深造。我在澳门大学,是校舞团的一员,学习之余能够陶冶自己的情操。

——李旸(《星辰风云榜》主持人,大学毕业之后,在澳门继续研究生生涯,主修传播与新媒体,现在金山区文广局任职)

良好的沟通能力是一个优秀主持人的必备素质,星辰电视台是一个很好的锻炼平台,在节目录制过程中你要尝试各种沟通,在这里无论是勇气还是团队合作能力,都能得到充分的锤炼,让星辰一直闪耀。

——吴亮瑜(香港教育学院英文教育)

星辰电视台,这是我梦想起航的地方,有欢声与笑语,有付出与收获。镜头下的我曾是那样紧张与胆怯,稿子前的我曾是那样奋起与较真。是星辰电视台练就了我如今的胆量与魄力,是星辰电视台铸造了我现在的沉稳与不惊。加入这个团队,让我一生受用。

——谢绮雯(《聚焦你我他》栏目主持人,现在华东政法大学攻读研究生)

到了大学开始系统地学习一个节目的制作与播出,才发现星辰电视台给了我很多,它为我第一次打开了演播室的大门,给了我第一次面对镜头的机会。祝我们的星辰电视台越来越好,点亮更多人心目中对于传媒的那片小小星辰!

——朱莘寅(《校园新闻坊》栏目主持人,中国传媒大学数字媒体技术专业)

星辰电视台是我的新闻传媒梦开始野蛮生长的地方。拍摄录制的欢声笑语,小主持人们和拍摄老师们的深厚友谊都是成长路上难忘的独家记忆。在这里的主持经历让我对梦想更加执着,所学到的用心、责任与感恩更是牢记在心,受益匪浅。

——陆一歆(《星辰风云榜》主持人,复旦大学新闻传播学专业)

……

作为校长,每次读到同学们的这些心里话,我都会感觉心里很温暖。一个教育工作者,一位老师,看到自己的学生成长为有用之才,这就是最大的幸福!

三、智慧课堂变革学生学习方式

2018年,通过梳理信息化应用的理论与实践案例,我进一步认识到,教育信息化是时代赋予的命题,要与时俱进,就要在这方面加大力度。

(一)精心规划智慧课堂

根据发展的需要,罗星中学拟创建智慧化的教学环境、数字化的应用管理环境、有特色的校本课程建设环境,最终建成一个开放、多元、人文、智慧、高效、安全、和谐的智慧校园云平台,为学校实现战略发展目标提供强有力的支持,实现学校教研、教学、管理、服务等整体信息化,达到提升教学质量、提高人才培养水平、优化管理流程的目的,使得信息化整体水平与学校的业务发展定位一致,整体提高学校核心竞争力,并实现学校优质高效的可持续发展。

2019年3月,区教育局为"基于全场景的智慧课堂"项目拨付专项经费,使学校的信息化应用研究如期启动实施。我们的建设目标如下。

1. 智慧的环境

构建教研、教学、管理为一体的新型智能化环境,实现学校绿色校园、平安校园、和谐校园的构建,为全校师生提供智能、绿色、优质的教与学环境。

2. 优化的管理

将学校的管理和业务流程再造,全面提升管理效率和管理水平,作为学校进行制度创新、管理创新的重要内容之一,推动现代化教育治理体系建构形成。

3. 科学的决策

提供可定制的、智能化的综合数据分析应用,为学校各种决策提供最基础的数据支撑,实现科学决策,发展学生个性化培养服务模式,全面提升人才培养质量。

4. 资源的共享

通过智慧校园中各个应用系统的紧密联结实现资源共享、信息共享、信息传递和信息服务,从而提高教研、教学和管理水平。

5. 创新的模式

通过智慧校园的建设,探索出一条结合目前主流信息技术和教育改革发展的需要,以服务为本的信息化建设之路。

我们鼓励教师在教学中融入信息化元素,探索Steam教育、创客教育等新教育模式,构建学生信息素养校本课程体系,使学生具有较强的信息意识与创新意识,使信息化教学真正成为教师教学活动的常态。

(二)率先试点智慧课堂

2019年10月起,在区教育局和信息中心的支持下,起始年级整体推进了基于全场景的智慧课堂项目。教师们经历了从"人人都是一张白纸"到"人人都能学会运用",到现在在线教学期间"多数人天天在使用"的蜕变,尝到了运用技术赋能教学甜头的部分教师还能自主学习多款软件,综合运用在教学中以促进提质增效,在经历了两次在线教学沙龙研讨、教研组活动的技术分享后,其他三个年级教师也纷纷用起了智慧课堂的部分功能进行在线教学,享受到了项目的福利。

1. 推进历程

开展多次全员培训,研究团队多次走出去学习、培训,到先行试点的学校聆听学校汇报,观摩公开教学,展开充分研讨。校内先后组织多次智慧课堂研讨活动,共设公开课 20 节,增进交流。

2. 功能使用

(1) 运用批注讲解功能

教师将课件、视频等资源投屏到希沃一体机和学生机上,配合批注工具对重点进行圈画讲解,做好笔记示范,课后将课件上传至资源库,实现组内资源共享,将课堂数字笔记、课件发送至学生端,供学生课后巩固复习,突破学生学习时空。

(2) 运用课堂互动功能

智慧课堂有很多互动功能,如随机点名功能、投票功能、拍照作答、截图、聚光灯等功能,调动课堂气氛。特别是当堂练习功能,教师能及时了解学生完成进度,及时掌握每个题目的得分率,对每个学生的课堂完成情况一目了然。学生在不同形式的互动中,学习兴趣高,参与率高。

(3) 使用答题卡功能

答题卡功能实现了在线批阅,学生每日练习提交,能及时看到教师批阅情况。部分班级教师将寒暑假作业每日辅导进行反馈,反馈的及时性提升了学习效果,也拓展了学生学习的时空。

(4) 运用在线统计功能

课前布置学生预习并完成相应练习,通过在线批阅后系统统计的数据分析,教师精准掌握每道题目的得分率、每位学生的学情,从而及时调整教学设计,实现以学定教,并将学生的作答情况加到教学课件中进行点评。

(5) 运用大数据分析功能

系统能自动统计出学生每个知识点的答题情况,并生成诊断报告、错题集。错题跟进强化功能自动组卷,以题组形式呈现。大数据的分析,让教学更精准。

（6）运用微课录制与推送功能

教师可利用智慧课堂平台为学生录制微课,并将录制好的微课分享到班级给学生观看学习。例如数学课一题多解,教师录制微课后以二维码形式推送给学生按需观看,促进个性化学习。

3. 使用效果

（1）激活教师研讨热情

智慧课堂项目的引入,促使教师加强教学研讨,改变教学方式,进行数据分析,希望能有蝴蝶扇动翅膀的功能,打破原有教学模式,再造教学流程,突破教学时空。

（2）课堂更加精准高效

自动批阅功能减少了教师的重复机械劳动,使教师将精力更多用于备课研讨、学情分析,提高工作效率,同时学生的作业情况又以大数据为支撑,使备课更加精准、高效。课中配合多种互动功能,学习氛围活跃,教学效果良好,深受师生们爱戴。

（三）探索跨学科的整合

着手建设适应时代发展需求、提升学生信息化素养的校本课程,在六年级信息课程中有机渗透。课程内容包含使用信息技术获取知识、检索资源、数据分析、图形化编程、完成作业、查看学习表现等。

充分运用两类课程和社团、少年宫的学习平台,开设人工智能、Steam、创客、编程等特色信息技术课程,完善适应信息时代的信息技术课程体系。具体在五个方面着力。

1. 人工智能进课堂

学校拟推进人工智能进课堂活动,通过学习使用图形化编程软件,提升学生的编程思维,能够通过分析数据来理解和思考问题。通过对各种机器人套件的学习,锻炼学生的操作能力,着重培养创新思维,提高科学教育素质。

2. 机器人课程

机器人创新实验室主要配置机器人教学套装、笔记本电脑、3D 打印机等各种工具设备,学生能在教师的有效引导下,自由发挥,创新再造,完成电子元件的搭建、机器人的组装与编程调试等模拟项目或课题设计,实现信息素养、工程技能和创新能力的共同提升。

3. 无人机课程

学校购置无人机,布置无人机教室,派教师参加专业的无人机课程培训与考证,开设无人机课程,内容包括学习航模理论、无人机结构与原理、无人机组装、实践飞行、无人机航拍等。组织学生参加不同级别不同项目的无人机竞速以及航拍竞赛,提高学生的学习兴趣和专业能力。

4. 3D 创意课程

建设 3D 创意实验室,指导学生运用 3D 设计软件进行自主设计,编写并使用了三本校本教材:基础型课程"八面玲珑"、拓展型课程"顺理成章"、探究型课程"睹物生杯"。在信息科技课普及 3D 打印技术和 3D 创意设计,在拓展课进行提升,鼓励学生从事 3D 模型设计,开展机器人辅助开发、教具辅助开发、生活中的小发明等活动,并辅助各项科技比赛。

5. AR、VR 技术

基于学生对 AR(Augmented Reality,增强现实)、VR(Virtual Reality,虚拟现实)的浓厚兴趣,购置智能眼镜式、头戴沉浸式等 AR、VR 硬件设备,配套相应的图像识别及跟踪技术的科普教育软件,在古生物学、人体解剖学等难以直接接触但有需要科普的内容基础上,让学生获得直观的学习体验。除此之外,学校与 AR、VR 专业公司合作,让学生在使用和了解 AR、VR 硬件的基础上,接触 AR、VR 应用软件的内容制作与开发,并在此基础上制作校本 AR、VR 软件,培养应用软件开发小能手。

四、探索后疫情时代混合式学习

新冠疫情线下复学后,学校倡导各教研组结合上海空中课堂优质资源,基于大数据研究,开展线上线下混合式学习的研究,用信息技术赋能传统教学,促进学生学习方式的深度变革。

混合式学习是把传统学习方式的优势和网络化学习的优势结合起来,既发挥教师引导、启发、监控教学过程的主导作用,又体现学生作为学习过程主体的主动性、积极性与创造性。因此学校拟进行学生学习方式的转型,真正实现以学生为主体的学习,倡导线上线下的混合式学习。为了保障学生混合式学习的开展,学校拟建设学生自主适应学习平台,提供学生在线自主学习网络空间,包括预习、复习、作业、笔记流转、在线交流等功能。学校构建每门学科的知识点图谱,制作知识点微课、课件,推送同步预习检测,课后基础巩固,思维训练等海量数字资源,供学生在线自主学习,是一个集自主学习、答疑、交流、测评于一体的在线学习平台。通过线上与线下的混合式学习模式,让每位学生找到适合自己的学习进度与学习方式,提高学习效能。

基于新的课堂形态和学习环境,与技术公司合作,通过大数据分析评价,开发平台智能化采集与分析学生学习数据,诊断每个学生的知识点掌握情况,构建每位学生的知识点图谱,精准了解每位学生的学情,生成专属于每一个学生的私人错题本,在对错题的学习过程中,系统会根据学生收录的题目以及对题目再学习和再编辑的结果,智能地从海量题库中匹配多道与错题同类型但难度不同的试题,智能推送题目和阶段性学习分析报告等,通过智能评测、分层教学、精讲点评、差异化练习等方式,实现精准教学与个性化学习,真正实现大规模因材施教。

第四节 师生关系为学生发展至美

师生之间的交往是教育最基本的表现形式,师生关系是指教师和学生在共同的教育教学过程中结成的相互关系,包括彼此所处的地位、作用和相互对待的态度等。它是教师和学生为实现教育目标,以各自独特的身份和地位,通过教与学的直接交流活动而形成的多性质、多层次的关系体系。师生关系始终是教育成功的核心要素,良好的师生关系是教育成功的基础,自古就有"亲其师,信其道"的说法。春秋时期,孔丘同他的弟子的关系,是古代的楷模。他热爱学生,循循善诱,诲人不倦;学生对他尊重景仰,亲密无间。战国时期,荀况用"青,取之于蓝,而青于蓝;冰,水为之,而寒于水",比喻学生可以后来居上,超过老师。唐代韩愈说:"师者,所以传道受业解惑也。"又说:"弟子不必不如师,师不必贤于弟子","无贵无贱,无长无少,道之所存,师之所存也"。

和谐的师生关系是指师生间彼此友善,互相激励,互相关怀与互相帮助。初中学生纯真又美好,同时也很脆弱,他们需要生活中每一个成年人的关怀与呵护,作为老师的我们更是责无旁贷。构建良好的师生关系,创造基础教育师生关系新境界,是社会转型期教育的社会责任,也是教育自我完善的首要选择。

影响师生关系的因素有很多,良好师生关系的建立需要靠双方共同努力。教师在师生关系建立与发展中占有重要地位,起着主导作用。建立民主、和谐亲密、充满活力的师生关系,需要研究一定的策略和方法。

一、走近学生,了解每个学生

教师的工作对象是有思想、有自尊心的学生。实践证明,共同语言对构建和谐的师生关系是非常重要的。要做好教学工作,想与学生取得共同语言,使教育影响深入学生的内心世界,必须从了解和研究学生着手。了解和研究学生,包括了解学生个体和集体两个方面。教师需要了解和研究学生个体的思想品质、学业成绩、爱好特长、性格特征、成长经历、家庭情况和社会环境等。对学生个体进行综合了解和全面分析就能够了解学生集体的特点及其形成原因。

（一）要充分信任学生

我认为,要想了解、研究学生,首先就要热爱学生、信任学生,这也是教师必须遵循的最基本的道德。从学生的心理需要上讲,爱和信任是他们渴望得到的东西。学生渴望在充满爱心和信任的环境中成长。如果班主任能够以发自内心的爱心和信任对待学生,那么学生就会把你当作知心朋友,有什么心事就会向你诉说,让你帮他出主意、想办法,你也会从中了解他们的性格特点以及日常学习,生活中的兴趣爱好等,从而寻找出最佳的教育方案。班主任对每个学生应一视同仁,要善于发现每个学生的闪光点,尤其是学习困难生,当他们有了进步,哪怕是一点进步,都要及时给予表扬和肯定,帮他们树立自信心,从而促进学生在良好的发展轨道上迈进。

（二）要热爱每个学生

学生学习生活的良好情绪很大程度上来源于师生间良好的感情交流,为此,班主任要抽出一定的时间接近学生。如果班主任总是以尊者形象出现在学生面前,那么即使是一个学年也难以接近和熟悉自己的学生,更谈不上结合实际对学生进行教育。如果班主任在很短时间里了解了自己的学生各个方面的情况,就能为建立良好的师生关系打下基础,从而能够顺利地对学生开展各个方面的教育工作。

（三）要善于观察学生

学生在学习生活中必然会通过言行表现出他们的直观行为和思想。因此,洞悉学生的内心世界,需要长时间的、不动声色的观察,并进行多方面的佐证。班主任在对学生进行观察的时候要注意有目的、有计划、有针对性,切忌主观臆断,以免对学生的心灵造成伤害。只有这样,才能掌握更多资料,并在此基础上采取灵活有效的教育方针。

（四）要走进学生内心

教师要经常深入学生的学习和校内外生活,与学生广泛地接触,了解他们的内心世界、思想动态,做他们的知心朋友,帮助他们克服生活和学习中的困难。教师与学生交心要善于选择方式、技巧以及态度,并且营造适当的氛围,以消除学生的紧张拘束感,从而使学生无所顾忌地倾吐真实的想法,这样,再进行全面分析研究,才能有的放矢地开展教育活动。

二、更新观念,形成平等地位

学生观,就是教师对学生的基本看法,它影响着教师对学生的认识及其态度与行为,进而影响学生的发展。有的教师受传统"师道尊严"的影响,容易形成一种思维定式,即"我是老师,学生就得听我的"。随着时代的发展,教师必须树立正确的学生观,那就是:学生具有主体性,特别是创造性;学生都有巨大的发展潜力;学生的不成熟性具有成长的价值;学生是权责主体,有正当的权利和利益;学生是一个整体的人,是情、知、意、行的统一体。在与学生相处时,教师应该适时抛弃那些形式上的"师道尊严",以平等的身份,蹲下来与学生说话,才能从心理上与学生建立平等的关系,形成和谐的师生关系。

三、热爱学生,做到一视同仁

很多教师只对个别学生特别关心、关注,这并不是所谓的热爱学生。热爱学生包括热爱所有学生,对学生充满爱心,经常走到学生之中,切忌挖苦、讽刺、粗暴对待学生。尊重是人与人之间交往的基础和前提,在教育教学活动中也不例外。教师需要尊重,实际上学生更需要尊重,因为他们的心理不够成熟,不愿意听逆耳的说教,在遇到挫折时需要老师一个关爱的微笑或一句温馨的言语。如果学生的心理和人格能得到老师的尊重,他们反过来就会更尊重老师。当然,尊重学生并不是一味地迁就学生,如果遇到学生的不良行为也不去批评和教育他们,那就大错特错了。尊重学生,就是要让学生深深体会到:老师是爱我们的,老师所做的一切都是为我们好。教师只有认清与学生平等对待、相互尊重的重要性,才能设身处地地为学生着想,才能放下架子,从学生的角度观察、处理学习生活中出现的问题。学生也会因此觉得自己受到了尊重,进而理解老师的用心,向老师敞开心扉。此外,教师处理问题时必须公正无私,使学生心悦诚服。

四、学会赏识,追求更高境界

我认为,赏识是师生关系的黏合剂,师生关系的最高境界是相互赏识。因为"人性中最深切的本质就是渴望被人赏识"。成功,是每个人成长过程中不可缺少的体验。作为教师,应该学会赏识学生,让他们感受到成功的喜悦,从而构建和谐的师生关系。

初中学生正处于自我意识迅速发展的时期,这时期所表现出来的特点就是,特别希望得到别人的承认与认同,希望得到别人的好感与赞扬,尤其渴望得到老师的尊重和赏识。由于个性的差异,每个学生的发展都不可能一样。但作为教师,应该坚信每个学生的身上都存在着不可估量的潜在能力,都有某一方面的长处和优点。教师只要多留一份心,用欣赏的眼光去看待他们,一定会发现一些亮点。在发现了学生的亮点后,及时鼓励他们,将亮点适当放大,学生就会体验到成功的喜悦,从而更加乐于学习。赏识教育是拉近师生关系非常有效的教育方法,它既满足了学生内心深处的需求,激发出学生的潜能,也让学生因内心的感激而产生对老师的喜爱之情,使师生关系变得越来越和谐。

五、主动沟通,奠定共同愿景

师生关系一般要经历生疏、接触、亲近、依赖、协调、默契这几个阶段。在师生交往的初期,往往出现不和谐因素,如因为不了解而不敢交往或因误解而造成冲突等。教师应掌握沟通与交往的主动性,经常与学生保持接触、交心;同时,还要掌握与学生交往的策略和技巧,如寻找共同的兴趣或话题、一起去参加活动、邀请学生到家做客、通信联系等。在沟通上,学会换位思考、学会共情是非常重要的。一方面,教师如果不从学生的立场出发,就会不了解学生的感受和想法,从而对学生的言行举止作出错误的判断;另一方面,教师的不理解,会让学生产生一种不被认同的失落感、无助感,进而造成不愿意与教师沟通,对于教师对自己的猜测感到反感,最终阻碍师生关系的正常发展,影响师生情感的正常交流。

六、修炼自我,打造和谐生态

教师的素质是影响师生关系的核心因素。教师的师德修养、知识能力、教育态度、个性心理品质无不对学生产生深刻的影响。教师要使师生关系和谐,就必须通过自己崇高的理想、世界观、人生观、博学的知识、严谨的治学态度、活泼开朗的性格、多方面的爱好与兴趣等来吸引学生。此外,教师要善于与学生构建学习共同体。

学习共同体是指师生围绕学习建立起来的平台,是师生之间双向作用的产物,它是由学习者(学生)和助学者(教师)共同组成,以完成共同的学习任务为载体,以促进成员全面成长为目的,强调在学习过程中以相互作用式的学习观作指导,通过人际沟通、交流和分享各种学习资源而相互影响、相互促进的基层学习集体。它不仅是一种学习的协作组织,更是教师和学生精神成长的家园。在这个共同体中,既有学生学习过程和教师教授过程的融合,更有教师和学生之间精神和心灵的碰撞以及情感、思想和智慧的交融。它与传统教学班和教学组织的主要区别在于强调人际心理的相容与沟通,在学习中发挥群体的动力作用,是新时代教育师生关系的集中体现,是新时代教育教学过程的本质要求。这种学习共同体,不仅仅表现在课程的教与学上,而是有着更加丰富、完整的内涵。

(一) 成为知识共同体

知识共同体也可理解为学业共同体,是由某一课程教与学活动中相互联系的行为体组成的。教师是创造知识和传授知识的主体,学生是接受知识和学习知识的主体。教师在教书育人中把最新的知识传授给学生,学生在刻苦学习中接受最新的知识。教师和学生在同一个或相关学科专业领域形成了知识授受关系。基于这种关系,师生便形成了知识共同体。教师在知识共同体中实现着创造知识和培育人才的人生价值,学生则在知识共同体中成长成才。师生知识共同体是人类不断创造知识体系的不竭源泉。

在教育教学实践中,有相当多的教师,虽然在理念上是认同以"教师为主导,学生为主体"的,可在实际的操作层面,他们常常分不清"主导"与"主体"的区别在哪里。说到底,他们没有搞清楚"教"和"导"有什么不同。在许多教师看来,学生学习的自觉性、主动性和能力都是值得怀疑的,把课堂交给学生是很难让人放心的,于是就出现了问、读、议、练中不断干预的问题。而习惯了"满堂灌"和被动学习的学生,也习惯了跟在教师后面亦步亦趋、按部就班地学习。所以,在很多时候,问、读、议、练的加入,不但没有把主体地位还给学生,相反让教学变得"碎片化"了。

其实理想的教学,必定是"教"中有"学","学"中有"教",使"教"与"学"成为一个有机统一的整体。对于那种在教学设计或者是听课记录中硬生生要把"教"与"学"分开的做法,我素来觉得别扭甚至反感。当教师像学生一样学习,与学生一道分享自己学习的心得、体会和经验,像学生一样沉浸在对学习内容的思考和感悟中的时候,学生就会从这一过程中觉知发现问题、分析问题、解决问题的方法,如果此时教师能够做一个平等的学习者,让他们也来谈一谈自己对于问题的理解、思考和感悟,一种交流互动的形式就形成了。在这一过程中,很难(似乎也用不着)分清楚谁为主、谁为从,教师通过对教学内容的共同学习和思考,构建了一个学习共同体,并依靠这个共同体的力量,共同去完成面临的任务,解决面对的问题,还知识的发生发展于一个完整的、真实的认知过程。

（二）成为心理共同体

心理共同体师生之间不仅有正式的教育关系,还有因情感的交往和交流而形成的心理关系。心理关系是师生为完成共同的教学任务而产生的心理交往和情感交流,这种关系能把师生双方联结在一定的情感氛围和体验中,实现情感信息的传递和交流。师生心理共同体是伴随着教学活动的开展而自然形成的,是教学活动中一种客观而基本的师生关系,它受到教学过程和结果的直接影响。因为教育教学活动是师生之间的互动过程,所以师生之间的心理共同体在教育教学活动中也起着举足轻重的作用,并贯穿于师生关系的全过程。

师生心理共同体对教学活动具有重要影响,是教学活动得以展开的心理背景,并制约着教学的最终结果。同时,良好的教学过程和教学结果,会促进师生情感关系更加融洽和谐,所以加强师生之间的相互理解和沟通,直接关系到学生的学和教师的教,甚至会对学生世界观、价值观的形成产生很大的影响。优化师生心理关系也是师生关系改革的现实要求。

（三）成为伦理共同体

伦理共同体是由基于特定伦理关系、共同构建和遵循价值规范的有序群体。师生所构成的伦理共同体的内核,就是基于传统而又经过改造了的"师道尊严"和师生之爱的教育伦理。正如《礼记·学记》所说:"凡学之道,严师为难。师严然后道尊,道尊然后民知敬学。"师道尊严有着丰富的内涵,比如在教育教学活动中,教师必须受到尊重;教师之所以受到尊重,不仅是因为教师这个职业,更主要的是因为教师掌握知识和真理;掌握知识和真理的教师受到尊重,学生和公众才懂得敬重学业。如果教师并不掌握或不完全掌握知识和真理,学生也可以大胆挑战教师的知识权威,而以真理为最高权威,正所谓"吾爱吾师,吾更爱真理",或者如韩愈所说:"弟子不必不如师,师不必贤于弟子。"也就是在真理面前人人平等。师生之爱首先是学生对老师要敬爱,同时老师对学生要充满严父慈母般的爱。在这里我想特别指出,老师对学生慈是爱,严也是爱。

因此生活中教师为学生创造和睦、宽松的环境,学生才会信任教师,才会向教师敞开心扉,才会乐于向教师说出真情实感,才会把教师当作朋友。教育是一门艺术,对待师生关系,教师和学生都应该采取积极的态度,正确理解"民主""平等"的内涵,对教育过程发生的问题在思想上要有明确的认识,处理要适度妥当,既不小题大做、过分渲染夸大,也不简单粗暴、草草了事,这样才能促进师生关系健康、和谐发展。

（四）成为文化共同体

文化共同体是具有共同理想和相同文化性状的成员所构成的社群组织。文化共同体包括三个基本要素:共同的文化记忆、共同的文化生活和共同的文化精神。打造文化共同体,可以在广大师生中间建立共同的社会价值观和理想追求,为师生共同发展提供巨大的思想源泉和精神动力。文化共同体建设重在营造良好的育人文化。和谐的学校育人文化指学校文化整体环境,其中包括校园文化。学校文化就像空气一样无处不在,是"活生生的自然",无不影响着每一个主体的生命存在。塑造学校育人文化,使学校成为一个和谐统一的文化共同体。文化共同体中包含:外显形物质设施的视觉文化,如学校的地理环境、布局、人文景观等;中间层次的学校管理制度和行为文化,包括学校历史及发展过程中形成并传承的思想观念、特征、管理制度和规范、教师的教育教学行为、学生的行为规范等;核心层面的精神文化,表现为学校的人际关系、风气、师生审美情趣、道德操守、价值观和思维方式等,这是学校文化的灵魂。营造和谐的学校育人文化共同体,就要使上述三个层面的内容相辅相成、和谐统一。校园物质设施的每一处角落、一花、一草、一木都会"说话",使人在潜移默化中受到陶冶和教育。但这些只是浅表的物质文化层次中的组成部分,只有与学校管理行为文化、精神文化有机融合,才能发挥作用。这就同一个人物一样,其外表服饰打扮要与言谈举止、美好心灵相融合,才会显示出其人格魅力。

新时代的师生,还应该加强传统文化的学习。让国学经典、中华美德就如每日的穿衣、吃饭一样,真正进入我们的日常生活,不仅仅是嘴上的国学,而且是行动起来的中国心。学生要从历代尊师重教的典型学起,从日常尊师重教的行为做起,在传承和弘扬中华师道的基础上"为"好学生之道。

(五) 成为价值共同体

师生的价值传承,是人类共同价值和民族价值传统得以延续和发展的重要方式。教师对学生的价值塑造,是学生形成正确价值观和健全人格的基本途径。在师生价值共同体的价值传承和价值塑造的过程中,师风和学风得以净化,师生人格得以升华,师生关系变得纯洁。

价值认同,包括身份认同、思想认同、规则认同等。它首先要求师生之间要明大道、同信念,要以共同的需要与利益为基础,恪守共同的价值规范与交往法则,言行正当,确保主体交往的平等、公正、有效。其次是态度真诚。教师主体在价值塑造过程中,要让学生体会到言语发自肺腑、情感出自内心、知识来自实践;学生主体应本着"知之为知之"的态度,予以真诚的回应,同时又要敢于大胆质疑,以适当的方式与老师进行有效沟通。最后是内心仁爱。爱是教育的灵魂,没有爱就没有教育。习近平总书记指出:"好老师对学生的教育和引导应该是充满爱心和信任的,在严爱相济的前提下晓之以理、动之以情,让学生'亲其师''信其道'。好老师要用爱培育爱、激发爱、传播爱,通过真情、真心、真诚拉近同学生的距离,滋润学生的心田,使自己成为学生的好朋友和贴心人。"只有这样,师生才能在价值共同体中实现传播思想、传播知识、传播真理,塑造灵魂、塑造生命、塑造人的教育功能。

由师生知识共同体、心理共同体、伦理共同体、文化共同体和价值共同体构成的师生学习共同体,通过师生不懈探索知识、追求真理、铸塑文化、创设价值而生生不息、绵延不绝。

如果我们真正构建起了这样的师生学习共同体,我们的师生关系将风清气正,我们的教育前景将美好无比,我们的学校将鲜花满地!

第五章

以"四有"教师标准践行初心使命

第一节 目标引领聚焦师德师能

教师是一所学校最宝贵的财富。

"师也者,教之以事而喻诸德者也。"我们的先贤早就对教师的作用和价值有过许多论述。

一所学校,有教师的发展才有学生的成长,而教师只有具备高尚的道德情操和人格魅力,才能使学生"亲其师而信其道"。世人把最好的赞美赋予了老师,也把沉甸甸的责任、殷切的希望寄托在了老师身上。

很长时间以来,我一直在思索一个问题:人,来到世界上的第一个身份是自然人,作为自然人,要想生存,就需要阳光、空气、食物和水等必需的养料。而作为教师,除了这些必需品之外,还需要更多,因为教师肩负着特殊的使命:既需要在精神和心灵层面上滋养学生,又需要开发学生的潜能,让学生拥有丰盈的知识和智慧,从而实现生命的飞跃。

于是,我一直期待,我所在学校的每一位教师在立德树人的路上,严而不缚,爱而不纵,学为人师,行为世范,能成为新时代"有理想信念、有道德情操、有扎实学识、有仁爱之心"的"四有"好老师。他们德才兼备、一专多能、充满智慧,学高为师、身正为范,在自己的一方土地上潜心教书育人。

具体而言,我心目中的好老师应该有如下特质。

一、怀揣理想,升华境界

"师者,所以传道受业解惑也。"这是韩愈在《师说》中的名言。我认为,传道受业解惑并不能简单地将其理解为传授道理、教授学业、解除迷惑,这只是一种字面的解释,其深层内涵,则是升华境界和升值文化。

既然把"传道"定义为升华境界,那么,教师作为文化人和人类灵魂的工程师,究竟怎样才能升华境界呢?道路并不只有一条,而心中有梦、怀着理想,追求远大目标,不断学习则是必经之路。

孔子说："君子求诸己，小人求诸人。"君子是时时刻刻严格要求自己的，而小人却时时刻刻苛求他人。《论语·学而》中说："君子食无求饱，居无求安，敏于事而慎于言，就有道而正焉，可谓好学也已。"意思是说，君子吃饭不求太饱，居住得也不一定要太安逸，勤勉地做事，谨慎地说话，亲近有道德的人来匡正自己，这就是好学。由此可见，孔子所谓的"好学"，并不仅仅局限于努力学习知识，还包括道德和人格境界的追求。当年，鲁哀公曾经问孔子："您的弟子中谁最好学？"孔子回答说是颜回，理由是"不迁怒，不贰过"，就是说，不把自己的怒气无缘无故地迁移到别人身上，不犯同样的错误。

"不迁怒，不贰过"，这是一个非常高的境界，是一般人难以达到的，正因为此，我们身为教育工作者，就更应该严格要求自己。

我们老师在学生的心目中，也是文化的代言人，也是文化的传播者。既然如此，就应当拥有文化，那么，我们怎样才能拥有文化呢？我认为，最有效的方法还是读书。只有多读书，才能从书中真正地汲取文化营养。如果不读书，所有的文化升值都将成为纸上谈兵，老师也不会成为学生心目中真正意义上的老师。所以，教师必须关注读书，实现自己的文化升值。特别是通过阅读一些高层次的书，使我们真正地拥有人生大智慧。

大家知道，知识和智慧是不一样的。知识关乎事物，智慧关乎人生。有知识，你看到一块石头就是一块石头，看到一粒沙子仅是一沙子而已。但是一旦拥有智慧，就可以从一块石头发现一道风景，从一粒沙中感悟灵魂的律动。

为了引领全体教师读书，我在全校开展共读一本书活动。通过共同阅读《修炼——百位特级谈教师专业成长》，结合教师基本功培训，开展系列交流活动，如将"练一练"与开展硬笔书法比赛相结合，将"读一读"与开展诵读比赛相结合，将"写一写"与读后感写作相结合，将"说一说"与论坛活动相结合，将"评一评"与活动参与奖励相结合等。

老师们真切感受到"腹有诗书气自华，最是书香能致远"，有效促进了教师的精神成长和素养提升。

青年教师安慧在专业发展中有着颇丰的收获：青年教师教学基本功比赛一等奖、青年教师说课比赛一等奖、"新苗杯"青年教师教学评优二等奖、"金穗杯"中青年教师教学评优一等奖，上海市第七届中青年教师教学评比二等奖。她兴奋地告诉大家："何为幸福？千百年来莫衷一是。一箪食,一瓢饮,安然处之,不可谓不幸福;豁达开朗,坦然自若,知足常乐,不可谓不幸福。而对于教师来说,对幸福的理解应该是,因为读书让自己精神丰盈,在三尺讲台上挥洒自如,静待桃李满天下。一路以来,我的成长离不开罗星中学这个优秀的集体,现在的我作为区骨干、集团学科副主持人和九年级组长,更应该努力提升自身教学素养,继续在教学之路上幸福地走下去。"

二、一专多能,充满智慧

一所名校是由一群名教师成就的,只有教师不断用智慧之光照亮学生,才能成就学生的健康快乐成长。在我的心目中,名教师的标志就是一专多能,充满智慧。学校将教师的发展目标确定为:"敬业有爱、指导有方、博学有才、具有魅力。"学校提出教师发展的五个点为:"找准切入点、瞄准关键点、把握基准点、打磨特色点、谋求增值点。""找准切入点"是及时发现教师的优点和不足,有效切入,推进发展;"瞄准关键点"是在切入的基础上,准确"瞄准"教师的最近发展区,积小胜为大胜;"把握基准点"是教师理解课标、了解学生学习、增强教学五环节的有效性;"打磨特色点"是教师要不断总结教学经验,争取形成教学特色,逐渐成为专家型教师;"谋求增值点"是鼓励教师到时职称晋升,教学经验全校共享,产生一批好教师。

多年来,我们以学习宣传强化教师的新价值,以课堂变革打磨教师的新能力,聚焦分类联动提升教师发展的燃点,注重结伴同行辐射发展教师的亮点,不断探索提升教师育人能力的适切路径,促进教师专业发展不停步。

从罗星中学青年教师、区"新苗杯"教学评优一等奖得主徐妙驰老师的成长足迹可以略见一斑。

刚到罗星中学时,试讲、实习、听课、再讲课,带教老师给了徐妙驰许多建议指导。除了心理辅导活动课,她还参加阳光小使者沙龙辅导员培训。当书本上的理论知识遇到实践的操作时,在不断地尝试、感受、听取经验和修正中,她开始对心理老师有了最初步的认识,也在实践中逐渐收获果实。基于学校心理教育的优质平台,自2014年上海市开展心理健康教育达标校工作以来,徐妙驰积极参与到评审创建过程中,在区教育学院及市级专家指导下于

2015年完成了上海市心理健康教育示范校创建工作,2017年完成了全国心理健康教育特色校创建工作,学校逐渐形成以"阳光心育"为核心的心育品牌特色。

作为心理教师,徐妙驰始终关注学生成长过程中的心理发展和内心需求,从学习生活中的实际需要出发,挖掘富有时代特点的话题,开发学校心理健康教育课程。在教学工作中,注重营造平等的师生关系和轻松的课堂氛围,通过寻找学生感兴趣的话题点挖掘课程素材;开发心理团体辅导课程"初中生幽默感培养与自尊提升团体辅导",共享于金山区校本课程网,获得2015年度上海市学校心理健康教育活动月优秀团体辅导案例奖;开发少先队微课程"少先队与共青团",获得金山区少先队仪式教育征文评比三等奖。她积极参与各类课程评比、展示、研讨活动,任教的"独一无二的我"一课获金山区第四届"新苗杯"青年教师教学基本功评比一等奖;"亲亲一家人"一课获金山区第四届中小学心理辅导活动课评比一等奖;"做最棒的自己"一课获金山区金穗杯教学评优二等奖。徐妙驰坚持做好学校心理咨询工作,利用双休日为学生、家长提供咨询服务。每年五月积极组织开展心理健康教育活动月,连续5年获评区级心理活动月优秀组织奖。每年组织心理辩论赛,通过"被同学欺负了是打回去还是告诉老师""棍棒底下出孝子你怎么看""家长应不应该让孩子玩手机"等话题,为学生提供自我教育的平台。利用个体咨询、团体辅导、家长沙龙、师生讲座等多种载体,构筑孩子和家长、老师之间沟通的桥梁,实现学生心理素养上的长期发展。

2017年9月,徐妙驰开始担任学校的团队干部,迎来了人生第一次岗位调整。岗位的变化带来了更多的挑战,她踊跃参加校内外各类活动,如参加上海市新上岗大队辅导员培训、金山区大队辅导员培训、金山区"十三五"优秀青年人才培训班、上海市心理骨干教师高端研修班等,努力学习,提升工作能力和专业技能。她在校外也自主报名参加"完型心理治疗工作坊"培训,提高专业技术技能。在专业领域,她坚持做好带教工作,每周开展听课、评课、备课活动。她于2017年10月完成学校心理健康教育达标校复评工作,参加金山区金穗杯教学评优进入决赛,增补入选第六届、第七届明天的导师区教育心理骨干教师团队。她还参加了金山区心理辅导教师督导培训工作坊,综合提升业务水平。

从最初的摸索与尝试,到逐渐适应挑战快速成长,徐妙驰感受到了自己能力的提升,获得了更多个人素养的升华。她深深感到:"教育是一项长期的工作,更需要长久的投入,才能看到硕果。所以,今后的工作中我将继续努力,刻苦钻研教育教学工作,以更饱满的热情投入其中,让教育的光芒更灿烂。"

三、仁爱之师,因材施教

一个人的精神品格,对于人的整体生命而言,非常重要;对于教师来说,则更加重要。因为教师是培养人的人,教师人格的高下,将直接影响学生的人格优劣。所以,古希腊伟大的哲学家柏拉图说出了这样的话:"一个民族只有最优秀的公民才有资格当教师。"校长是教师中的首席,更要率先垂范,当好领头羊。

(一) 校长要有鲜明的学生立场

"点亮每一颗未来之星"是罗星中学的办学理念,也是我这个校长的学生立场。其内涵之一,彰显学校"信任每一位学生都拥有潜力",每一颗星都是独一无二的;之二,天空中不应只有耀眼的孤星,要群星闪耀。以下是我对学生特性的具体认识。

1. 学生是有共性的,要给予发光的机会

人性的本质是都有被肯定的渴望。人性的优点是每个人都有发展潜能,经过发掘都可以变成发展现实。因此,学校教育要不放弃任何一个学生,要用发现的眼光关注每一个学生的特点,发掘他们的优势与潜能。

2. 学生是有差异的,要提供多样化的教育

心理学理论指出,人是有多元智能的,强弱不一,因此每个人都是独一无二的生命体,这种多样性是客观存在的。对于学生,这种差异不仅仅体现在学业基础上,还体现在运动、艺术、交际等其他各方面。例如罗星中学校友韩寒,他的运动才能、文学素养特别拔尖,但是学生时代理科方面的逻辑思维相对不均衡。因此,学校教育要为各种学生提供不同的成长支持与展示平台,用多样化的教育去适应孩子的特点与个性,把不同的潜能挖掘出来。

3. 初中生差异更明显，要实施因材施教

从年龄特点来说，初中生的心智逐步成熟，有了自己独立的思想和行为；从学业基础来说，随着课程的增多、难度的加深，特别是中考新政后全学全考，计分科目增加，差异越来越大。可以说，初中阶段主要的差异是学业之间的差距。因此，学校教育不可回避地要关注学生学习的差异，通过优化课程设置，推动教学变革，全面实施因材施教。

（二）教师要成为仁爱之师长

能够用心面对所有的孩子，在不放弃每一个孩子的前提下，正视孩子们的差异，做到因材施教，让他们健康成长。

我曾经向老师们推荐《一个老木工造房子的故事》，这个故事让所有人都感触很深。

有个老木匠准备退休，他告诉老板，说要离开建筑行业，回家与妻子儿女享受天伦之乐。老板舍不得他的好工人离开，再三地深情挽留老人，老人仍然不肯再度留下。老板于是就问老人能不能再建一栋房子，就算是帮他一个忙。木匠答应了，但这时他的心思已经不在工作上了，不仅工艺粗糙，甚至还偷工减料。房子造好了，老板来了，他拍着木匠的肩膀诚挚地说："房子归你了，这是我送给你的退休礼物。"他震惊得目瞪口呆，羞愧得无地自容。如果他早知道是在给自己建房子，或者他还是像过去一样认真，还像过去一样积极，现在怎么会住在一幢粗制滥造的房子里！

其实，我们每个人更多的时候都是为自己做着，为自己活着！在成就别人的同时，也在成就着我们自己！

作为仁爱之师，首先要有主动的心态，一个人的心态非常重要：不能总是等待领导的指令，在思想理念、处事策略、行动速度等各方面走在教师的前头。

（三）教师要保持学习的心态

教师是人类永恒的职业，但社会对教师条件的选择并不永恒，时代对教师的要求越来越高。时代在变，教师终身教育和终身学习是当代教师自身发展和适应职业的必由之路。"活到老学到老"是时代的呼唤，是教育发展的要求。教师应通过持续的学习来扩展知识领域，从而提高教学水平。一是要学会学习。在当今社会，学会获取知识的方法比获取知识本身更为重要。学会学习、养成良好的学习习惯、使学习成为自己的一种生活方式将是每一个人未来生活幸福和愉快的保证。二是要通晓自己所教的学科,成为学科专家。三是学习有关教育的学问。社会在发展,知识领域在扩展和更新,教材也在更新改革,学生的认识水平也具有了更高的起点,在这种情形下,教师只有不断地学习来提高自己的专业和教学方法。只有对自己所教的科目有十足的信心,才能提高课堂教学的效率。

（四）教师应拥有六种"零部件"

1. 有一颗能上课的脑

能上好课是仁爱之师的第一要务。在我们的现实环境中,不但要有先进的理念为先导,更要有响当当的数据作底衬。教师不但要能上示范课、优质课,还应该能上常态课、有效课,只有这样,才能立住足,才会有公信力。

2. 有一张会评课的嘴

学校要经常举行各种各样的教研活动,如果教师能从理论到实践、从宏观到细节,用精练到位、言简意赅的语言条分缕析、娓娓而谈,那么教师本身就是一道靓丽的风景。

3. 有一双发现的眼睛

教师要善于发现他人的长处,要用欣赏的眼光去看待每一个人,让他们扬长避短,建立自信,努力工作,不断进取！肖川教授说："有心的地方就会有发现,有发现的地方就会有美,有美的地方就会有欣赏,有欣赏的地方就会有快乐,有快乐的地方就会有幸福。"教师就是要学会欣赏、学会发现,授之以美,手有余香！

4. 有一双勤快的腿

教师既要教书,还要管好事,一是要深入课堂,了解课堂原生态;二是走近师生,了解"民"意,倾听"民"声,及时与领导沟通。

5. 有一双能写的手

无论是工作计划、总结,还是论文、范文,抑或是新闻报道,教师都能够拿得起放得下。

6. 要有一副好心肠

这并不是要你做一个好好先生,大小事情都难得糊涂,都无原则地让步,都不得罪人。这里的"好"主要是指为人处世要公平公正、一视同仁,有时要刚柔相济。

有了积极主动的心态,能够不断学习提高,拥有六种"零部件",做好因材施教,仁爱之师就一定可以名副其实。

四、美美与共,各美其美

"世界上没有相同的两片树叶。"每个人都有自己的天赋、爱好、特长,学校要为每一位老师搭建成长的平台,让老师个性张扬,尽显风采。

在专业成长的道路上,教师既要自信地展示自己的风采,让学校领导、同事或者同学都可以从不同角度看到最好的自己,也要从自己的视角去欣赏学校领导、同事或者同学的风采。可以自己欣赏,也可以彼此赏识,进而让"多向赏识"成为校园里每一名师生的自觉意识和自觉行动,让校园越来越有凝聚力,让团队越来越自强和自信。

我十分赞赏帕克·帕尔默(Parker Palmer)在《教学勇气》中的观点:教师为着心灵的自由选择教师的职业,但是教学要求常常使得很多教师心灵失落。真正好的教学不能降低到技术层面,真正好的教学来自教师的自身认同与自身完整。

在这里,我们首先要鼓励广大教师的自身认同和自身完整。这里所说的"自身认同",不是指"卓越的特色或者伟大的行动",而是指"一种发展的联系",在这种联系中,自我生命中所有力量汇聚,进而形成"神秘的自我":我的基因组成;我成长的文化环境;我对别人对自己做过的有益的或无益的事情。教师有了自身认同,而后才可能进行"自身完整",无论怎样"我都是一个整体","我力求识别那些能整合到自我个性中的东西,分辨其中哪些适合我,哪些不适合我"。自身认同与自身完整是一个"处于复杂的、不断需求的、终生自我发现的"过程中的敏感领域,"自身认同"在于"构成我生活的多种不同力量的汇聚","自身完整"与这些力量的联合方式有关,使"我的自身完整协调、生机勃勃,而不是七零八落、死气沉沉"。

好的教师具有联合的能力,他们能够将自己、所教学科和自己的学生编织成复杂的联系网。好教师形成的联合不在于他们的方法,而在于他们的心灵——人类自身中整合智能、情感、精神和意志所在。我们相信一点,当优秀教师把他们和学生与学科结合在一起"编织"生活时,那么,他们的心灵就是织布机,针线在这里牵引,力在这里绷紧,线梭子在这里转动,从而生活的方方面面被精密地编织延伸。教学的勇气就在于有勇气保持心灵的开放,只有那样,教师、学生和学科才能被编织到学习和生活所需要的共同体中。

教育是最复杂的人的心灵与心灵之间的交流,教育迫切需要找回教师的真心真我,学生迫切需要沐浴教师心灵之阳光,教师也迫切需要透过学生的生命完满自我,重振敞开心灵的教学勇气。

从这个意义上来说,鼓励教师赏识自我,完善自我,成就自我,形成鲜明的个性,最终才会实现真正意义上的"美美与共,各美其美"。

第二节　以德为先提升育人能力

2017年上海市教委发布的《上海市中小学教师专业（专项）能力提升计划》提出："提高教师育德能力以及本体性知识、作业命题、实验、信息技术、心理辅导等方面的专业（专项）能力，切实优化教师教育教学能力。充分激发教师自主学习、自我发展、自我提高的积极性和创造性，建立教师可持续学习机制，提高教师学习新知识的能力，促进教师专业发展，优化课堂教学，促进学生快乐成长。"

立德树人的主阵地在课堂，主渠道在学科，主力军是教师。育德成为每一个教育工作者必须关注的课题。提升教师育德能力是课程改革的要求，也是学校全面落实素质教育的关键。作为校长，应切实在学校中培养提升每一位教师的育德意识和育德能力，充分发挥课堂教学的主渠道作用，将中小学德育内容细化落实到各学科课程的教学目标之中，渗透到教育教学全过程，真正发挥课程育人功能。作为一名教师，教师要以课堂教学为支点，挖掘教育过程中的育德因素，深化育德意识，促进学生在品德、智力、体质等方面全面发展，才能胜任育人的任务。

一、打造精干德育队伍

教师专业发展的核心是育德能力。国家和上海市明确要求加强大中小学德育一体化建设，而加强教师队伍建设，让每一位教师拥有正确理解、努力实践德育一体化的育德能力就成了关键。基于此，我们确立了教师队伍的育德能力发展目标：以大中小幼德育一体化为导向，提升教师育人综合素养，让教师从"学科人"升级为"教育人"，对学校教育有综合、全面的认识，对知识、课程有融通的思考，能站在学生终身、和谐发展的角度协同合作，整体认识、设计和实施育人工作，以提升中小学育人工作的衔接性、开放度、有效性。

学校为了加强德育队伍建设，以"馨予"班主任工作室为依托，开展青年教师岗位技能的培训,促进青年教师工作能力和育人素养的不断提高。学校每学期举行一次班主任经验交流会,共同分享班级管理经验。学校开展班主任沙龙活动,邀请年轻班主任和资深班主任参加活动,就教育中所碰到的问题,特别是学生心理问题等进行交流。资深班主任则根据自己的丰富经验为青年教师答疑解惑,并告诉各位教师要及时沟通,尽自己所能,调解学生的心理,引导家长的行为,得到家长的理解和认可,在和家长的共同努力下,改变孩子的思想和行为。学校在九年级开展以理想信念为主题的主题教育课展示活动,以互学、共研的方式推动德育队伍的专业化发展。学校选送集团内优秀的青年班主任参加市级骨干培训。

学校为了调动班主任工作积极性,促使班主任更好地完成各项任务,积极开展班级工作,促进学校德育工作向纵深方向发展,根据班主任工作职责,实施班级量化管理,细化班级管理的各项内容,加大检查评比力度。学校开展的各项班级活动的成绩全部计入班级考核。班级考核实行每月一汇总,每月一公示,每月评选一次优秀班级。这些举措都极大地促进了班主任的工作积极性。

二、丰富德育课程体系

(一) 主题教育课程常做常新

开展法治教育、廉洁教育、反邪教教育、文明礼仪教育、心理健康教育等各类主题教育;开展各类节庆活动,通过介绍节日历史渊源、精神内涵、文化习俗等校园文化活动,增强传统节日的体验感和文化感;认真做好开学典礼、升旗仪式、建队日换巾仪式;举办校园艺术节、体育节和读书节等校园文化艺术活动,充实学生校园生活,促进学生身心健康发展。举办阳光体育活动课程观摩展示活动;开办学生国旗班培训课程等,通过以上常规德育课程将德育内容细化落实并融入渗透到教育教学全过程。

学校教育的主渠道在课堂,我们将"思政"及地方课程中的"礼仪、心理健康"等内容与学校校本的德育内容进行优化整合,并精选内容,设立了每周1课时的礼仪、心理健康课,针对时代特点、学校及学生实际开发具有实效性的校本内容,扎扎实实地培养学生初步的是非观念和良好的生活、学习习惯。

2020年5月18日，学校迎来了新冠疫情后六、七年级正式返校复学。为了帮助学生更好地应对环境变化，调整好心态，迎接崭新的线下学习生活，学校心理老师在开学第一课上为六、七年级的同学们带来了一场以"'疫'犹未尽，向阳而生"为主题的心理讲座。老师从开学前的心理调研结果入手，指出同学们在返校复学后可能会出现的各种烦恼和困难，这其实是人面对环境变化而产生的一种正常的心理调整过程。接着，老师围绕如何理性认识校园防控、调整关注点、适应作息节律、规范管理电子产品、制定合理的学习目标等方面给同学们一些复学小贴士。同时，老师也向同学们介绍了几个实用的科学方法，比如对于电子产品"十分钟隔离法"、目标制定的"SMART"原则、时间管理的四象限法则等，来帮助大家做好时间管理，养成良好的学习习惯。

利用重大节日进行思想道德教育，培养学生正确的人生观和价值观，对学生进行爱国主义教育、理想信念教育和感恩教育具有极大意义。例如，学雷锋日，在全校开展"雷锋精神永驻我心"活动；结合妇女节，开展"我做妈妈的助手""我想对妈妈说……"等活动；结合植树节，在校园内集中开展清扫卫生死角、清洁墙壁脚印、保持校园清洁卫生的净化美化校园活动；清明节，我们开展了"缅怀先烈，立志成才"的演讲活动；各校还根据不同节日，确定感恩主题，组织召开感恩主题班会、举办感恩主题黑板报；读感恩文章、诗歌；唱感恩歌曲；讲我的感恩故事；创设感恩文化环境等。通过活动，培养学生的感恩情怀，让学生心存感激，常怀一颗感恩之心。学校还组织开展了"我是家庭助手"实践活动和"我为社区添光彩"实践活动，让学生在活动中得到锻炼，增强责任意识。

朱永新教授说过："一个人的精神发育史，实质上就是一个人的阅读史，而一个民族的精神境界，在很大程度上取决于全民族的阅读水平。"为了引导学生养成阅读的好习惯，学校多次召开专题会议研究部署创建书香学校，成立了创建领导小组，由教导处牵头，班主任具体落实，德育处等处室积极配合，形成了齐抓共管，共创书香校园的良好组织保障。各校将读书活动与学校的文化建设紧密结合起来，让书香浸润师生的心灵，让浓郁的读书氛围充盈于校园的每个角落。每年举办读书节，开展丰富多彩的读书活动，实施"国学经典诵读工程"，在丰富多彩的诵读中，提高了学生们的国学素养，打亮了学生们做人的底色。

在课程实施的过程中,学校注意引导教师以全新的教育观念改善评价方式,充分利用"成长档案袋"评价模式以及时地"激励"与"提醒"为主要方式,从而充分发挥了适时性评价、全员性评价、过程性评价、多元性评价的优势,最大程度上促进了学生的自省与自律,符合孩子的年龄特点,因而取得了很好的教育效果。

(二) 校本德育课程时常开发

结合校园读书节活动,学校举行"美好生活劳动创造"读书活动,通过读书、征文和演讲的方式歌颂劳动者,引导学生热爱劳动。同时实施"午间十分钟"新闻课程,组织学生每天定时收听新闻,适时举办学生时政竞赛等,引导广大学生关心时事,关心国家发展。开展"迈好中学第一步"六年级学生入学教育课程,通过对校规行规等方面的学习,引导新生熟悉新环境、明确新任务,以积极主动的心态融入初中生活。

习近平总书记说:"生活靠劳动创造,人生也靠劳动创造。"劳动教育是全面贯彻党的教育方针的基本要求,是实施素质教育的重要内容,是培育和践行社会主义核心价值观的有效途径。新时代的劳动教育,它应该服务于学生的全面发展。不仅仅是学习劳动技术,也不仅仅是德育、智育、体育、美育的补充,而是全面育人。为此,我们将劳动课程贯穿家庭、学校、社会各方面,纵向衔接、横向贯通,构建劳动课程体系。加强纵向衔接,主要体现在分年级、分学期、分周次科学安排"进阶式"教育目标任务和课时计划,形成"三类劳动"一体化课程清单,让学生们从系统的日常生活劳动教育入手,逐步向服务性劳动、生产劳动拓展,围绕三类劳动开展丰富多彩的活动。促进横向贯通,主要体现在坚持独立设课与学科渗透相结合,把劳动技术与物理化学基本技能、信息科技、编程、物联网等知识相融合,让学生在劳动中发挥创造性。

学校组织学生参加餐厅劳动。一位同学在日记中写道:"上学期在餐厅我是擦桌工,现在换到了餐具回收处。我仔细观察伙伴的动作,马上明白我该怎么干了。几分钟后,餐具越来越多,非常杂乱。我们便商量把盛面条的碗、米线的盆、粥的小碗和盘子分类摞起来……这样整齐有序,更便于餐厅工作人员洗刷。"班主任和学生共同参与餐厅劳动,看到学生们的满满收获,让老师们的教育生活拥有了光荣感和幸福感。杨振弘同学说:"有位老师给我留下的印象很深。他急匆匆地走过来递给我一个盘子,我低头一看,只见盘子里只有两团餐巾纸,顿时吓了我一跳,脑海浮现出刚才好像无意中看到的一幕:这位老师用馒头将盘子里剩下的菜汤一点一点蘸着吃掉,这位老师真节约啊!"

培养德智体美劳全面发展的人,需要一支德智体美劳全面发展的教师队伍。这支队伍热爱祖国,育德能力强,执着地教书育人,有热爱教育的定力,有实践自己教育的理想,始终把教育作为一种境界加以追求。我们每位教师的精神生活决定了课堂生活的质量,每位教师的心灵力量决定了学生的生命强度。

学校将劳动素养纳入学生综合素质评价体系,制定评价标准,作为学期末评优的重要依据。以每一个学期为单位,设计劳动任务清单、劳动评价手册、劳动日志、劳动成长档案袋等进行课内外、校内外学习与实践活动的记录。学生自评、生生互评、教师导评以及家校社协同评价,将启动多种技术程序,注重线上与线下评价相结合。学校通过劳动成果展示会、劳动技能竞赛、劳动分享会、义务劳动日、校园劳动节等形式,形成立体化评价体系。

(三)社会实践课程形式多样

学校广泛开展形式多样的社会实践,不断增强学生的社会责任感、创新精神和实践能力。结合初中学生的年龄特点和知识能力,甄选符合其发展需求的社会实践活动项目,顺利完成规定的课时数并开展各具特色的实践活动,例如罗星中学组织学生参加了 2019 年"生态优先共享未来"长江口珍稀水生生物增殖放流活动等,通过形式多样的社会实践活动,引导学生在社会大课堂,自觉遵循道德规范,增长知识才干。

三、建立学生综合评价体系

为了落实立德树人根本任务,促进学生德智体美劳全面发展,根据《上海市初中学生综合素质评价实施办法》等文件精神,学校制定了具有校本特色的实施方案。成立由校长、分管副校长、政教处和教导处负责人组成的领导小组,负责德育教育的调度、指导、检查等工作,统筹协调管理本校学生综合素质评价工作；还成立了由学校相关职能部门具体操作人员组成的工作小组，具体负责组织开展德育教育的各项工作，以及每一项评价内容的组织和录入，德育组织一直辐射到各处主任、班主任、任课教师，还聘请了一些优秀社会人士，组成了一支强有力的德育教育队伍。

为了做好初中学生综合素质评价相关工作，学校以优化学生日常管理、完善学生违规违纪惩戒制度为主，结合学生违纪"绿色"惩戒办法，制定了"星级"评价标准，并将其运用到学生的日常管理与评价中。做到奖惩结合，促进学生良好习惯的养成。学校规范使用学生违纪温馨提示卡，对于出现违规违纪的学生，德育处下发学生违纪温馨提示卡通知班主任，由班主任根据绿色惩戒办法中的相关条例作出惩戒，再将处理结果反馈到德育处，由德育处存档。学校每学期评选一次校园之星，分别评选出"学习之星""感恩之星""阅读之星""环保之星""文明之星""守纪之星""阳光之星"，并颁发证书。星级评价，促进了学生个性的阳光发展。

学生是有生命、有思想、不断发展的个体，要用发展的眼光看问题，重视学生发展的过程，包括学生的学习态度、行为习惯、活动表彰、学习成绩四个方面。学校将与学生成长有关的事项进行梳理归纳，细化为考核内容，主要采用及时评价与月评价，个人、小组与教师评价相结合，各学科参与其中。对学生学习习惯、组织纪律、卫生情况等各方面的评价坚持每日及时反馈、每周进行总结、每月汇总表彰，及时公示。

学校给每位学生建立一个"学生成长档案袋"，主要内容包括：学生基本信息，兴趣爱好，每学期体质情况，自己最满意的作品（习作、书法、绘画、手抄报、小制作、发明等），看过的课外书及读书心得或摘抄，会背的课文、古诗词记载，喜欢的成语、名言警句和会唱的歌曲，知道的名人和他们的故事，我不明白的一些问题和学会的本领，表彰奖励等，只要能体现出学生成长过程中的有关资料均可放入；学期结束，还有专栏，包括自我评价、学生评价、教师评价、家长评价等。

这个档案袋能使教师和家长多角度、多层次、更全面地了解学生，有助于学生个性发展、自我激励、自我反思，有助于学生、家长、教师之间的相互沟通，增强了教育的内在活力和外在合力。

四、构建协同育人格局

重视构建协同育人的德育网络,积极争取家庭、社会共同参与和支持学校德育工作,引导家长注重家庭、注重家教、注重家风,营造积极向上的良好社会氛围。通过家长学校、家长会、学校微信公众号推送等形式,使家长掌握家庭教育原则和科学的教育方法。通过家长开放日、家长驻校制等各种家校沟通渠道,密切家校关系,达成教育共识。每年通过"阳光家长"评选活动、家长教育案例撰写评比活动,将优秀的家教理念进行推广。为了更好地做好家庭教育工作,家校联手势在必行。学校设计编印了家校联系簿。联系簿里涉及孩子的节假日生活记录、我最喜欢的好老师、最喜欢的课堂、家长的话、老师的话、朋友的话、近期阅读书目等。孩子们在这里写下自己的心里话,家长在这里跟孩子们平等交流,老师从这里走近孩子。有了这个交流平台,老师、家长了解了孩子们的思想动态,孩子们对大人的心思有了理解,达到了三者的和谐统一。

学校还与区水利管理署、张堰南社纪念馆、金山区禁毒教育馆、花开海上生态园等多家单位签订共建协议,精心设计体现年龄特点、年级特色的社会实践活动,让学生在与社会的交往、互动中得到全方位、多元化、动态协调的发展。

第三节　有效融合赋能专业成长

如何组建一支优质高效的教师队伍是摆在每一个校长面前的重大难题。作为校长,首先要注重从源头上把好"人才关",即在招聘教师的第一时刻就重点考察其人品和潜质;其次要在工作中推陈出新,努力使全体教师都得到专业发展。教师专业发展是一项系统而持续的工程,需要紧密有序地进行。2012年,罗星中学成为首批"上海市教师专业发展学校"。学校不断在新的起点再出发,从教师专业发展的源头寻找理论依据,从学校发展的需求选择策略与路径。

一、与学校整体工作有效整合

我们将教师专业发展整体规划,做到六个有效整合,即将教师专业发展与"学校规划、校本研修、教师规培、学校文化、学科工作室、校际合作项目"工作有效整合,力图走出一条符合学校自身特点、可持续发展的道路,为教师的终身发展提供有力的保障。

（一）与整体规划有效整合

学校始终把教师专业发展作为一项重要工作列入整体规划。无论是学期工作计划,还是五年发展规划,教师专业发展都作为重要主题单列。

1. 明晰行动理念,上下取得共识

学校通过一定的宣传力度,使教师明确教育创新的关键和学校教育改革的成败都在于教师自身发展,学校能否持续发展,每一位学生的潜能能否得到充分发展,关键在于教师能否得到专业发展。要使全体教师都得到专业发展,学校就要形成激发教师内在发展动力的文化氛围。

2. 落实组织机制,建立规章制度

组建以校长为组长的"教师专业发展领导小组"和以分管校长为组长的

工作小组,构建起校本培训的组织网络,确保学校各项培训措施落实到位。运用各种信息资源,制定计划和相关措施、制度,如《上海市罗星中学校本培训课程计划》等,高度关注过程管理与落实情况,确保教师专业发展工作有序展开。

3. 设计具体项目,以项目促发展

制定整体规划和实施方案,这是行动的必要前提。学校从教师的教育教学实践出发,提出诸多教师专业发展的工作项目。

（1）教师生涯规划指导

学校提出和策划具有本校特点的教师教育生涯阶段的最优发展设想。通过自我分析诊断、确定不同层面发展目标等,让不同发展阶段的教师都能找到自己的位置,都能明白自己将要走向"哪里",特别是已经被评为高级教师的也同样需要找到新的发展。

（2）"学科发展月"活动

教师专业发展需要教师层面的合作与交流,教育者彼此之间要就教育教学活动的相关知识、经验进行分享。我校的"学科发展月"是指以教研组为核心,围绕一个教研主题,展开理论学习、实践探究、总结交流等活动。学校提倡"在工作中学习,在学习中工作",引导大家结合教育教学中的实际问题开展有效学习。教师通过学习改善教学实践,同时,教育教学能力的提高,又会激发教师更强的学习欲望,这样,教师会增强内在的学习动力,形成良好的学习习惯,有效促进教师的自主发展。

目前,学校"学科发展月"与初中强校工程集团化办学相整合,由教研组长与学科工作室主持人共同主持活动。

（3）课堂教学改进行动计划

学校围绕"点亮每一颗未来之星"的理念,积极推进"课堂教学改进三年行动计划"。围绕"和谐、高效、可持续"三个维度,追求环境友好型课堂、资源节约型课堂以及持续创新型课堂。通过"推行二次备课、举办教学展评、研究方式转型、编制校本作业、探索赏识评价"等,在实战培训中提升教师专业水平。

（二）与校本研修有效整合

学校将校本研修作为队伍建设的基本途径,使校本研修的过程成为普通

教师专业发展的过程。学校以提升教师"1+5"能力为着眼点,把解决教学真实问题作为立足点,把教学方式与学习方式的转变作为切入点,聚焦研训教一体。通过课堂实战、专题培训、比试体验、同伴互助、借助外力等举措,引领教师提升教育境界和专业素养。

1. 调研加试点,搭建校本研修的框架

学校运用 SWOT 分析法诊断教师队伍建设的问题与需求,整合校内外的优质培训资源开发自培课程,以点带面,逐步推进。

(1) 师德与素养课程

举办阳光论坛,弘扬身边的感动。学校通过汇编《有风格的罗中人》,弘扬校园正能量;通过专题育德讲座,践行人人都是德育工作者的理念;通过共读教学理论书籍、撰写读书心得、组织读书论坛等,提升教师的师德与育德能力等。

(2) 实践与体验课程

立足教研组建设,强化主题教研。学校通过一日研修、我看我的课、我看优质课,以及资深教师特色课、骨干教师展示课、青年教师展能课、新进教师亮相课等"四课"活动,引领各类教师专业发展,提升不同层次教师的满足感和功效感。

2. 实践加推广,探索校本研修的形式

(1) 集中培训和自主研修相结合

集中培训包括寒暑假期间开展的专题培训以及以项目研究为引领的专题培训。教研组的自主研修则以行动研究和实践项目为主要形式,与教师个人研修相结合,采用课例研究、主题研讨、教学论坛等形式。

(2) 整体推进和分层研修相结合

学校将研修课程分为必修课程和选修课程。教师按需选择研修课程,进一步提高针对性。

(3) 专家指导和同伴互助相结合

学校适时邀请专家来校指导,平时则以同伴互助为主,相互学习、扬长避短。

(4) 线下研修和线上研讨相结合

以面对面现场研讨为主,同时依托微信群、QQ 群、视频教研系统等方式开展网络研讨,不断拓宽研修时空。

3. 管理与评估,保障校本研修的质量

（1）管理保障

校长抓顶层设计、分管校长抓具体落实,教导处负责组织、协调、管理和评估等工作,各司其职,确保了校本培训时间、地点、人员和培训内容的落实。

（2）制度保障

建立健全考勤制度,确定每周五下午为全体教师校本研修时间,双周的一个下午为教研组组内校本研修时间。建立校本研修交流总结和年检制度。

（3）专业保障

依托区教育学院专家及时指导,关注教师参与过程的体验与感悟,促进教师的自主学习和个性化学习。

（三）与教师规培有效整合

学校以问题为导向,以培训需求为重点,以课题研究为抓手,以探索总结为目标,探索出了一条"按需施培、注重规范、强化实践、谋求创新"的路径。该路径的要点可大致概括为"一二三四五"。

1. 达成"一"个共识

规培任务是上级对罗中的信任,也是罗中人应有的担当,更是推动学校内涵发展的又一个契机,要把规培工作和学校总体工作统整。

2. 确立"二"个目标

从培养的角度,以"一切为了见习教师的发展与成功"为核心目标,让经过罗中规培的每一个见习教师顺利实现从"入行—懂行—专行"的规范化;从项目本身的角度,力求在破解难题中累积经验,在实践探索中获得启示,形成本土化的可复制可辐射的经验方法。

3. 推进"三"条路径

校级宏观层面,出思路,为规培"掌好舵";中层中观层面,出方案,为规培"选好路";带教微观层面,见行动,为规培"划好桨"。

4. 坚持"四"大统整

把规培工作融合在学校总体工作中作一盘棋考虑:与优化课程建设、校本研修、大学区建设、师资队伍建设统整,特别是青年培养与骨干教师二度发展的机制建设紧密整合。

5. 聚焦"五"点探索

（1）立足起点

明需求，按需施培。吃透"两头"，即向上领会市、区工作要求，执行有力；对下了解见习教师的需求，以人为本，让规培接地气。

（2）聚焦关键

重规范，凸显基础。在规培的"目标、内容、形态"和培训课程与机制的设计，特别是规培的过程与评价等方面力求规范化。另外，凸显基础性，正确定好位：让见习教师先适应教师的身份，达到合格，为职业生涯开个好头。

（3）把握基准

强实践，夯实教学基本功。作为职初教师，要学的很多，在有限的时间内不可能面面俱到。我们坚持集中火力，始终把教学作为规培的主业，把教学基本功的夯实作为自身之本。

（4）谋求特色

求创新，文化浸润。主要做法包括：一是一徒多师，让指导从"单兵作战"变为"整体作战"，发挥"众"力量；二是形式多元，如成立学习联合体、利用网上平台、课程文化体验；等等。

（5）注重增值

立课题，科研引领。把过程中碰到的问题作为研究的一种资源，梳理问题，形成专题，最后确立研究课题，让科研的力量提升规培项目的品质。

（四）与文化建设有效整合

学校内涵发展的关键是建设一个民主、和谐的学校文化。我们把教师专业发展作为学校文化建设的一个重要组成部分。教师专业发展不仅仅帮助教师学科能力发展，还提高了教师人际交往的能力和素养，更重要的是为同行之间、同事之间的相互沟通和了解提供平台。

1. 青年教师的专业发展和学校文化建设

青年教师的专业发展是学校文化建设中的亮点。一批充满自主发展意识的青年教师主动成立了"沐曦园"，紧密围绕"教师专业发展"的原则，旨在全面提高青年教师的整体素质。

沐曦园为青年教师的专业发展提供了一个良好的交流平台,体现出青年教师的活力、创造性和专业发展的热情。他们开展基本功训练、讨论青年教师展能课的具体实施,交流对专业发展的困惑和愿望,共同讨论发展的道路和策略,主动选择并举办一系列适合自己的专业发展活动。青年教师努力创造机会、创造氛围进行自主的专业发展,也带动了学校其他阶段教师的专业发展,形成了积极向上的专业发展文化。

2. 教师团队专业发展和学校文化建设

俗话说,没有完美的个人,只有完美的团队。一群人在一起才能走得更远。学校将教师队伍建设锁定在"团队"的打造上。一个真正的团队应该拥有一种特有的团队精神,至少应该包含三个关键词,那就是共同的信念、彼此的信任和各自的分担。学校打出"建设教师专业发展多元团队"的口号,得到了七个教研组的响应。每个教研组制定团队目标,确立组训和教研精神,寻求课堂变革策略,为实现教师的多元发展凝心聚力。

3. 教师"四星社团"和学校文化建设

学校组建基于年龄分层的"四星社"学习共同体,即"星羽"社、"星尚"社、"星趣"社、"星悦"社。以教师社团建设为抓手,以校本培训为主要形式,积极落实阳光教师实施方案。老师们在民族技艺体验中激发爱国情怀,在户外拓展训练中践行友善合作,在"分享成长故事"的演讲中感受敬业精神,在活动评价中落实诚信观念。通过深化师德建设和提升教师专业化水平,努力打造一支与时代发展相匹配、与办学理念相符合的阳光教师队伍,确保学校在高位平稳发展。

(五) 学科工作室建设有效整合

积极发挥上海初中强校工程集团化办学领衔学校的示范引领作用,以学科工作室的建设为载体,扎根课堂,重点抓好"三机制四平台"建设,即完善保障激励机制,建立动态管理机制,探索共建共享运行机制,搭建教师梯队成长平台、教学研究攻关平台、教学改革示范平台和成果展示平台等,以此推动校际间教师协同的成长。

例如,在探索共建共享运行机制的过程中,通过构建高品质的"人力资源、学生资源、课程教材资源以及学习环境资源"等共建共享的运行机制,促进教师发展有模式、学生学习有方式、教学资源有范式、学习空间有样式。

（六） 与校际合作办学有效整合

学校承担了多个区域改革项目,如朱泾初中学区建设、新优质集群发展、初中强校工程、沪滇"1+11"互助成长项目、沪嘉结对项目等。我们将教师专业发展与学区化集团化办学有效整合,优势互补,教学相长。

1. 朱泾初中学区建设

制定实施方案,通过德育、教学、党团共建三条主线,开展青年班主任培训、联合主题活动、青年教师基本功大赛、联合教研和教学活动、教学质量监控、党团共建活动等,通过优势互补,促进教师专业反思和成长,让不一样的教师有一样的精彩。

2. 新优质集群发展项目

学校开展新优质共同体的联合教研和教学活动、共同体教学质量监控等,加速教师转型升级。

3. 初中强校集团化办学

学校通过扎实研究加速教师梯队发展的运行机制,多方式、多途径促进师德、师能同步发展,培育一批学科特色教师。学校成立了八个学科工作室,狠抓教学研究和教学常规,提升教师研修品质,促进专业发展。

4. 交流互助成长项目

受援校每学期选派部分教师前来罗星中学跟岗锻炼。我校也派教师前往云南或嘉善开设示范课、专题讲座,进行实地教研指导等,使教师在交流中学习,在研讨中提升。

二、与积分制校本研修管理融合

教师是立教之本、兴教之源,一所学校的发展关键在教师。虽然每所学校都有自己的特点和办学方式,但解决学校根本问题的主要途径却是大致相似,即抓好教师队伍建设,尤其是青年教师的专业发展。

多年前,罗星中学成立了以2—5年教龄为主的"沐曦园"青年教师成长营,但是研修成效总是不尽如人意。在教育迈向高质量发展的新阶段,如何激发教师群体的发展活力?学校以积极的心理学原理为指导,努力构建"目标导向积分管理的成长型教师研修机制"。采用以点带面、逐步推进的策略,让教龄2—5年的青年教师先行,用积分管理来督促教师参与校本研修,激发教师专业成长的内生活力,打开了教师专业成长的开关。

1. 厘清"积分管理"的概念

马斯洛指出,人的需要层次从低级到高级共分为五类,即生理的需要、安全的需要、社交的需要、自尊的需要、自我实现的需要。作为校长,应相信教师有最高层次的精神需求,要创设机会让教师形成追求目标的心理动因,让教师体验追求的乐趣和成功的快感,通过校本研修调动教师专业成长的内生活力,提升研修的实效。实践证明,积分管理是一种比较有效的校本研修机制。

所谓"积分管理",是一种校本研修的管理方法,就是用积分来系统记录教师研修的过程,数据化呈现教师的研修行为。通过积分累加的形式,监控教师研修的进程,判断教师研修的成效。这种方式,既能听到青年教师成长的拔节声,也能解决研修过程中产生的问题。通过这种积分的方式,最大限度地激发教师研修的内在潜动力,点燃教师学习研修的热情。

2. 明晰机制运行的路径

我校坚持"三结合"的原则,将刚性化与柔性化相结合,即让市区级培训的刚性要求与校本研修的柔性实施相结合,使部分短期内达不到市区级培训要求的教师在校本研修中获得相应积分;将整体性与个性化相结合,即让青年教师在整体实现研修的底线要求后能根据自身需求有针对性选修,研修空间大,主观能动性更强;将过程化与结果化相结合,能适时调适研修情况,在督促鼓励中提升每个时段的研修实效。主要的运行路径为:需求调研先行—确立研修目标—架构研修课程—设计赋分标准—促进积分生成和管理。即先进行教师研修需求的调研,以教师需求为本,运用调研结果,制定校本研修的实施方案,然后根据一定的权衡,对相关研修领域赋予积分,用积分制进行过程管理和研修评价。通过确立适切的研修目标、架构个性化研修课程、设计赋分的标准、促进积分的生成等,促进目标导向积分管理的教师研修机制有序运行。

3. 推进实施办法的落实

(1)基于需求调研,确立研修目标

研修是手段,目的是要促成教师专业水平的发展。其最佳的切入点是以教师教育教学中存在的实际问题为中心,通过问题解决调动教师参加校本研修的积极性和主动性。我校根据《中小学教师专业发展标准》及教龄2—5年青年教师的特点,通过问卷调研、访谈座谈等形式,对青年教师进行了全样本问卷调查,让需求调研先行。我校通过数据分析,发现青年教师存在诸如"职业理解不深、个人成长规划不清晰、科研意识不强"等问题,他们最希望开展教学实践领域的研修,特别是"课时教学设计、教学活动组织与实施能力、单元教学设计能力、班主任管理班级"等能力的提升。基于问题导向,我校确定了青年教师研修目标为"具有清晰的个人规划、良好的职业道德、精湛的教学能力、暖心的德育管理、敏锐的科研意识、熟练的信息技术和较好的综合能力"等,其中的重点目标是提升青年教师的教学实践能力。

(2)架构研修课程,确定赋分标准

学校将研修课程分必修、选修两大领域。其中必修领域包含"个人规划、师德修养、教学实践、德育管理、教育科研、信息技术"等,选修领域包含"行政管理、心理健康、人际交往"等,根据需要确定不一样的权重。从"校园内外、线上线下"等方面对研修资源进行整合。一是规划读书清单,研究每一本书阅读方式与阅读要求;二是共享师训课程,如从"十三五"师训平台选择教科研、信息技术等研修课程;三是专家引路,采用请进来走出去的方式,引智借脑寻求专业引领;四是同伴互助,发挥身边经验教师的引领作用。

学校借鉴上海市见习教师规范化培训四大领域18个操作要点以及培训方式、考核方式等经验做法,确定了积分管理的研修课程大纲,其中特别关注年度研修内容的延续或深化关联。学校围绕研修课程的时长、难度等进行赋分设计,从领域和年度两个方面确定了总积分分值、保底积分和研修结业标准,如在教学实践领域,设计了专业书籍研读、教学设计、听评课规范、课程建设等研修课程。聆听讲座为每学时1分,阅读书籍为每本2分,单元教学设计为每篇5分,区评比一等奖为10分,等等。下表所示为"师德素养领域"的课程安排和积分赋分标准。

"师德素养领域"研修课程

研修课程	课程来源	主要内容	研修要求	研修方式	e积分认定	积分认定负责人	建议研修年份
书籍阅读	校本课程	师德相关的书籍和期刊阅读,如《爱心与教育》《清华附小的德育细节》《课堂中的皮格马利翁》《杜威教育名篇》《陶行知文集(上下册)》《修炼一百位特级谈专业成长》《教师的幸福人生与专业成长》等	必修	自主阅读、每周研修班微信群打卡300字阅读体会、各层面交流	1. 录3段5分钟左右的读书音频,2分 2. 1份超过2000字的读书笔记,3分 3. 1份超过2000字的读后感,5分 4. 青年教师研修班读后感交流,8分 5. 全校教师层面读后感交流,10分 6. 校级以上(不含校级)读后感交流,12—15分	研修小组组长研修班班长	第2—5年
阳光论坛	校本课程	学校层面述说自己或他人的育人或专业成长等的案例交流	选修	以聆听或分享的方式参与阳光论坛	参加论坛交流,2分 参加论坛交流,10分	研修班班长	第2—5年
志愿服务	校本课程	结对特殊学生、社区、学校等志愿活动	必修	参与各类志愿服务	1小时,3分	政教处主任	第2—5年
评优评先	校本课程	阳光教师等评选	选修	参与各类评选	1. 申报,3分 2. 当选,10分	党委委员	第2—5年

(3)丰富研修形式,促进积分生成

首先,需要制定研修计划,包括研修班年度计划、教师个人四年发展规划及年度研修计划等。其次,丰富研修方式。采用"集中学习、微信打卡学习、自主阅读学习、各级教研活动、公开教学实践、开展课题研究、参与志愿服务、研讨汇报交流"八大研修方式推进。第三是建立成长档案。以《校本研修彩虹成长手册》为主要载体,记录各领域积分研修的全过程,包括研修轨迹、每项研修内容的"积分"赋分以及阶段研修成果。第四是制定考核办法,以保证教师在每个领域都能有所成长。包括托底要求,每个领域有底线积分和封顶积分规定,全程达 500 分的合格要求(其中 100 分是规范化培训自评分);均衡要求,部分领域设置积分封顶,确保教师在每个领域都能有所成长。例如,教学实践底线积分为 115 分,上不封顶,而教育科研底线积分为 25 分,40 分封顶。

4. 加大支持保障的力度

为了有效保障目标导向积分管理的校本研修机制落地,学校制定了多元的保障措施。

(1) 确立组织领导

学校成立了由校长任顾问、分管校长任组长、分管中层干部任班主任、资深骨干教师为导师的组织机构。组建班委,导师团和班委共同参与"积分"赋分过程,审核各研修机制的科学性和可操作性。班委负责好班级事务管理,如每次研修活动前,班委会策划活动方案,发布研修需求调研,统计教师参与意愿。为了让每一位青年教师都有组织、策划、管理的经历与经验,研修班还采用研修项目负责人轮执制,让每位青年教师根据个人能力和兴趣自主选择负责项目,使每个研修任务都有负责人。

(2) 形成管理细则

确定了"必修+选修"的管理规则,规定市、区级研修必须全程参与,校本研修中部分课程可按需自主选修,以提高研修实效。制定了"质+量"结合的考核细则,如按需发放青年教师本年度阅读书籍,每两周至少微信群打卡一次 300 字学习体会,研修班每月进行交流;同学们每月至少共听一节空中课堂,每周至少记录一篇课堂实录,每月至少开放一次课堂,班委每月检查赋分动态,研修班每次交流教学设计等。

(3) 落实资源保障

学校在人力、物力等方面对青年教师成长营予以保障。确保培训经费、读书经费和实践考察经费等。在每月绩效奖励中予以经费支持,对在参与积分管理研修中表现突出的个人和集体予以绩效奖励。

(4) 促进评价跟进

基于积分管理的评价比较直观化,过程发展也很显性。学校对教师研修的内容、过程、成效通过直观的数据量化,及时评价,及时给予教师鼓励或纠正,可以持续稳定地激发教师的内在动力。

5. 收获研修的亮点成效

校本研修是教师继续教育的重要形式,是普通教师专业成长的必由之路。学校从教师的问题与需求出发,理性制定校本研修的内容,创新校本研修的方式,能更大地激发教师学习的热情,使校本研修真正走向实效。实践证明,目标导向积分管理的教师研修机制是有效促进教师专业成长的新支持,能很好地培养教师的研修自觉和专业自主。

(1)按需研修,助推教师个性成长

"积分管理制"成就了教师的专业自主,使每位教师成为独特的个体。学校根据教师的不同需求,提供多样的研修课程与研修方式供教师选择,教师在完成底线研修要求后,能个性化选修,激发了教师研修热情。研修项目负责人轮执制使得人人有事管,人人被人管,极大唤醒了教师的成长活力。

(2)目标导向,调控教师成长路径

运用目标导向策略,让教师每年度制定、交流、调整研修规划,促使教师不断进行自我剖析现状,自主规划成长目标,不断修正研修路径,持续激发教师的潜在动力。

(3)评价伴随,全程记录成长过程

教师研修的内容、过程、效果通过"e积分"数据量化,为每位教师建立电子成长档案,并设计校本研修成长手册记录研修轨迹,让评价伴随研修全过程,使研修过程发展更显性。

(4)四个"整合",呈现研修特色亮点

目标导向积分管理的校本研修坚持"四个整合",即与读书学习整合,将读书学习作为基本保障;与教学实践整合,将教学实践作为主要渠道;与个人成长整合,将个人成长需求紧密关联;与专业自主整合,将专业自主培育作为习惯。这种实战研修与教师日常学习工作紧密融合,能起到事半功倍、学以致用的效应。

小薛是我校教龄不到3年的青年教师。2018年6月,他顺利完成了规培,还获得了上海市见习教师基本功比赛综合二等奖。成功迈出了教师生涯第一步。当他正迷茫着如何进一步站稳讲台、站好讲台之时,恰逢沐曦园青年教师成长营实行积分制管理。在认真制定好规划和计划后,他以挣积分为前行的新动力,阅读了《爱心与教育》《修炼——百位特级谈教师专业成长》等书并参与读后感交流,参加学校阳光论坛的发言,疫情期间积极投身到志愿服务,有质量地完成了单元教学设计,参加学校"星秀杯"教学评优,听课议课20节,完成5份听课报告,撰写教学案例1篇,制作数字故事2则等,一年时间挣到了93个学分,在不同的成长领域收获进步。

积分制校本研修管理机制能让教师既扬长又补短,进一步提升校本研修的品质。面向未来,我们将使"积分"像扇动翅膀的蝴蝶,由青年教师辐射至全体教师群体,激发各类教师专业研修的热情,让每一位教师闪耀出属于他们的光芒!

三、用全校共读书活动引领

教育的发展,从教师开始;而教师的转变,必须是以学为先。腹有诗书气自华,最是书香能致远。在教师职业发展中,离不开读书和书中名师的引领。我校开展教师梯队培养工程,其中一个抓手就是每年读好一本书。2019年,全校教师与教育集团其他三所学校教师一起,共同阅读《修炼——百位特级谈教师专业成长》。读书是一种形式,实际是要让教师看到名师的精神境界、工作方式、教学方法,领略上海101名特级的风采,领悟名师的成长之道,然后能结合自己实际,取得提升的视角,加快专业发展的步伐。在读书活动期间,学校结合教师基本功培训,设计并开展了系列交流活动,如练一练——与开展硬笔书法比赛相结合;读一读——与开展诵读比赛相结合;写一写——与读后感写作相结合,收到包括集团在内的教师读书心得271篇;说一说——与论坛活动相结合;评一评——与活动参与奖励相结合;等等。教师们从中汲取养分,丰富精神,提升素养。下面展示其中一位教师的读后感。

学习是永远的主题

《修炼——百位特级教师谈教师专业成长》一书,涵盖语数英物化、史地政生信息、音体美劳心理、德育幼教特教职教管理等各科各类上海市特级教师、特级校长的精彩绝伦的教育、教学历程回顾。真人真事真性情,每读一篇,就有一个鲜活的优秀教师形象呈现在我眼前,他们一路走来,花了大量的心血和工夫,使教学技能迅速提升,专业素养不断提高,他们在专业发展的道路上不断砥砺前行,展现了他们不懈追求专业理想的进取精神,读来不得不让人佩服。

书中的不少文章里面涉及个人成长的历程及自己的独特感悟,对教育教学都有很好的借鉴意义。通过学习各位名师在专业成长道路上的各种方法、对教育的个性化的理解与感悟,可以帮助我们更快提升教育教学技能,提高自我学习成长能力。自己印象较深的有顾泠沅(文《我的回顾与期盼》)、冯志刚(文《"简单"是一种幸福》)、张雪明(文《布道数学,手艺人生》)、曹培英(文《在数学教学的"规矩"与"方圆"中求索》)、况亦军(文《出乎意料之外,却在情理之中》)、穆晓炯(文《扎根三尺讲台、奉献人生舞台》)、唐盛昌(文《修炼与境遇》)、李秋明(文《做一个不功利的数学教育工作者》)、刘定一(文《跨学科思想与终身学习》)、施洪亮(文《永远是学生》)等老师的文章。这些文中特级教师们的为人、为学、为教之道,值得人细细思量,慢慢咀嚼。每位专家分别从各自的角度阐释了自己的成长路径,而不同的故事却可以总结出一个共同点,那就是学习、努力与坚持。

穆晓炯老师的文章《扎根三尺讲台,奉献人生舞台》,讲述了他成为一名普通的中学教师的经历,然而兴趣是首要的,努力是必须的,机遇与挑战是并存的,通过穆老师不懈的努力和追求,教学能力得到提升,教学质量获得赞誉,各种进修与学习,使他得到专家的引领、同伴的互助,使自己站在了更高的平台上。穆老师总结道,每个人的成长经历不尽相同,但要做一名优秀教师,首先就应该坚守教师的职业理想,坚持奉献的教育情怀。的确,有了兴趣,才会有更大的动力;付出努力,才会有更深的体会;接受挑战,才会赢得更多的机遇。从平凡到优秀,学习必不可少。

带着敬畏的心情,仔细阅读张雪明老师的《布道数学,手艺人生》,文中的第三部分"手艺人生",更让我体会到"要想成为真正一个有益的教师,就应该追求'匠'的品质,成为一个有'手艺'的教书匠"。张老师写道:"爱因斯坦说,'为了传播真理,我们不应该排斥任何手段'。为了适应不同时期的数学教学,我努力地适应着教学技能的频繁更迭。粉笔、镌刻蜡纸、手动印刷、电脑、电子白板、移动终端、文字编辑软件、排版软件、公式编辑软件、几何画板软件、自动手写软件、搜索引擎,我像赶潮一样学习、应用不停歇!"的确,我与张老师有同样的感受,时代的变迁,需要我们不断接受新思维,不断学习教学新技术,更新陈旧观念,提升业务水平和能力。

文章中,张雪明老师又提到了"慕课时代"。在慕课时代,教师将面临新的教学技能危机,传统教学技能有的将被弱化甚至淘汰,有的会得以保留甚至强化。而一些新技能将会得到重建,比如网络课件的制作、课程的量身定做、在线服务、主流网络终端的使用、灵活获取准确资源等。不惧挑战、直面危机的教师将会是未来的赢家。是啊,我们要变"本位捍卫者"为"开疆拓土者",不仅要站好三尺讲台,还需要用自己的课程在网络上开疆拓土,用自己的智慧"打拼",去赢得属于自己的"王国";我们要变"素材搜集者"为"规划设计者",不仅为课堂教学的有效实施提供保障,还要能"翻转课堂",为学生课内课外、线上线下的学习做好完整的规划和安排;我们也要变"知识宣讲者"为"智慧对话者",在"翻转课堂"中,以开启学生智慧为己任,成为学生学习的引导者、启发者、参与者;我们还要变"方法提炼者"为"形式独创者",不仅能兼容并蓄,形成自己的教学特色或教学风格,更应该从创设学习者的参与形式上入手来构建自己独特的教学个性特色。要想完成这些转变,就需要我们不断学习修炼,在专业成长的道路上勇往直前。

匆匆浏览《修炼》一书,让我领略各位名家成长之路,明白了特级教师(校长)的内涵,正如唐盛昌老师总结的"正因为怀着对三尺讲台深深的热爱和眷恋,才有了90岁、80岁、70岁、60岁、50岁、40岁的特级教师(校长)的薪火相传、师道相承。"出色的教学需要教师满怀激情又专心致志,当我们倾注于自己喜欢的教育事业时,自然也就沉浸在一种愉悦的情绪中,就会全力以赴地去学,心平气和地去做,就像于漪老师说的那样,在传播人类文明的征程中明确自己肩负的责任和使命,并在实践中尽力、尽职、尽责、尽心,便是对"太阳底下最美好的事业"的完美演绎。

教师是教育发展的动力和源泉,以德立身,以德施教,尊重个性,以创新之精神培养创新之人才,是我们努力发展和建设的主要方向。

第四节 教研相长打造教师梯队

以校为本的教育教学研究是促进普通教师专业发展的基本途径。在教育教学改革和课程实施过程中,我们引导教师通过对自己的教育实践进行反思,发现并解决问题,逐渐形成"在实践过程中发现问题—改革实践—再发现问题—再实践"的专业自觉,让教育教学研究常态化。

一、基于最近发展区的教师梯队打造

由于不同年龄段的教师专业发展特征不同,其培养措施也就不同。学校抓住重点、分层培养教师,激发各年龄段教师的专业发展激情,整体推进教师队伍建设。下面三位教师的成长案例是学校老中青教师梯队在实践中反思、在反思中再实践的典型写照。

(一)青年教师的成长

青年教师占全校教师队伍的近三分之一,是学校教师队伍的新生力量。他们年纪轻,工作热情高,有活力,有冲劲,有追求,教育理念更新快,信息化教学能力强,易与学生交流相处。但他们工作时间短,有些甚至刚踏上教师工作岗位,往往缺乏教学经验,在理想与现实、理论与实践之间有一定的脱节,在业务上需要引领,在实践中需要积累。我们将青年教师作为重点培养的对象。每位青年教师在指导教师的引领下,制订个人专业发展规划,组织开展各类教育教学活动,并在每个时间节点给予提醒与督促,使其业务能力全面达标。鼓励他们参加各类竞赛与评选活动,在活动中得到锻炼与提高,快速成为学校师资队伍的后备力量。

沈佳丽是金山区"新苗杯"教学评优一等奖获得者。在她的记忆当中,2018年12月的新苗杯决赛之前的一幕幕,成为永远难忘的印记。

用她自己的话说,那时的她,"持戈试马,严阵以待"。

　　第一次试教的日子如约而至。沈佳丽"初生牛犊不怕虎"，将目标锁定于课文的十个批注，想要——攻破，做到面面俱到。不仅如此，她还想要将课文内的人物描写、幽默语句、中心思想也尽数收入麾下。

　　然而理想很丰满，现实却很骨感。

　　滴答，滴答，墙上的时钟在提醒着她时间的快速流逝。沈佳丽攥紧了书，想把语速放快点，再放快点。就这样，她忘记了前一晚精心准备的串词，也忽略了学生响亮的回答，耳畔只留下了催促着她的，令人烦躁的钟声。尽管已经分秒必争，但课堂的最终呈现效果给了她当头一棒。课文中的四桩趣事中，竟还有两件完全没有分析。那些精心设计的"亮点"，成了最繁重的枷锁，让整节课变得拖沓啰唆……

　　沈佳丽垂下了头，合上写得满满当当的课本，走向了办公室。寒冷的腊月，一阵风吹过，她把书拢得更紧了，懊恼，失落。沈佳丽说自己不是个自信的人，如今，更是对自己产生了莫大的质疑。

　　"佳丽，我下面连着两节课。时间紧，你大课间跟着下来，我边看学生边与你讲！"好听的声音，温柔却有力，沈佳丽的目光跟上了声音的主人——何秀英老师。何老师眉眼带着笑意，拍了拍沈佳丽的肩。

　　冬日九十点钟的太阳，不刺眼却和煦，沈佳丽踱着步，跟在何老师身后，却始终没有与她并肩。沈佳丽感到自己表现太差了，连教案上的教学任务都没有完成。"佳丽，我认为你这次的想法很好！把着眼点放在了批注上，很符合自读课文的教学特点。"

　　沈佳丽吃惊地抬起头，没想到，自己等来的第一句评价竟然是夸赞。当她抬起头对上何老师的眼神时，那带着鼓励，带着笑意的眼眸，似有魔法一般，让沈佳丽扫去了厚厚的内心阴霾。

　　沈佳丽按下笔，把笔记本翻到了最干净的那一页。"何老师，您说，我记着！"

　　"既然你的亮点是批注教学，那么你教学的每一个环节都应该紧紧围绕着目标'批注'而展开……"在喧闹的西部篮球场，沈佳丽记下了何老师说的每一个重点，她开始回顾，正视自己的问题与失误。

　　"钱老师，您下午在办公室吗？我想来听听您的意见。"

　　"可以，我在。"

钱群力老师是沈佳丽的师父。沈佳丽刚进罗星中学那会儿，上每一节课之前，都会先去听师父的课，随后再根据自己班级的学情进行调整。钱老师的课堂提问不多，但每次总结下来，都能形成一条紧密的逻辑线索，着实让沈佳丽敬佩。初出茅庐的沈佳丽，就在师傅的影响下，一点点学习着、进步着……

来到师父的办公室，看到钱老师正低头写着什么，纸上密密麻麻地写了许多。走到师父身旁一看，熟悉的标题，熟悉的课文，原来，钱老师正在分析沈佳丽的这节课。电脑上开着许多的页面，也都是这节课的相关资料。不知怎的，沈佳丽的眼眶有些湿润，原本以为烂到家的课，却仍被师父期许着，沈佳丽有些惭愧。

"你的这节课还是老毛病，自己的话太多……"师父搬来一把椅子，让沈佳丽坐下。

"你看，这句话你完全可以不用说。你看，这里顺着学生的回答说下去多好，你没听进去学生的发言……"师父详细的听课笔记以及课后的思考，让沈佳丽又顿悟了许多。沈佳丽深深感到，工作后，自己的第一节课就是跟着师父的脚步上的，听着他谆谆教导，沈佳丽仿佛又看到了那个曾经斗志满满的自己。

夜幕降临，沈佳丽正在几案前奋笔疾书，一个电话铃打破了平静，是李天娇老师。"喂……佳丽，现在有时间吗？我与你说说今天的课。"

"娇娇姐！谢谢你！我有时间！"听着李老师的话，沈佳丽竟一时语塞，有着许多的感谢之辞却溢于言表，视线却又有些朦胧了。原来，自己被大家关心着，这温暖的罗中大家庭啊！

"我认为，在文中你挖掘的'趣'还不够深刻，你看13节，可以这样理解……"娇娇姐柔和的话语，伴着明亮的灯光，让沈佳丽的心也变得沉着而奋进！

一次又一次地试教，一次又一次地认识问题、解决问题……终于，有了最终的那堂课。当然，在这节课背后，还有着许多语文组老师的指导与鼓励。大家都有着繁重的教学任务，但语文组的同仁们，仍然愿意一遍又一遍地放下自己的事情来听课评课。其中细节，让沈佳丽至今想来，都十分动容。在这样一个优秀的集体中成长，甚有荣焉！

当获得新苗杯一等奖的那一刻,沈佳丽内心翻滚起激动的浪花。她在日记中这样写道:"岁月的河流缓缓流过,成长的足迹深深留下。蓦然回首,成长之路已留下一串串或深或浅的脚印,记载着欢乐,记载着努力。转眼间,我参加工作已经第六年了,正是有了学校的关怀、同事间的互助、师生间的灵犀,才让我这个初出茅庐的年轻教师得到了快速的成长。'乘长风破万里浪,凌青云啸九天歌'。未来,我仍将不断充实自己,向着更好的明天努力!"

（二）中年教师的发展

中年教师在学校教师队伍中占了40%多,是学校教师队伍中名副其实的中坚力量。他们年富力强、工作踏实,已具有一定的生活经验和教学经验,在事业上也取得了一定的成绩,对待工作和生活有着较为成熟的看法,家庭和事业均处于上升阶段,加上职称晋级、学术荣誉评定等外部因素的激励,进取心强,期望能干出一番事业,达到人生的顶峰。但他们缺乏的是更高平台的专业引领、实践创新,以及事业发展的机遇与挑战,在业务上需要拓展,在实践中需要创新。因此,学校重点扶持中年教师的专业发展,通过专家引领、任务驱动、平台搭建、跟岗学习等方式,达到培养与使用相结合、学校扶持与自身努力相结合、促进他们按规划实现发展目标,在专业成长上实现质的飞跃,成为学校教师队伍中的"顶梁柱"。

安慧是上海市中青年教学评优二等奖获得者。大学毕业走上三尺讲台,转眼间,安慧已经从教十四个年头了。回首这十四载春秋,她一直在收获属于自己的幸福,比如,每天可以跟同事、学生们快乐地相处,不舍地送走了一批批优秀的学生,同时开心地发现自己曾经的学生已经变成了现在的同事……

在安慧老师的心目中,专业成长才是一个老师最大的幸福。14 年间,思考着,探索着,实践着,一路走来,赢得了一项又一项荣誉:青年教师教学基本功比赛一等奖、青年教师说课比赛一等奖、"新苗杯"青年教师教学评优二等奖、"金穗杯"中青年教师教学评优一等奖、上海市第七届中青年教师教学评比二等奖。

安慧老师说,学校是教师专业发展的摇篮,所有成绩的取得离不开自己的努力付出,更离不开罗星中学这个温暖又强大的大家庭。她总结了促进自己专业成长的"四大法宝"。

一是学校机制促成长。凡事预则立，不预则废，但教学生涯确实是一个比较漫长的过程，在这个过程中，每个人或多或少地会产生惰性，出现迷茫。要做到"不忘初心、牢记使命"，不仅需要个人的努力，也需要学校机制的不断鞭策和约束。学校根据年龄层次建立了不同的社团，及时为老师们充电鼓劲；学校通过开设专家讲座的方式，让青年教师开阔视野，提升专业素养。例如，学校根据当前改革热点邀请了陆伯鸿老师开设"单元教学设计"专题讲座，同时，学校通过教育教学论坛的方式，将校内优秀老师的教育教学心得分享给大家；学校开展各种教育教学展示和评比活动，如区骨干教师的展示课、新教师的亮相课、青年教师的教学评比课，上课教师在开课中反思成长，听课教师在观课中收获。时间长了，有了这些积淀，自然就可以做到内化于心外显于行了。

二是领导关怀添动力。2018年，在学校的中青年教师教学评比中，上课前半个小时学校突然停电了，这就意味着课前精心准备的教学设计将面临瘫痪：PPT不能用、学生实验的电子天平也不能用，只有一条路了，那就是临时改为传统教学，安老师在心里快速把课堂环节捋了一遍。还好，这节课并没有想象中那么糟，甚至还不错。整节课学生专注配合，听课老师不时递来赞许的眼神，这些让安慧渐渐投入并融入了课堂，下课时竟有种意犹未尽的感觉。等到听课老师都走了之后，一位小朋友自豪地走到安慧身边说："安妈，你知道吗，刚刚彭校长说我们表现得很好。"更让安慧老师感到惊喜的是："课后意外地收到了彭校发给我的上课照片和鼓励的话语，顿时心里暖暖的，生活在这样温暖的大家庭中真的很幸福。在2019年上海市教学评优的过程中，在试教过程中遇到各种困难和需求，学校都会帮助解决，这种关怀和温暖增添了我教育教学的动力。"

三是师徒结对保前行。安慧老师认为，在自己前行的路上，一直有一些人在默默地支持和陪伴着自己，犯错时她们会坦诚地指出你的不足，帮助你一起改正错误，在取得成绩时她们会悄悄地替你开心并真诚地期待你再接再厉，这些人就是自己的师父们。有了这些热心的师父们，让初来乍到、离乡背井的安慧并没有觉得上海的冬天有多冷，因为刚入冬时，师父的暖心羽绒被已经盖在了身上；每个节假日，安慧也成了有亲人在身边的人；有了孩子后，师父要关心的人又多了两个,有啥好吃的师父都会说"给大宝小宝吃"。在工作上,有啥不懂的也不怕,因为有师父。每一次的评比和展示更是离不开师父的劳心劳力和不舍昼夜的陪伴。现在,安慧自己也做了师父,也体会到了师父对徒弟的那份心意,她也要辐射自己的那一份力量去帮助青年教师的成长。因为感恩师父,所以安慧更是时刻提醒自己做最好的自己。

四是团队建设共发展。一个人可以走得很快,但是一群人才会走得很远,在教学中,需要一群志同道合的人携手前进。在学校,我们有优秀和谐、积极向上的教研组团队,在这个团队里大家每天开心地工作,进行着学科内和不同学科之间的取长补短、共同进步;在罗星教育集团内,我们有"星探物理工作室",在工作室主持人的带领下,我们有计划地实施着各项教学交流活动,这使老师们的眼界更宽,在做好自身工作的同时,更要在集团内发挥引领校的作用,有担当才能成长。

安慧说:"一路以来,我的成长离不开罗星中学这个优秀的集体,现在的我作为区骨干、罗星教育集团'星探社'副主持人和九年级组长,更应该努力提升自身教学素养,继续在教学之路上幸福地走下去。"

(三) 资深教师的示范

资深教师在教师队伍中占了30%。资深教师是一种资历的象征,更是一种应有的尊敬,是教师队伍中不可或缺的资源财富,他们经过20多年的努力工作与专业发展,积累了丰富的教学经验,形成了稳定的教学风格。他们中的大部分评上了高级职称,拥有区级以上学术荣誉。但这一年龄段的教师,往往进入职业生涯的"高原期",正高职称、特级教师等可望而不可即,难以接受新事物、新理念、新方法,在专业发展方面难有新的突破,普遍出现职业倦怠现象,失去工作激情,安于现状。加上一些评优评选制度对年龄的限制,无形中削弱了老教师的进取心,专业成长乏力,在业务上需要提升,在实践中需要反思。因此,中老年教师是学校教师队伍建设中重点激励的对象。学校积极鼓励他们走出"高原期"和"职业倦怠",以获得进一步发展和超越。

单小红老师多次担任上海市高级教师评审委员会物理学科执委。她说,她的幸福就是努力成长为一名智慧型的教师。

"人的心灵深处,都有一种根深蒂固的需要,这就是希望自己是一个发现者、研究者、探索者。"苏联教育家苏霍姆林斯基的名言一直是单小红的座右铭，激励着她转变教育观念，激发学生的求知欲，培养他们的探究精神，在教学方式上努力创新，充分激发学生主动参与，在课堂上起引导者、组织者、参与者的作用。

回顾自己这些年的探索之路，单小红感觉自己经历了五个转换。

一是从授业者转换成促进者。三百多年前，捷克教育家夸美纽斯就在《大教学论》一书中写道，要"寻求并找出一种教学方法，使教师可以少教，但是学生可以多学"。这种通过"少教"以达到"多学"的教学理念，是每个教师所追求的理想境界。单小红注重在教学目标中融入"让学生掌握学习方法""激起学生学习兴趣""在探索发现中掌握知识"等更加符合新理念的内容。师生互动多，学生活动机会多。尊重学生的主体地位，注重启发学生自己思考，自己发现问题，自己解决问题。在课堂教学中，教师的发言尽量减少些，学生之间、师生间的讨论多些。在解答问题的过程中，多让学生参与，"谁来回答他的问题？""还有其他的答案吗？"，让学生各抒己见，积极讨论，在讨论中思考，在合作中交流，培养学生的学习兴趣。

在学习"摆的故事和启示"时，研究单摆的摆动快慢的有关因素，单小红先提出了一系列问题，让学生思考：哪几个因素可能会影响摆动快慢？怎样分别研究每个因素对摆动快慢的影响？应如何测量？她让学生带着问题先进行小组讨论，然后，有针对性地让学生通过组间的合作交流，从中选取有价值的方法，在讨论时重点渗透控制变量的科学方法。在小组合作学习的过程中，她仔细观察各合作小组成员的合作情况，并及时发现小组合作过程中存在的问题，并采取一定的调控措施，如表扬速度快、有创新的小组，并通过组间巡视、质疑问题、个别询问等途径，促进小组合作有效进行。同时，在小组合作过程中，单小红除了起指导和促进作用以外，还和学生一起平等讨论交流，成为学生讨论小组中的一分子。

二是从训导者转换成引导者。单小红老师认为，教师要用新的教学理念指导教学，需要摆正自己的角色位置。"科学探究式"教学强调学生的主体作用，以学生的主动参与探究过程为标志。教师应该充分发挥教师自身的指导作用，成为学生学习的引导者、组织者、指导者和参与者。

对于初中生来说，学习物理时，感性认识比理性认识多得多，如果只注重物理结论的应用,而不注重过程的产生,一段时间后学生可能就把这些知识都淡忘了;而要知道如何得到这些结论,这些结论是如何来的,那就要注重过程形成的认识。物理实验的探究,正好符合教育特点,能培养学生自觉地通过自我的实践活动,达到认识事物的目的,它引导学生从不同的角度理解物理概念、规律,不必过分重视是否有正确的答案,而重视思维过程。

在学习"摆的故事和启示"时,单小红注意引导学生在学习中逐步学会合作技能,比如会倾听,不随便打断别人的发言,努力掌握别人发言的要点,对别人的发言作评价;会质疑,听不懂时,请求别人作进一步的解释;会组织,主持小组学习,能根据他人的观点,做总结性发言。

三是从饱学者转换成学习者。单小红说:"做学习型教师就要善于吸收。理解和把握好教材是提高教学质量和效率的基本前提,要提高教学质量,要真正发挥我们教师在教学中的主导作用,在理解和把握教材方面必须做到胸有成竹、游刃有余。教师必须钻研教材,学习课程标准,多读书、多思考,真正体会课程先进理念,并贯彻于平时的教学实践中。"

课程标准提倡学科综合,要求教师开发课程资源,每位老师都会体会到知识的匮乏。现在的课堂是开放的,面对学生的畅所欲"问",教师怎样对答如流?所以,作为老师,要终身学习,做学习型的教师,不断更新教育理念,不断充实自己,不断超越自我,改变并完善教育教学行为。在科学探究中,各个探究的问题的内容、角度、方法、目标和涉及的范围存在明显的差异,有的甚至超出了物理学科的范畴,它需要利用其他学科的知识,采用多种多样的手段,获取广泛的信息资料,这就要求教师要有比较渊博的知识和较强的科研能力。现在教材中设置的很多开放性问题,教师不一定知道怎样回答,而学生不一定不知道怎样回答。例如有关颜色的混合问题和颜料的混合问题,物理教师不一定比学美术的特长生知道得多,所以,有时学生的想法和观点也许比教师的更多、更好,教师应与学生之间形成一个平等的相互促进的共同体。

四是从教书者转换成研究者。单小红老师认为,做反思型教师需要长于研究。著名学者波斯纳提出教师成长的公式:成长=经验+反思。课程改革呼唤教师从单纯的知识传递者走向研究者、反思者,也就要求新时期的教师不仅专业学识要较为丰富,还要善于对教学问题进行研究和反思。教学反思中的"反思",从本质上来说,就是教师的一种经常的、贯穿始终的对教学活动中各种现象进行检查、分析、反馈、调节,使整个教学活动、教学行为日趋优化的过程。这无疑会促进教师关注自己的教学行为,深入地开展教学研究活动。从先进的教育理念到课堂的实践需要一个很长的过程,一个不断研究、不断尝试、不断反思和不断实践的过程。对于每一位教师,当上完一节课后对这节课后的感受,肯定会比课前备课的感受更为深刻,课前的"预设"、课中的"生成",结合作业批改,更能从中体会该课教学的"得与失""成与败"。因此,教师课后反思自己的备课与课堂教学,记录自己的感受、体会、评价及修订,总结积累教学经验,具有非常重要的意义。

在临近中考前期,单小红老师采用了"专家圆桌会议"的形式上了一节研讨课,展示了一堂具有全新观念,又值得深思的复习课,利用这种课堂教学方法让学生真正成为学习的主人,让学生在合作中学会学习,增强自信。在课堂中学生始终以饱满的情绪、主人翁的态度投入到复习中,使每位学生得以全面发展,激发学生的内在潜力,使得课堂充满生机和活力。但这种课堂教学方法存在着不足之处:对学生的要求较高,故让全体学生学有所成有一定的难度,对于基础较弱的学生也是一种考验,在选题时要注意难易程度,在课堂中要"照顾"好他们,必要时帮助他们使其成为"专家",让他们品尝一下从未有过的成功感。在第二轮中,单小红提醒学生要明确自己是以专家的身份出访的,要认真、负责,避免有抄袭答案的现象。讲课结束后,单小红进行了反思:在今后的教学中不断地改进,力求使"专家圆桌会议"课堂教学方法更完善、更成熟!

五是从执行者转换成创新者。敢于探索是创新型教师的重要表现。我们倡导教学创新,鼓励教学有个性,有创新,使之形成富有自己特色的教育教学风格,多接受新事物,大胆尝试新教法,标新立异,每节课都要力求有新意、有亮点。单小红老师要求自己对待学生要有一颗博爱之心,对学生要以诚相待,以自己的真情去感动学生,把"爱"给予每一个学生,对待学生要宽容和有责任感。

单小红老师深知,拥有丰富的知识结构,能否主动构建自己的知识结构,是区分"创新型教师"与"教书匠"的重要标尺。因此,在物理教学中,单小红十分注重师生相互交流、相互沟通、相互启发、相互补充。在这个过程中,她经常和学生分享彼此的思考、经验和知识,交流彼此的情感、体验与观念,丰富教学内容,求得新的发现,从而达成共识、共享、共进,实现教学相长和共同发展。

二、基于"互联网+"的教研模式重构

2020年新冠疫情期间,教育部发起"停课不停教,停课不停学"的号召,让在线教育登上"C位",按下"快进键",担起大任并发挥了巨大作用。疫情下的居家学习、大规模在线教学倒逼广大教师提升在线教学技能,使在线教研得到快速普及,由此为学校创新教研模式带来了新契机。学校顺势而行、应势而为,运用"互联网+"思维,积极变革和创新"角色、内容、资源、技术、评价"等教研诸要素。下面是罗星中学在线教学期间变革教研模式的案例。

在线教学期间,为了实现停课不停学的号召,学校通过缔结教研共同体重塑教研角色;将"互联网+"技术作为教研内容生成途径、展现方式、融合创新的新引擎;用众筹与典型引路,构建教研供给侧与需求侧灵活对接的新机制;兼顾各学科组个性,实现技术迭代更新的良性循环;基于数据驱动,推行活力涌动的弹性教研评价。

（一）理念统领,设计先行

用办学理念引领,相信每一位老师都是宝藏,每位老师都有研讨的渴望,相信只要他们肯尝试,就能想出各种各样的教学方式和灵活方案。虽然他们技术掌握的水平参差不齐,学校仍鼓励每一位教师,赋权教师全员参与研讨。以管理为根本,理清思路,确保工作流程精准并环环紧扣,做到统揽全局。

1. 确立组织架构

成立专班、党政同责。领导小组做好顶层设计,制定制度、靠前指挥,及时发声音、发出好声音。十个工作小组协同管理、互相补位、齐抓共管。这样的组织架构确保所有干部教师找到自己的位置,在不同层面作贡献。

2. 制定方案制度

制定并完善方案、制定在线教研制度、在线教学规范制度、在线教学用户指导手册等,努力做到功在"课"前,确保在线学习期间的依法治教、机制长效。

3. 思想行动随后

通过在线培训会、专题研讨会、学生家长会、教职工大会等53次专题会议,在宣传培训中明确路径和策略,达成共识,促进整个团队结伴同行。

4. 交流反馈及时

通过点对点对话、教研活动、教学沙龙、书面告知书等不同的形式,及时反馈、交流,有效促进教师间的借鉴和取长补短,如学校组织的 256 次学科组活动、9 次区内外校际交流活动等都深受教师欢迎。

(二) 优化路径,措施跟进

1. 物尽其用

(1) 平台设备

面对师生只有网络和终端的现实和随时随地的线上学习需求,我校采用"智慧统整,化繁为简"的策略,坚持物尽其用的原则,打造一键式操作系统,架构云端班级、云端会议室、云端教研空间、云端教育教学管理等,努力实现真正的线上协同办公。

(2) 教学资源

坚持"有教无类、分工合作"。备课组分类设计至少 2 个层次的学习框架,采用集体研讨、分头行动、集体审定、班本化实施的流程,有的设计学习单,有的做课件,有的做视频,人人参与资源制作,反复修改,最终由组长审核通过后共享。

(3) 教学用具

为了提高在线教学效率,解决书写困难,教师将所有例题、练习做成了PPT 或视频详解,课后推送给学生,满足部分学生再学习的需求,如物理组提前下载好实验视频进行在线模拟实验;数学组利用扫描全能王对需要讲评的作业进行扫描,用希沃助手同屏技术投屏,用电容笔在平板上作图分步讲解,促进学生有效学习。

2. 师尽其才

有效是在线学习的硬核。学校组建了在线教学团队,搭建各种平台,促进教师迅速胜任"十八线主播"的角色,师尽其才,激发每个人的智慧。在经历了平台技术培训、资源制作培训、基本的教学技术掌握后,就将工作重点聚焦在研讨在线教学效益的提升上,变危机为契机,点燃了教师的研讨热情,全面提升了教师的在线教学能力。

(1) 初期阶段

全员在线培训。学校多次组织教师参加市在线教学技术培训,并结合学校当前使用的智学网和钉钉,通过视频会议、远程直播等方式进行了针对性强的校本培训,内容含直播教学、在线管理、作业批改、在线检测等,精品式的资源供给,采用分类培训、逐步推进的方式使教师逐渐掌握。线上教研,要给老师留有一定空间,让想法喷涌、智慧流动、经验沉淀,因此学校建立了在线教师微信群,包括相关学科的教研组群、备课组群、年级组群、班级任课教师群,教师可将经验分享在微信群中,随时利用群多人连线功能召开各类研讨活动。由于各类工作群的建立,增进了研讨,技术人员也能第一时间解决网络教学中遇到的困惑或问题,提高了工作效率。九年级自2020年2月18日开始在智学网直播平台进行寒假作业辅导,六、七、八年级自2020年2月19日开始在钉钉直播平台进行寒假作业辅导,2020年2月25、28日两天,按照市教委课程表中的课程,学校安排了所有任课教师进行直播技术调试和直播课程互动教学,保证所有任课教师掌握基本技能,能够正常开展。

网络在线巡导。线下教学期间每学期都会有推门听课活动,线上教学时教师会不会碰到困难,教学质量如何,都需要管理者做好监管与服务工作,于是在2020年3月2日在线教学前,学校组建了以年级组长和年级组分管领导为主要成员的网上巡课团队,制定了巡课方案,保证年级组每天每节课都有专人巡课,教学管理团队更是对全校教师的上课情况进行整体巡查,做到全覆盖、无死角,并形成了每日巡课、当天反馈给上课教师和教导处的机制,此项措施及时解决了部分教师的技术困难,全校教师迅速掌握技能,全部荣升"一线主播"。

一日研修活动。以腾讯会议为活动平台,每天晚上由备课组长组织备课组活动,青年教师进行技术展示,每位备课组成员汇报当天课堂教学中的技术问题与教学内容的重难点、易错点、作业批改等情况,强化教学及辅导的针对性。根据线上教学实况和学生的学习反馈,分析教学及辅导的策略和作业的布置,让教学更具针对性,让辅导更精准,让在线教学落地生根。这样的一日一研讨,教师们及时发现问题、调整策略。随后一位教师以共享屏幕的方式主备第二天上课内容,以及每部分内容的线上教学活动的组织、学生学习效果的反馈手段等,其他成员点评补充。

在线教学沙龙。为了促进教师智慧的流动,学校先后组织了两场校内在线教学沙龙和两场校际间的教研活动,分享教师的微技术和微方法,分享教师名单由管理团队巡课发现与教师自荐相结合的方式产生。

资源建设研讨。为了丰富教研内容,学校要求备课组分类设计至少两个层次的学习支架。采用集体研讨、分头行动、集体审定、班本化实施的流程。备课组发挥教师特长,有的设计学习单,有的做课件,有的做视频,人人参与资源制作,反复修改由组长审核通过后共享。为提高课堂教学效率,解决书写困难,教师们将所有例题、练习做成了PPT或视频详解,在课堂使用后,课后推送给学生,满足部分学生再学习的需求。

在线课例研讨。学校开展公开教学研讨活动,一周内共有24位教师上了公开课,并进行了研讨。

（2）中期阶段

全程校本教研。在解决技术问题后,学校迅速将教研重点放在学科教研上,听课评课活动是重要手段,学校组建了钉钉教研组群,让每位教师将自己30分钟内的上课视频链接发送在教研组群,方便教师随时回看听课,学校对每位教师规定了听课的节数要求与反馈要求;同时建立每日一报的听课反馈制度,教师对听的每节课要写三个优点与三点建议,于当天18:00前填写问卷,晚上教导处点对点反馈给被听课教师,管理部门根据反馈情况确定第二天的听课对象,每位教师必须每周至少完成一节"我看我的课",并在问卷星中填写好三个优点与三点建议。

全线备课活动。本阶段做实教研共同体机制,专业引领,同伴互助。每个备课组保持每周1次的2节课集体备课,重点研究教学资源的准备,每个教研组保持每2周一次的网上教研,主要围绕在线学习准备、在线学习效果、在线评价方式、在线互动方式等重难点问题,进行有针对性的在线主题教研活动,激发教师深度思考和主动探究。

全员巡课议课。经历了初期阶段的从看基本技术掌握,逐渐到运用技术提高课堂效率,到提升课堂教学质量的过程,建立问题及时反馈、优点及时弘扬的机制,以告教师书的形式进行阶段小结。

（3）衔接阶段

在线经验梳理。为了及时了解、遴选、推广教师在线教学方面形成的经验和成果,促进交流、解决问题,学校组织了在线教学案例征集评比活动,并将优秀案例报区参与评比,为后续工作提供指导性建议。

优质资源学习研讨。在线教学期间,上海市教育委员会教学研究室组织开发了"空中课堂"在线教学资源,学校将资源作为重要教研内容,以自学自研、同伴共研的方式开展学习,并以高品质资源建设为抓手,让教师结合校情整合"空中课堂"中的优质资源入校本教学资源,在资源建设过程中促进教师反复学习优质资源,促进教师开展研讨。

研讨衔接计划。每个教研组、备课组在学校制定的衔接计划的基础上,开展研讨,以问卷、在线作业大数据统计等方式摸清学情,制定了每组的衔接计划,确保了从线上到线下的平稳过渡。

（三）赏识激励,评价伴随

在线学习,师生都在坚守,都不易,需要激励肯定。学校提倡优点不足并重、一分为二地评议同伴的课。举行学生在线学习之星、教师战"疫"之星评选,对师生予以价值的肯定。

1. 学生在线学习之星评选

为了激发学生的自觉性和积极性,学校启动了在线学习之星的评选,不比成绩好坏,更多关注学习态度、学习习惯、学习方法等,学校精心设计有纪念意义的电子奖状,通过晨会课隆重表彰,并通过微信号推送,起到了很好的榜样激励作用。

2. 教师战"疫"之星评选

学生需要鼓励,教师也如此。学校开展了"四有"好教师战"疫"之星评选,聚焦教学一线,这一活动弘扬了校园正能量,激励教师担当作为,提升停课不停学效益。

（四）总结反思,取长补短

回顾在线教学过程,在线教研活动实现了从"应急"到"平稳",从"无序"到"常态",从"技术融合"学习到"学科内涵"研讨,教研活动的主体、内容、流程、机制、评价等都有了新的变化与发展。

本案例呈现了罗星中学在线教学期间教研活动的转型发展,重构了基于"互联网+"的教研模式,丰富了教研活动的内容,主题教研的特点更加突出,教师教研主体的地位更为突出,教研流程与形式更关注对研讨的深度,教研反馈与评估更指向"反思与对话"专业素养的培育,一定程度上加快了全体教师的专业发展。

第六章

以集团办学助力教育优质均衡

为了深入落实党的十九大精神和上海市委、市政府关于本市基础教育综合改革的部署,进一步提高初中教育优质均衡发展水平,努力让每个孩子都能享有公平而有质量的初中教育,本着坚持"办好每一所学校,成就每一名教师,教好每一位学生"的理念,上海市教育委员会决定实施百所公办初中强校工程(以下简称"强校工程"),旨在经过3—5年的努力,实现百所公办初中在原有的基础上,教育教学状态明显改善,学校办学特色明显增强,整体办学质量明显提高,家长对学校的满意度明显提升,建成"家门口的好初中"。

初中强校工程,主要通过制度创新、政策支持和项目化实施,聚焦质量提升,办"家门口的好学校"。这是上海教育贯彻落实党的十九大精神和基础教育综合改革的决策部署,进一步提升义务教育优质均衡水平的重要举措。金山区多措并举,其中一个重要的举措就是将强校工程的推进与"一带三"紧密型集团化办学相结合。在此背景下,一个由多法人组成的办学共同体——罗星教育集团应运而生,罗星中学担任领衔学校,张堰二中、吕巷中学、松隐中学为实验学校,开展紧密型集团化办学试点,通过3—5年的努力,教育集团内学校改革发展的内生动力持续增强,办学质量有明显提高,办学特色不断增强,家长满意度高,成为百姓家门口的好学校。

教育集团成立后,围绕软硬件各要素进行集团内部的自我初态诊断后,发现有不少增值的起点。一是集团内各类学校并存。三所实验校分属不同的乡镇、不同的发展梯队,校际差异较大。视差异为优势,能有机会共同探索不同类型学校在强校平台不一样的发展。二是发展空间较大。实验校师资专业发展不平衡,课程校本化实施较弱,课堂教学品质不高,但是每所学校都拥有发展基础,也就有了可增值的空间。三是挑战应运而生。把发展空间转变为发展路径、发展现实,自然成了集团面临的挑战。迎接挑战的过程也是团队增强自信力、树立他信力的过程。主要有五个方面的主要挑战。

挑战之一,"强校工程"实际上是"强人才工程"。首先作为引领校自身"腰板"要硬,其次通过体制机制建设实施输血造血工程。着力研究加速教师梯队发展的运行机制,并以学科建设带动教师专业发展,培养一批特色教师。

挑战之二,"强校工程"是"强课程工程",这是提升质量的载体和主渠道。我们把它作为核心工作。基于中考新政,加强"规准与创新"并重的课程建设,一是研究国家课程校本化实施;二是学科融合的综合实践课程,例如星悦阅读项目、创新课程群建设、跨学科案例分析。

挑战之三，"强校工程"是"强课堂品质工程"。基于中考改革，以学科工作室为单位，深入研究课堂转型的组织方式、教学方式等结构性变革，提升学生可持续学习力。

挑战之四，"强校工程"是"强质量工程"。提升集团学业质量的保障体系建设，对接高中推荐生制度变化，构建绿色学业质量观指导下的基于大数据的差别化教学质量分析和监控体系。

挑战之五，"强校工程"也是"强资源工程"。基于满足开设丰富课程、转变教学方式、对接中考改革等的需要，完善或开发教室内外、校园内外、线上线下的新型学习空间。

针对办学实际，罗星教育集团以"共享、联动、创生"为核心文化，围绕立德树人根本任务，深入落实基础教育综合改革要求，努力办好每一所成员校、成就每一名教师、教好每一位学生。坚持优质导向、专业引领、主体激发、创新驱动、重点突出，通过机制创新、课程共建、项目引领、资源共享等举措，抱团取暖、合作共赢，努力让每个孩子都能享有公平而有质量的教育。

第一节　机制创新激发办学活力

一、确立集团建设的愿景目标

（一）主要思路

以点带面、扬长发展、共建共享、促进共同进步（或增值）以课程教学改进为重点，全面提高教育教学质量，展现互为红花绿叶的和谐发展。

（二）主要目标

1. 总体目标

经过3—5年的努力，实现教育教学状态明显改善，办学特色明显增强，整体办学质量明显提高，家长对学校的满意度明显提升，建成"家门口的好初中"的目标。

2. 具体目标

2018 学年：整体设计，规划制定年。构建组织架构，制定发展蓝图，达成发展愿景和共识。启动中考新政下的课堂教学改进。

2019 学年：课堂改进，学科建设年。持续推进中考新政下的课堂教学改进，集聚集团学科优势，形成学科攻关项目，提高学科教学质量。

2020 学年：课程领导力提升年。以市课程领导力项目为引领，构建中考新政下的学科课程群以及跨学科综合课程，实现课程再建。

2021 学年：减负增效，高质量发展年。围绕"双减"及"五项管理"等要求，由面及点优化一校一策，加大点上个性指导。

2022 学年：反思展望，总结展示年。总结经验与不足，固化特色，形成成果。

（三）发展愿景

围绕强校工程的发展目标，我们确定了"让每一所学校都优质，让每一位老师都精彩，让每一个学生都幸福"的集团办学愿景。我们以"高品质"为核心价值追求，致力于形成包括高品质的课程、高品质的项目、高品质的队伍、高品质的资源、高品质的机制，用心用情打造促进教育优质均衡发展的高品质教育生态。这样的集团办学愿景，通过学习、宣传、讨论，最终得到师生家长和所在社区的认同认定，统领罗星集团未来的教育教学实践。

二、确定集团推进的总体方略

积极发挥罗星中学"全国心理健康教育特色校"的特色优势，将积极心理学原理运用到了紧密型集团化办学的实践中，确定了以"激励赏识"为主的工作方略，坚持地位平等、优势导向、优势互补，善于发现、发挥、发展集团及实验校的闪光点、生长点，以长育长，以长促全，以长补短，带动整体。

在组织领导和职能机构设置方面，充分尊重教师的个性特点和原有的基础优势，追求教师领导；罗星教育集团的标志设计融合四校元素，为整个团队喜爱认可。学科工作室的主持人并不一定都来自引领校。在行事流程上，让管理者和教师参与到决策过程中去，自下而上，商量着来，由"要我做"到"我应做"。在支持系统方面,给予每个中心和工作室每年一定的活动经费支持,中心和工作室负责人有全部支配权。在管理方面,尽量少一些检查,多一些研究,为激发教师工作的积极性、创造力奠定前提。在活动机会方面,让每一所学校、每一位教师都能找到自己应有的位置,如集团的启动仪式上全体教师都参与,每所学校都亮相上台,每校所在的地方政府都到场支持,教研活动主场轮值,等等。

三、架构激励导向的治理体系

结构不同,功能、流程也会不同,结果就不一样,因此治理结构也能激励人。虽然对外有领衔校与实验校之分,校际差异较大,但集团内部治理强调地位平等,强调每一所学校对集团所作的贡献。集团采用协同化雁阵式治理方式,领头雁为集团管委会,由四校主要领导担任;管委会下设专家组和六大职能中心——学生发展中心、教师发展中心、党建发展中心、课程教学中心、信息化应用中心、情报宣传中心,成员校的校长、副校长牵头职能中心,各学校的中层干部为职能中心的核心成员;课程教学中心之下又设十大学科工作室,在集团内选拔各学科最强的骨干教师担任主持人,集合四校力量共同开展学科研究。

集团视差异为优势,将积极心理学原理运用到了管理实践中,确定了以"激励赏识"为主的工作方略,把"激励人"作为核心,有利于每所成员校都树立主人翁意识,提升各校的积极主动性以及一线教师对罗星教育集团的认同感和归属感。集团还确定了"条块结合,纵横交错,集群发力"的实施路径。条块结合是指集团各职能中心工作与实验校工作有机整合;纵横贯通是指管委会及中心负责人既分管各职能中心工作,又是实验校的主要领导或分管领导。六大中心和十大工作室在同一个平面上开展工作,没有上下级和从属关系,抱团协作,互利共生。

四、制定扬长导向的一校一策

围绕"寻源—设计—行动—评估—改进—提升"的路径,帮助三所实验校进行多次初态诊断。引进专家资源,做到一校一顾问,以激励赏识的目光,积极发现实验校的闪光点和长处,把亮点放大做强,扬长发展,以长补短,带动全面。根据校长书记等原有的学科和管理优势确立一校一策,以此唤醒学校的教育自信,激发教育活力。例如根据张堰二中校长教育教学的专业背景以及学校课程建设基础,确定了"提升课程领导力"方面的研究项目;根据吕巷中学校长德育管理背景以及学校德育一体化建设的经验,确立"学生培育"方面的研究项目;根据松隐中学校长特级教师的专业优势,确定"学科研修与课堂改进"方面的研究项目等。

五、确立"六强"的工作主线

集团主要围绕"强师资、强资源、强课堂、强质量、强品牌、强机制""六强"开展探索实践,取得了阶段性的成效。

(一) 强治理——强化共同追求,完善集团治理

1. 明确共同价值追求

进一步明确"增值"是强校工程的硬核。聚焦"四个明显",即"教育教学状态明显改善,学校办学特色明显增强,整体办学质量明显提高,家长对学校的满意度明显提升",不断调适实施方案,全力建"家门口的好初中"。

(1) 达成建设共识和发展愿景

建设共识:地位平等、互利共生。将积极心理学原理运用到了紧密型集团化办学的实践中,确定了以"激励赏识"为主的工作方略,把"激励人"作为核心,善于发现、发挥、发展集团及实验校的闪光点、生长点,以长育长,以长促全,以长补短,突出强校推进中每所学校、每位教师的贡献和成长。罗星教育集团的标志设计融合四校元素,为整个团队喜爱认可。学科工作室的主持人并不一定都来自引领校。集团在行事流程上,让管理者和教师参与到决策过程中去,自下而上,商量着来,由"要我做"到"我应做";在支持系统方面,给予每个中心和工作室每年一定的活动经费支持,中心和工作室负责人有全部支配权;在管理方面,尽量少一些检查,多一些研究,为激发教师的工作积极性、创造力奠定前提;在活动的机会方面,让每一所学校、每一位教师都能找到自己应有的位置,如集团的启动仪式上全体教师都参与,每所学校都亮相

上台,每校所在的地方政府都到场支持,教研活动主场轮值;等等。

集团发展愿景:让每一所学校都优质,让每一位老师都精彩,让每一个学生都幸福。

(2)认定增值领域和增值标识

确定中考合格率达到95%以上;区重点以上优良率和普高录取率;逐步提高,增值不少于5%—10%。实验校新增区级以上骨干教师、高级职称教师比例不少于10%。家长社区满意率不低于90%。

2. 完善内部管理制度

"协同化雁阵式"的治理方式使集团管委会以及各职能中心、学科工作室更方便布局大联盟管理格局,引领集团各项工作整体化运作、校本化实施。

(1)明确目标职责

围绕"上海市教育委员会关于实施百所公办初中强校工程的意见"的精神,明确六大总体目标,即"经过3—5年的努力,实现百所公办初中在原有基础上,教育教学状态明显改善,学校办学特色明显增强,整体办学质量明显提高,家长对学校的满意度明显提升,建成'家门口的好初中'的目标"。集团在一开始就注重提高目标达成度,注重过程与结果并重,分工合作。明确四校的校长是项目研究的策划者、引领者、组织者、协调者、实施者,是项目研究的第一责任人,副校长、职能处、学科组等发挥承上启下的组织落实工作,全面开展各项工作的研究推进。

(2)加强过程管理

构建和不断优化管委会例会、每月教研制度、学科活动月制度、共读一本书、每学期论坛交流机制、课程互派共享机制、教师交流机制等。确立集团整体定期(2次/学期)和不定期会晤,职能中心和学科工作室定期(2次/学期)和不定期展示、研讨、会课、展示、沙龙等机制。罗星中学负责策划总体项目推进;职能中心和学科工作室负责策划每一次的研讨活动。聘请教科研专家进行专业指导,积极跟进发布工作进展。例如,集团课程教学中心专门成立教学常规督查小组和教学质量检测小组。教学常规督查小组制定集团"教学常规检查细则",每学期至少组织两次教学常规检查,包括备课笔记、听课笔记、作业批改的检查。每学期至少组织一次集团学校的年级教学视导。教学质量检测小组每学期至少组织两次联合教学质量分析,定时监控四校教学质量。其中将毕业班教学质量作为重中之重,每学期召开初三教学工作会议、中考阅卷分享会,共同分享策略、解决问题。

（3） 实施捆绑评估

为让各成员校"拧成一股绳""劲往一处使",集团注重用好"评价"这根指挥棒,自主开发绩效评估量表,实施捆绑式内部绩效评估。例如,对领衔校罗星中学的考核,不仅看其自身的办学质量,更要看实验校的进步情况;对职能中心和各学校工作室的考核,也要看实验校该学科的发展情况。

3. 坚持结伴同行

除了突出教学主线,集团统整多方力量,注重结伴同行。通过"党建+引领"、师德师风建设、德育管理、信息化应用助力、典型宣传引路等,为强校工程提供坚强的支撑。学生发展中心加强班主任队伍共建和心理健康教育,坚持五育融合。党建发展中心通过党建论坛、四史等主题学习教育引领师德师风;教师发展中心共享培训课程、开展教师微论坛、集团共读一本书等活动,打造理想教师队伍;信息应用中心为提供技术支撑、开设信息技术培训共享课程,开展微课评比,辅助校园电视台建设,赋能传统教学;情报宣传中心及时积累、宣传集团动态,每学期出刊集团专报,在微信公众号专设"星＊集团"版块营造浓厚的强校建设氛围。

4. 探索绩效评价

依据阶段目标达成度、措施有效性等方面,开发了针对职能中心、工作室和实验校的三大评估参考标准,进行阶段性绩效评估,并将用好绩效评估结果,以自评促改进,以自评促发展,发挥集团化办学的力量优势。

（二） 强师资——基于输血造血,加强师资培养

不管是学校发展还是强校工程建设,靠的都是人。因此,队伍建设是关键。

1. 内部师资交流

职称统筹:统筹中高级职称评审名额,进一步激发教师专业发展自信。

柔性交流:按需开展集团内教师柔性流动。教师申报高一级别职称、晋升高一等级岗位等,需有在集团内流动三年及以上经历。

2."强师注入"培养

"强师注入"有三个方面:一是实验校校长和骨干教师成为市名师名校长

双名工程的培养对象。新增名校长基地后备人选 3 人、攻关计划 7 人、种子计划 12 人，并建立名校长、名师培养指导机制。二是区柔性引进的名师工作室学员招收向实验校倾斜，确保每一所实验校都有骨干教师受训。三是通过专家顾问引领。每校配备市级专家顾问一对一指导、区级教研员多对一蹲点。

3. 党建+引领

党员教师先进作用首先体现在教师专业能力和事业进取精神上，如 2018 年 5 月举办了以"党团联动建队伍，助力区域新发展"为主题的党建工作发展论坛。

4. 跨校带教

利用集团内优秀教师，实施跨校师徒带教。2018 学年签约了 10 对师徒。实施跨校柔性交流，先后有 5 位骨干教师柔性支教或跟岗锻炼。罗星支教老师发挥引领作用，跟岗教师分别配备带教师父。

5. 工作室自培

挖掘和利用成员学校特色课程和优势学科，成立各具特色的教师培训基地——学科工作室，使之成为教师梯队成长平台、教学研究攻关平台、教学改革示范平台和教育成果展示平台。特别在学科建设和指导培养青年教师中发挥带教作用，通过梯队带教等帮助培养实验校的骨干教师群体。

6. 研修攻关

研修公关包括两个方面。一是共同开发校本培训课程，如 2018 学年仅全体教师参与的通过网络直播异地共享的专家培训讲座就达 11 次。二是通过项目研修集群攻关。集团以上海市教师"1+5"专业能力提升为着力点，把解决教学真实问题作为立足点，把教学方式与学习方式的转变作为切入点，聚焦研训教一体，引领教师提升教育境界和专业素养。围绕集团实验项目，每一个校长书记分管一个子项目，每一个分管校长负责一个子项目研究，每一个中层干部参与一个子项目研究，在研究中促进专业发展。

对此，罗星中学沈佳老师有非常深刻的感受：

罗星教育集团的青蓝工程为我们年轻一代的成长搭起了桥梁，我有幸与教育教学经验丰富的张堰二中李长刚老师结为师徒，使我在教学上有了引路人。李老师有着扎实的专业知识、丰富的教学经验、深厚的教学理论，还有工作中那份认真的态度，令我产生了深深的敬意！回顾这一学期的体验与感受,真可谓是收获颇丰!从师傅身上,我获得了很多启发和教育教学、管理经验,使自我在教学方面一步步走向成熟。此刻我带着感激,对这一学期结对工作作一个总结。

首先是听师父的课令人如沐春风。李老师教学有序,个性温和。他上课从容不迫,课堂气氛也很好!真正做到了让学生在快乐的学习氛围中锻炼,将知识教学与情感教育结合在一起。

其次是教科研方面的指导。在本学期的教育教学论文评比中,李老师给予了我许多中肯的意见,经过一稿一稿的修改,我也在学习中摸索出了许多经验,令我受益匪浅。

再次是在师生关系上,李老师用自我博大的爱去温暖每一位学生。教师只有热爱学生、尊重学生,才能去精心地培养学生,爱源于高尚的师德,爱意味着无私的奉献。有了这种心境,师生之间就能处于一种和谐的状态,许多事情便迎刃而解。在李老师的指导下,我深刻认识到对学生的师爱必须掌握以下四点原则。

严格要求学生。古人云:"教不严,师之惰。"教师的爱,不是对学生的纵容,而是对学生的严格要求。当然,严格也不是苛求,严格是对学生思想品质、行为规范、组织纪律的正确引导,更是教会学生为人处世,培养学生的创新精神。

尊重理解学生。讲台不是上下尊卑的界限,学生有自我的人格。他们也渴望得到老师的理解和尊重。当然,理解和尊重他们的人格,不是让他们自由地构成和发展他们的人格,而是在老师的爱心引导下,使学生自觉地构成和发展健康的人格。

宽容学生。教师应以宽容、博大的胸怀,诲人不倦的精神,用人格的力量,来影响学生的言行举止,照亮学生的心灵。当然,宽容不是一种无原则的纵容,不是漠视学生的缺点和过失,宽容是要求我们将心比心地去包容、开解和引导他们。

关心学生。多留心,多观察,多关心他们的学习、生活,帮助他们解决各种困惑,指导他们如何学会学习,学会休息,学会自强自立,学会处理人际关系,让学生健康、快乐地成长。

吕巷中学的李桂芳老师积极参加教育集团星空工作室组织开展的读书

活动,她说,这个新平台为她打开了新视界,帮助她实现了新成长:

星空工作室组织的各项教研活动,让我坚信"他山之石,可以攻玉"。我参加的活动有李保康老师的初三专题复习课、拓展阅读教学区级展示活动、市西初级中学英语教师许瑾老师"送教送培"活动、集团期末质量分析、集团教学视导等活动。一系列的学习与活动,让我更加明白学生是课堂的主演,教师是课堂的导演。一切课堂教学都应该从学生出发,分析他们的"学"才能决定我们的教。我更加注重从"学"的角度去精心地设计课堂教学活动,巧妙地设计不同的问题,针对不同层次的学生选择恰当的方法和手段,改变课堂教学模式,从而充分调动学生的学习积极性和主动性。同时,我也更加关注创新地运用教材,与时俱进进行教材统整,如在学习旅游主题时,通过整合欢乐谷、迪士尼乐园等游乐园的英语名称和各个游乐项目的英语名称进行教学。

(三) 强资源——加强课程领导,深化共建共享

首先,做强做大已有特色课程,形成特色课程图谱,充分调用集团校资源开展校际互训,如线描画、小白龙、布贴画、篆刻等课程。

其次,以"高品质课程教学资源共建共享机制的研究"实验项目(上海市第三轮课程领导力项目)为引领,积极培育强校特色。该项目研究的目标是要共建共享集团学校高品质的人力资源、课程教材资源、学生资源和学习环境资源。通过目标的达成,实现集团学校课程教学资源"四优",即"优质教师、优秀课例、优选教法、优良习惯"。项目研究前期,我们重点聚焦前两个资源的共建。每个学科选取一个点,如教学设计、教学课件、校本作业、跨学科案例命题等,推进课程教材资源的共建共享。实施目标指向"e积分"管理的青年教师校本研修,通过架构 e 积分培训课程,设计 e 积分赋分标准,推进 e 积分生成和管理,促进高品质人力资源的共建共享。

松隐中学的刘佳老师积极学习各种教育理论,以充实自己,以便在工作中以坚实的理论作为指导,更好地进行教育教学:

我利用业余时间认真学习电脑知识,学习制作多媒体课件,为教学服务,同时也帮助其他同志制作课件、上网查找资料等,积极撰写教育教学论文。曹老师常让我去听课,就我个人而言,常去听课是一种很大的收获,也是一种享受。在听课中比较,反思自己的教法,及时记录指导老师的优点或某个知

识点教法的感想,包括教学进度、知识的重难点突破、课堂容量等,同时也能帮助我了解学生对知识的实际掌握情况,及时调整授课难度。总之,听课为我的备课与教学起到了导航的作用。通过听课,知道并慢慢体会到了上课的真正含义,就会在以后注意围绕授课目标安排教学活动,而不是为了讲内容而讲课。如果说听课是理论的积累过程,那么徒弟上课师傅听就是理论基础上的实践。曹老师尽量抽时间听我的课,每次曹老师都指出我的不足,提出建议,帮助我扬长避短,不断进步。同时,我也经常把教学中存在的疑难问题向曹老师请教,并得到了及时帮助;在帮教活动中,我接受他对上课、备课等方面的检查和指导,一个学期以来我的课堂教学有了较大的进步。

罗星中学的陈烨老师参与了工作室的六年级道德与法治学科教学设计比赛,和松隐中学的龙娜老师在张堰二中进行同课异构的课堂实践活动,还被教研员选中参与"一师一优课"的评比活动。她从内心里感谢备课组老师的全力相助和鼎力支持:

初次使用统编教材《道德与法治》,大家都是摸着石头过河,我全程都在六年级借班上课。"增强生命的韧性"一课的成功,多亏了各位老师积极地帮我出谋划策:大组长李虹老师为我理清思路,提供各种有用的素材和资料;陈红杰老师细致地帮我推敲教案,并以过来人的经历分享她的参赛经验供我借鉴和参考;陈黎丽老师提供班级给我一次次地试上,不惜打乱了她的教学进度;还有叶老师和顾老师,有空就来听我上课,给我指点,为我鼓劲……在一次次试讲、磨课的过程中,备课组的老师们不厌其烦,全程参与,从语言规范、举止神态、着装搭配等各方面事无巨细地为我提出了宝贵的意见和建议,让我感到了团队的温暖和力量,再次感谢她们。此外,还要特别感谢教研员陆老师和吴永玲老师的专程指导,如果这次比赛能够取得成功,我想这一定是大家的功劳。作为星治工作室的一员,我深感骄傲和自豪,能在这个"道法"大家庭中和各校老师互相学习、互相交流,分享资源、共享进步。真心祝愿我们的工作室越办越好!

（四）强课堂——再构教研模式,促进课堂改进

四所学校、四个乡镇,客观上需要集团运用现代信息技术缩短时空的差距。以学科工作室为基本单位,以线上线下混合式教研方式,两条腿走

路——"教学研究+教学管理"。

1. 教学研究

集团聚焦中考新政研究,通过共同备课、一日研修的同课异构、同课再构课例研究,"学科发展月"研究活动、教学微论坛、"星光杯"教学评优、"星耀杯"校本课程展评、"新秀杯"教学基本功赛等,促进课堂教学的改进。

2. 教学常规

常规教学的加强主要通过课程计划交流、联合年级教学视导、联合质量检测与评析等实现。一场疫情让大规模在线学习席卷而来,引发我们更与时俱进地运用"互联网+"思维去再构教研新模式。

（1）缔结教研共同体,重塑教研角色

大规模在线教学,需要教研共同体中能者为师,多方协同,结伴同行。集团工作室将四校教师凝聚成一个有共同价值追求的教研共同体,定位教研新角色,梯队教师分工协作。资深教师规划单元学习目标与学习路径的整体架构,核心团队分解课时目标与设计重要学习活动,青年教师变身技术的培训师,分享在线教学的微技术、微方法,全体教师对资源质量再审核。全新的教研模式和角色定位,让教师各执所长,促进技术与专业有机融合。

（2）善用优质资源,丰富教研内容

集团以学科工作室为单位,有机运用线上线下优质资源,将其作为专业引领。市级空中课堂优质资源给基层教师带来专业的支架。各学科工作室将市级空中课堂的本土化落地作为教研新主题,将听课、悟课、磨课作为教研新内容,研究衔接方法,学习流程再造等策略。各学科每日碎片研讨,每周一次集备、每月一次云论坛不等,一研技术,二研内容,三研教法,使教师的经验与困惑都能及时交流。据不完全统计,全体教师参与的线上教研达12次。返校复课后,聚焦混合教学模式的研究,持续探讨空中课堂资源的校本化实施。

（3）推进教研众筹,创新教研供给

众筹思路指引下的教研众筹意味着教研活动可以由"草根"教师发起。线上教研,每一个普通老师都可以结合自身经验和需求自下而上随时提出问题、发起讨论,集合众力量快速汇集许多种实用教学工具和教学方法等,增强了教研服务供给侧对接需求侧变化的适应性和灵活性。

（4）基于数据驱动,变革教研评价

集团基于数据驱动,推行活力涌动的弹性教研评价。首先是管理团队在线巡课,从看基本技术掌握,到运用技术提高课堂效率;其次是规定教师每周听课议课数量底线要求,利用问卷星填写当天的听课评价,形成"问题及时反馈、优点及时弘扬"的反馈机制,这样弹性评价起到了很好的反拨作用。

(五)　强品牌——实施一校一策,打造特色品牌

强调抓好"一校一策"制定这一关键环节。集团聘请专家对各校实施规划进行初态评估,寻找核心问题,提出重点改革举措,做到精准施策。一是基于问题,取长补短。例如吕巷中学的绿色指标显示,高阶思维指数薄弱,学力不强,究其原因是学生的学习习惯、思维方法有问题,在找准问题的基础上制定改进规划,确立攻关研究项目。二是基于优势,以长促长。主要是根据校长书记等原有的学科和管理优势确立一校一策,以此唤醒学校的教育自信,激发教育活力。例如松隐中学校长根据特级老师的专业优势,确定了"学科研修与课堂改进"方面的研究项目。

(六)　强机制——构建运行机制,完善支撑体系

在实践过程中,重点建立健全集团化办学的运行机制。

1. 共建共享机制

通过构建高品质的"人力资源、学生资源、课程教材资源以及学习环境资源"等课程教学共建共享的运行机制,促进教师发展有模式、学生学习有方式、教学资源有范式、学习空间有样式。例如积极联通成员校已有的特色课程,通过教师走教、学生走校、特色教师互培、信息化支撑教学同步等举措,共享共用优质课程。在统筹人事资源上也跨出了一大步,统筹中高级职称评审名额,进一步激发教师专业发展自信。

2. 研训联动机制

(1) 联合集中培训

利用现代化信息技术支持,实现一校资源四校异地共享。先后五次开展以网络直播为主要形式的联合校本研修,不断拓展教师的视野,提升教师的基本素养。

(2) 联合读书修炼

集团四校开展年度共读一本书系列活动。第一年选择了共读《修炼——

百位特级谈教师专业成长》一书。结合教师基本功培训,集团还开展了硬笔书法比赛、诵读比赛、读后感写作、读书交流论坛、活动参与评比等活动,通过读书活动促精神成长,助素养提升。

（3）联合学科教研

八大学科工作室积极制定三年工作方案和年度计划,将重点放在教育教学研究上。一是以课例研讨为主的一日研修、学科联合教研活动,二是基于学科核心素养培育的学科发展月系列研究活动。联合教研营造了集团研究的浓厚氛围,让农村学校单打独斗的小学科教师有了教研的归属感和幸福感。

（4）联合教学视导

以大年级组、大学科组为单位,通过学科工作室引领,由各校骨干教师组成的工作室团队到实验校,以常态课和教学常规的规准为教研重点,开展年级的教育教学视导工作,做到及时反馈、持续跟进。

3. 评估监测机制

以组织分析、应用学生学业质量"绿色指标"评价为重点,关注学生学业质量、教师专业成长、学校为学生提供的个性化服务、家长的满意度,体现学校在原有基础上的成长性,以"评估—反馈—改进—提高"的方式,支撑每一所学校在原有基础上不断进步。

4. 交流研讨机制

每学期初工作推进会、期末工作总结会成为规定活动。管委会、六大职能中心管理团队、学科工作室团队每月举行定期和不定期的工作例会,促进智慧传递、共同进步。

5. 师资交流机制

一是互派教师以教育教学为主线,兼顾管理层和教学层,一年中共有4位干部教师柔性交流。二是以需求为导向,支援方根据受援方的需求派出相应年级、学科的教师,以进一步凸显优势互补。平时,各校也经常以各类展示、培训活动为契机,互派教师学习观摩,共享教育资源。

6. 学生交流机制

一是活动互访,加强交流互动。二是社团共建,利用罗星中学学校少年宫平台,共建学生社团,定期开展联合活动。三是学生走学活动,实验校毕业班资优生到罗星中学提优班上课,成效初显。在近三年中考中,各实验校的优秀率、优良率都得到了不同的提高。

7. 评价激励机制

集团层面每学年举行评比表彰,如集团教学新秀评优、主题班会评比、首届"星耀杯"校本课程评比活动等。虽然看起来只是一张奖状、一本证书,但毋庸置疑的是师生在不断搭设的平台上收获了自信与成功。

8. 宣传交流机制

情报宣传中心全面负责线上线下的宣传交流工作。开设集团建设栏目,通过微信公众号及时发布互动新闻,定期编发罗星教育集团专报,跟踪实验校改革发展进程,引领各校不断进行新的思考和实践。各条线按需组织微论坛,分享教育智慧,如已经开展的"党团联动建队伍"论坛、阳光教育论坛、五四运动百周年纪念微论坛等。

第二节　课程共建构筑共赢载体

课程是学生在校活动的总和,也是促进学生德智体美劳全面发展的重要载体。在把"强课程教学"作为教育集团的工作主线后,我们首先通过不同的方式对集团各校课程现状进行客观科学的研判,发现以下问题。

一是集团学校国家课程校本化实施的质量不高。各校历经多年发展,积累了一定的校本资源,但总体还存在质量相对不高、数量不齐的问题,没有学科课程群的建设,教育优质发展任务依然较重,迫切需要优化整合各种校内外资源,建立较为完善的校内外特色资源与共享机制。

二是校本课程体系尚需完善。实验校除了拥有特色课程外,校本课程开发数量少,质量与规范化水平还有待提高,不能满足学生的个性化需求。各校亟须在三级课程体系下,制定更加科学完善的校本课程规划。

三是集团课程的设置需要优化。如何契合当下教育教学改革的趋势,完善学生的育人目标,优化、整合、开发符合集团学生需求的课程是课程顶层设计的重要前提。总体来看,集团的发展愿景和课程理念还未能在课程体系的架构中得到凸显,课程图谱还没有形成,各校单兵作战的现象还未改变,部分学校的课程意识还不强。

四是课程评价体系需要完善。在校本化的评价体系中,缺乏对集团学校培养目标的呼应,对学生的评价反馈多采用纸质的方式,各类评价数据之间难以打通,需进一步创新评价方式,如引进信息化的评价方式,提高评价数据对教育教学的反馈作用和应用价值。

五是综合实践活动课程亟待开发。集团学校现有的综合实践类、研究型课程数量不足,课程开发和建设的机制尚未成熟。需要进一步借助区教研室、社会第三方机构的专业力量,开发具有校本特色的综合实践活动课程,促进教师教育观念的转变,提升教师跨学科融合、项目化教学的专业能力。

六是校本课程开发的专业性有待提升。尽管几所学校拥有较为丰富的社会和社区资源,但部分课程资源的挖掘和利用存在一定难度。同时,教师的校本课程开发的时间和精力有限,对跨学科、项目化课程的开发、设计和实施等专业能力有待提升。另外,许多校本课程需要应用信息技术和数据素养,部分教师根深蒂固的教学模式缺乏转变,对信息技术优化教学方式的认识不够,应用教育信息技术的水平有待加强。

综上所述,我们发现,对集团学校课程进行顶层设计不仅重要而且必要,这既是集团学校课程建设的应有之义,又是集团学校课程建设之现实诉求。为了培育学生发展的关键能力和综合素养,落实立德树人根本任务,我们以系统的思维和整体的眼光关注学校课程规划,将优化学校课程的顶层设计作为促进集团改革与发展的重要举措。

所谓课程的顶层设计,是指在顶层的指导和统领下,自上而下地对学校的课程理念、课程目标、课程设置、课程实施、课程管理、课程保障等方面进行统筹规划,经过相互融合和优化组合产生聚集效应,以最大限度地提升学生学习与发展的质量。优化课程顶层设计,就是在办学理念的引领下,以系统性的全景视野,对学校原有课程的顶层设计进行优化,使原有课程精品化和新增课程多样化,促进课程理念更科学、课程体系更健全、课程实施更规范、课程评估更多元、课程保障更有效,实现满足所有学生对优质课程的学习需求,提升办学品质的目标。

课程顶层设计是学校课程发展的指南针,随着学校办学的不断发展变化,需要不断优化和完善课程的顶层设计,以更好地指导学校课程的开发和建设实践,提高学生的综合素质、创新精神和实践能力,促进学校内涵发展。

一、确立课程共建目标

1. 推进学校课程统整,调适学校课程规划。打通课程连接,通过目标达成,让三级三类课程勾连,让育人目标、核心素养落地在所有课程与活动中。

2. 聚力学科课程建设,深化国家课程校本化实施,研发校本特色的学科课程群。通过目标达成,进一步落实国家课程校本化实施、唤醒教师课程意识,促进教师专业发展,落实学科核心素养培育。

3. 蓄力综合课程设计,提升校本课程品质。建构学校综合实践活动课程,完善校本课程架构,进一步满足学生个性发展的需求,促进学生核心素养培育。

二、确定课程共建内容

（一）完善课程设置，调适集团学校课程架构

1. 构建跨学科综合课程——星奇创意课程

构建课程的要点，一是确定课程创意设计要素，构建跨学科课程模型，思考跨学科课程内容与学科课程内容的内在关联性，确立集团学校跨学科课程内容建构的优势领域。二是确立跨学科课程操作整体框架，确保课程实施常态高效。在课程操作与实施方面建构整体框架，为教师进行课程研发与实施提供参照标准，保证课程实施的常态高效。

2. 优化社会实践活动课程——星趣实践课程

集团从办学理念出发，对教育集团的学习环境、学校设施、自然资源、社会场馆、家长资源、学生来源、学校教师队伍等进行系统的评估，构建教育集团学校综合社会实践活动课程。集团也加强了综合社会实践活动课程整体规划，从提高课程认识与明确课程定位、落实课程设置与人员、加强实施过程有效指导、解决实施中突出问题、完善评价机制和行政管理保障机制六大方面，指导学校规范落实，铺就常态实施之路。

3. 完善教育集团学校课程图谱

集团完善教育课程图谱，实施课程动态发展。运用信息可视化技术绘制、显示、描述、分析和构建集团学校课程及它们之间的相互联系，把复杂的课程通过图形绘制显示出来，揭示集团学校课程的动态发展规律。

（二）聚力学科建设，深化国家课程校本实施

1. 构建学科课程建设"三棱锥"模型

从学科课程、学科团队、学科教学和学科学习四个方面构建特色（优势）学科，其中的核心要素是教师，落脚点是学生发展。以"学科课程哲学、学科课程目标、学科课程框架、学科课程思路、学科课程实施、学科课程管理"六个基本部分构建学科课程群，拓展学科课程实施途径，保障国家课程高质量实施，培育学生学科核心素养。

2. 构建学科课程建设制度体系

《集团学校课程领导制度》《集团学校学科教学指导意见》《特色学科建设

评估机制》等制度的构建,从学科思想方法、教学组织形式、课堂教学方式、教学创新项目等方面入手,建设学科教学特色。体系的构建以点带面,建立课程中心、管理运行、学科教研、教师发展、教学组织、课程评价、教学方式、学习方式、考核评估九个方面细化学科建设要求与职责,保障并促进集团学校学科建设有序有效发展。

三、探索课程共建路径

(一)基础课程的规准建设

集团基于内部的自我诊断,选择"规准"作为深化课改的支点及落实教学常规的有效抓手,围绕规准的"目标、程序、工具"三个核心,让课程建设更加有章法,托高教育底部水平。

1. 抓课程计划及课程执行报告的交流

集团促使学校把课程的"目标、结构、内容、设置、实施、资源、管理与评价"等方面想明白并进行整体规划,并鞭策学校一开始就准备好一年后对课程计划实施结果进行总结、反思、鉴定,提升学校对课程实践的理性认识。

2. 抓国家课程的校本细化

集团围绕课程标准、内容标准、评价标准三个维度,研发学科单元教学指南,建立起教与学的尺度,使教学更有标准。集团特别关注新中考学科,在教材研讨、课件制作、作业编制、个性辅导、质量检测等方面进行深度合作,提出了课堂教学、校本作业、评价辅导的基本要求,根据各校校情,进行了个性化的适度提高。其中历史学科教师们关注核心素养的培育,参与区名师工作室活动,做好了三册书的所有教学课件;思品学科完成了部分校本课时预习单和校本练习,道德与法治基于校情修改了部分教学课件,开展了六年级"道法"学科期中测试样卷的磨卷和学习习近平总书记重要讲话精神畅谈学习会;英语注重阅读与口语训练,发挥网络和英语听说教室的功能,做好了英语口语期末听说测试工作;物理和化学重视实验教学;语文学科注重阅读,学生进图书馆在教师引领下进行课外阅读,用好朗读亭、微信公众号传播阅读好声音;数学学科组织六、七、八年级优秀数学教师为年级中学有余力的学生免费开设数学提优课程,提升学生思维能力。

3. 抓教学研活动的程序(流程)设计

按照"骨干先规划——集体细讨论——制度化执行"三步实施,让标准能落地。

4. 研发规准的可视化工具

研发的工具可用于课程实施和课程调研,如听评课评价表等。

(二) 校本课程的创新建设

为了适应未来人才培养需求,培养学生跨学科知识应用能力,集团深入分析未来人才需要的核心素养与能力,联合开发丰富的综合实践课程,如跨学科案例分析、人工智能、机器人、无人机、3D 创意设计、编程教学等课程。学生通过跨校选课走校上课、教师送教到校、特色教师互相培训、线上线下相结合等举措,充实了各校的两类课程,优化了各校课程体系,扩大了优质课程受众面,如罗星篆刻、松隐线描画、吕巷小白龙,张堰二中的围棋等,做到同一基地,集团共享,提高了教师的课程意识与学校校本课程的质量。目前学校拓展型课程在一定程度上存在无序、无基础、无边界问题,比如校园里还存在"百搭课程",校本课程的品位、质量和效益不高。集团以点带面,开发基于学科的主题拓展课,使其与国家课程相得益彰,如英语学科的单词记忆法、世界特色节日文化、英语报刊阅读等。

(三) 特色课程的联通共享

领衔校罗星中学一贯重视校本课程建设,不断优化学校课程顶层设计,重视基础型课程的校本化,积累了诸多校本资源,重视两类课程的多样性,有比较完善的校本课程开发、准入、评价机制,每学年都会开设 50 多门拓展型和探究型课程,如"罗星篆刻""罗星足球""小主持人""3D 打印"等特色课程。学校师资力量雄厚,拥有不少一专多能的教师,愿意开发与实施课程,有很强的敬业精神、科研意识与专业发展的意愿。集团的另外三学校,松隐线描画、吕巷小白龙,张堰围棋等都是比较成熟的特色课程,通过学生走学、教师送教、特色教师互培等多种方式,对四校学生开放。与此同时,集团教师共同开发建设新课程,如摩天轮阅读课程、职业体验课程、时事新闻课程等,也为四校学生共享,让更多孩子接触到更丰富多元的优质学习资源。

（四）综合课程的实践探索

基于中考新政与学生核心素养要求，开展"学科融合"的研究和实践。除了加强英语听说、理化实验之外，把重心聚焦在"阅读、科创课程群、跨学科案例分析、社会实践课程、生涯规划"等的建设上。例如罗星中学先行引进摩天轮阅读课程，通过一年的实践探索，我们深切体会到该课程能紧扣统编语文教材要求，其深入浅出的导读课程和丰富有趣的互动方式实实在在地促进了学生阅读素养的有效提升。在各校校长的支持和集团语文学科工作室的引领下，通过分享交流、课堂观摩、集体备课等教研活动，让实验校的语文老师理解了摩天轮分层、系统的阅读课程，了解了如何利用该课程资源帮助学生合理制定阅读计划，培养阅读习惯，科学落实必读书目。

四、学习品质完善提升

聚焦学生学习，提升课堂品质，深入研究课堂转型组织方式、教学方式等结构性变革，提升学生可持续学习力。

各学科选择一种策略或方式，如分层递进、技术驱动、情境化教学等展开理论学习、实践探究、交流展示等活动，探索基于学科核心素养培育的课堂组织方式、教学方式等结构性变革。

1. 开展"学科发展月"活动

学科工作室引领，围绕一个教研主题，展开理论学习、实践探究、总结交流等活动，增强内在学习动力，形成良好的研学习惯，有效促进自主发展。例如 2018 年 3 月，开展了六年级"道法"学科教学设计比赛，集团内四所中学的全体"道法"老师，都参加了"增加生命的韧性"教学设计比赛。

2. 开展"四课"展评活动

"四课"包括"新进教师汇报课、青年教师展能课、骨干教师展示课、资深教师特色课"等。展评活动以学科工作室为引领，充分运用网络平台引领教师参与线上线下听课、说课、评课的全过程。既邀请市区专家开设专题讲座，研讨点评课堂教学展示，又有教学微论坛的研讨、优质资源的开发共享等活动，集团教师在研讨中成长。

3. 举办教学论坛

集团每学年举办一次聚焦新中考改革的教学论坛。例如 2020 年 9 月举办了以"空中课堂赋能线下教学"为主题的教学论坛,以"我观空中课堂""我学空中课堂""我用空中课堂"为主线展开,为集团全体教师观、学、用"空中课堂"优质资源提供了切实有效的智慧分享平台。

4. 开展集团年级教育教学视导活动

在课程教学中心的组织安排下,以学科工作室推进完成了教育集团四所学校初三年级教育教学视导工作。由学科主持人组织中心组成员赴四校视导学科教学,主要从听评复习课、集体备课、阶段测试质量分析、复习计划的制定等方面,对四校的初三年级的语数英理化五门课程进行全方面诊断,撰写视导报告。

5. 骨干讲师团志愿送教到校活动

为了加强骨干教师的引领作用,增进课堂教学研讨,教育集团开展了区级骨干教师展示活动,共开设了 13 节课,四校教师共同听课,并积极开展了评课活动。

6. 线上线下混合式联合教研

以"线下异地上课,网上同步观课,视频同步教研"等形式,通过"缔结教研共同体,加强主题教研,重构教研新流程,构建教研新机制,数据驱动新评价"等途径实现常规教研网络化、研修管理系统化。

经过实践,各校的课程建设有了进阶,教学研讨更加常态,课堂学习更有品质。

第三节　项目引领带动集群攻关

"项目引领、任务驱动、结伴同行"是罗星教育集团工作推进的主要思路。《上海市教育委员会关于实施百所公办初中强校工程的意见》指出，以上海市提升中小学（幼儿园）课程领导力行动研究项目（第三轮）为载体，实施"课程领导力项目初中百校工程"。聚焦课堂教学、课程计划编制、教研活动组织、特色课程建设等学校内涵发展核心主题，开展集群研究，深化实践探索，提炼策略方法，搭建分享平台，促进智慧传递，提升"实验校"课程品质和教学水平。《金山区加强初中实验校建设实施意见》指出，通过集团化办学主渠道，推进课程资源共享，探索集团课程的开发、共享、配送制度，建立校际间优质课程资源配送机制和课程互认机制，打造集团特色课程体系，促进优质课程和特色资源共建共享。开展联合教学研究，科学设计与实施教研、科研、德研活动，积极开展同课异构、专题研讨、学术论坛等教研活动，共享优质教育资源。建设学科发展高地，组建学科专家团队，建立学科名师工作室，共同开展学科研讨，整体谋划集团学科建设与发展。提升课堂教学效益，规范教学基本环节，深化课堂教学改革，强化教学过程管理，切实提高课堂教学质量。

根据集团内部的自我诊断、初态评估结果，成员校差异较大，存在的共性问题如下：一是课程体系不够完善，学生经历不够丰富，眼界不够开拓。二是教师专业发展的不平衡不充分导致课程校本化实施能力较弱（如教学的规准问题，教学资源的针对性问题，教学方式的转变问题、因材施教等），课堂教学品质不高，学生面向未来的学习能力不够强。

为了抓住深化课程改革的核心，实现义务教育优质均衡发展的目标，在专家的专业引领下，我们以课程领导力为提升点，确定了《紧密型集团共赢式课程领导机制的实践研究》的研究项目，从课程的"共管、共享、共建、共生"等方面展开行动研究，通过课程领导力的提升，丰富学生成长经历，让不一样的学生能开拓眼界，提升自信，历练能力，积蓄成长的力量，使每个孩子成为具有主动发展能力的人。

以下是本项目的中期研究报告。

紧密型集团"共营式"课程领导机制的实践研究

一、问题的提出

（一）研究背景

2018年7月，上海市初中强校工程全面实施，旨在"办好每一所初中，成就每一名教师，教好每一位学生"，进一步提高初中教育优质均衡发展水平。金山区成立罗星教育集团，以"优质校带实验校"紧密型集团化办学为重要抓手，通过"统筹集团组织管理、集团党建工作、人事制度改革、课程教学资源、学生评价体系、集团内部管理"六大举措，推进加强初中实验校的建设。

通过对集团内成员校从基本情况、硬件建设到教师队伍、课程建设等方面进行现状和需求调研，并用SWOT原理进行初态诊断，发现平台上有不同类型的学校，且差异较大，主要的问题是课程领导力和执行力较弱，体现在以下三个方面。

1. 学生方面

三所实验校处于本地人口流出区，外来务工子女占比大，家庭教育基础和能力比较弱，学生生活经验不够丰富，缺少资优学生优秀学习品质和学法引领，展示交流机会欠缺，学习自信不足。校本课程的不够完善，导致学生学习基于学情的国家课程校本化学习资源比较欠缺；校本课程体系的不够完善，导致学生经历不够丰富、眼界不够开阔，学生个性化成长需求得不到很好的满足，成长的力量得不到充分积蓄。

2. 教师方面

专业发展不平衡不充分。各校出现结构性缺编现象，引领学校部分教师面临专业发展高原期，高级教师缺乏再发展的内驱力，高级教师缺额的限制导致相关教师失去上升动力。实验学校一级教师满额、骨干力量不足，优秀教师辐射面较小，部分学科教师数量少，小学科单兵作战，校本教研氛围不够浓厚，教师课程意识不强，课程的校本化实施能力跟不上课改的步伐，单元教学设计能力较弱，学业检评能力不强，导致课堂教学品质不高，因而影响教学质量的提高。

3. 管理方面

学校课程管理的机制不够健全和有效，课程体系不够完善。上海市中考改革方案的推进，对学校课程的建设与管理提出了更高要求。如何对接中考改革要求,集合集团智慧,视差异为优势,将挑战视作发展中的空间? 经过鉴于集团内成员校的差异大、亟待合作共融共生的现状,经过分析讨论,集团决定将"共赢式课程领导机制的创新"作为发展路径和主要抓手,以期在"集"字上下功夫,在"团"字上亮品牌,"集"各方所能、深度融合,为促进教育优质均衡再谱新篇。本研究项目应运而生。

（二）解决的主要问题

为了让集团学生拥有符合各校学情的国家课程校本化学习资源,丰富课程学习经历,得到资优学生优秀学法引领,感受优秀学生的学习品质,获得展示交流的平台,享受高品质课堂教学,转变学习方式,提升学习效益,集团以雁阵式治理体系为保障,重点研究了"课程校本化实施、校本课程建设、教师校本研修、教师跨校交流、质量监测考核"等紧密型教育集团课程领导机制的实践研究,优化课程建设和管理,提升教师课程校本化实施的能力和学生面向未来的学习能力,将发展空间转变为发展现实,最终促进实验校的办学明显"增值"——教学质量稳步提升、教师专业成长态势喜人、家长社区满意率普遍提高,从而办好每一所家门口的好学校。

二、解决问题的过程与方法

通过对教育集团成员校首先进行学生现状和需求的调研,分析诊断存在的瓶颈问题,并对学校发展进行需求汇总。基于学生发展的需求,我们从"集团的治理体系、课程的校本化实施、校本课程的完善、教师校本研修、教师跨校交流、质量监测考核"等方面进行整体设计。通过大量实践,初步研究了课程共赢式领导的一些有效运行机制,以期促进成员学校之间资源的高度整合,共建新的资源,搭建新的平台,在实践中不断自我发现、自我调适。通过课程的优化丰富学生的成长经历,让不一样的学生能开拓眼界、提升自信、历练能力,积蓄成长的力量,让每个孩子成为具有主动发展能力的人,实现教育的公平和高质量。

（一）探索定制化的资源研发机制

在对前期调研诊断与分析的基础上,集团以问题与需求为导向,同时充分尊重各校校情生情、学生学习资源需求、资源供应方式需求等不同的实际问题,以破解"教什么、学什么"为攻关点,将学生学习资源的分层建设作为集团优化国家课程校本化建设的主要研究任务。以课程标准为依据,以核心素养培育为立足,分层细分学习目标、合力研发"达标、拓展、提高"三个层次的基础型课程

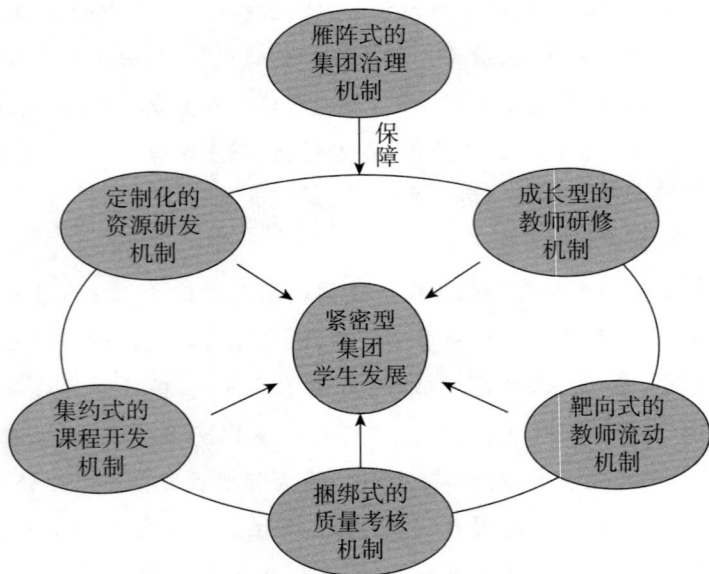

课程共赢式领导的有效运行机制

学习资源,为集团内不同学习基础与水平的学生提供学习保障与支持。

1. 以"空中课堂"为支架的资源重建

根据调研发现,学生对于"空中课堂"的认同度非常高,所以集团让教师充分借鉴"空中课堂"中的优质学习资源,从"观、学、用"三个方面展开研究,与原有的资源整合优化,力求资源重建有目标、有程序、有工具、校本化。规范了"备学生、学设计、仿教学、截片段、取资源、提质效"等再建程序,做到观有方法、学有目标、用有效果。围绕"课前先学、课中导学、课后固学"三个学习阶段,合力优化重建了四个年级七门学科的分层学习导学案、导学课件、微课视频、校本作业等学习资源。

2. 以同课再构为方式的课例研发

为了增加学生听到的优课的数量,由学科工作室牵头,以"同课异构""同课再构"为方式,按照"确定研修主题—遴选上课教师—共研教学设计—公开教学实践—评课议课反思—再次教学实践—专家点评—撰写课例"等流程,开展优质课例研发和视频制作,供四校学生共享。

3. 以跨校送教为形式的优课配送

为了使集团学生能享受集团名师的优质课堂,集团成立了名师讲师团,将骨干教师的分层分类优质课、主题讲座等通过菜单式选择、跨校送教的形式,供成员校不同的学生选择。仅 2019 学年,集团配送不同类型的优质课例 29 例。

4. 以学生讲师为主体的智慧接力

针对集团缺少优秀学生学法和学习品质引领问题,罗星中学将探索了近两年的学生"智慧接力"项目——"小先生讲师团",通过菜单式按需选择的方式推广到其他三校,向低一个年段的小伙伴传递有效学习方法、示范良好学习习惯。如 2020 年第一学期的两次宣讲主题为"夯实基础,培养学习习惯""积累错题,适当课外拓展"。目前,60 多人次学生讲师站上讲台。此项目深受师生欢迎。

(二) 探索集约式的课程开发机制

针对各成员校学生没有享受到丰富的校本课程、综合实践活动课程学习经历的问题,集团将重点落实在各校已有的特色课程的配送共享以及综合主题课程、综合活动课程的共同开发上。

1. 已有特色课程的开放共享

在调研学生课程需求的基础上,集团梳理对比了成员校的课程,确定了比较成熟的校本特色课程,如罗星篆刻、少年创客、吕巷小白龙、松隐线描画、二中布贴画等特色课程,主要通过"学生走学、教师送教、师资互培"等方式,实现已有特色课程一校拥有、四校共享。仅 2019 年 9 月至 12 月,在发布共享课程资源及安排后,集团四校学生自主报名,81 位学生分 3 批体验了罗星中学的篆刻课程,104 位学生分 2 批体验了罗星中学的星奇创新中心系列课程,30 位学生体验了张堰二中的布贴画课程。再如罗星中学的毕业班基于初高中衔接的"苗圃课程",对各实验校毕业班的资优生开放,为四校资优生提供了一个共同学习、共同进步的平台,也推动了领衔校对资优生有效培养模式的辐射与落地。"在这里,我见识了更优秀的同学、更坚韧的学习态度、更有效的学习方法,真正体会到了一句话——'和优秀的人在一起,你也会变得更优秀'。"松隐中学初三学生严寒说。这种创新探索取得了较明显的成效,如在 2020 年中考中,三所实验性示范高中录取率均创下近几年最好成绩。

2. 德育活动课程的共建共享

一是共读书活动课程。成员校统一校园读书节活动时间,学生共读《美好生活劳动创造》一书,通过读书、征文和演讲的方式歌颂劳动者,培育学生热爱劳动的意识和品质。二是队长学校课程。罗星中学开发了少先队队长学校培训微课程。每年暑假,四校的队干部在罗星中学集中,共同参加集团联合队长学校以及国旗班培训,让仪式教育更加规范、有序,小伙伴汇聚一起,互相吸取成长正能量。三是研学活动课程。制定了《罗星教育集团学生研学活动方案》,如2019年先后组织开展了"红色基因"研学活动,集团共有184名学生参加;"华夏古文明·山西好风光"研学活动,集团内共有64名学生参加。根据集团内各校学生的不同特点,有分有合,既有统一活动,又有开展各校特色的实践活动。四是职业体验课程。集团学校梳理家长资源,将家长工作地作为实践点,按需在集团内共享。丰富的资源让学生在假期中能参加至少一项职业体验,学习实践经历日益丰富,视野也得以拓展。

3. 综合实践课程的研发新建

中考新政的实施、学生学习能力的提升需要转变学习方式,更加注重创新精神和实践能力的培养。集团教师优势互补,积极开发综合实践课程,弥补课程建设短板,形成"一校开发、四校共享"的课程开发机制。集团成立以来,四校共建共享了摩天轮阅读课程、跨学科的问题解决课程、拯救海豚课程、于飞老师新闻课堂、星奇创意课程等。让更多孩子接触到更多元的优质学习资源,从而丰富学习经历。罗星中学与上海东方卫视著名节目主持人于飞团队联合开发"新闻课堂"课程资源,制作成学习视频,第一时间在集团共享,并通过集团的道德与法治学科工作室落实到四校的课堂。四校教师均能引领学生较好地使用该学习资源,引发了学生对新闻事件的关注、对新闻热点的思考、对新闻现象的判断,不断拓宽学生的视野,拓展学生的思维。

(三) 探索成长型的教师研修机制

1. 基于需求调研,架构研修课程

根据《中小学教师专业发展标准》,通过问卷调研、访谈座谈等形式,对教师进行了研修需求调研,了解不同年龄阶段教师需要的研修领域、研修内容及研修形式。在数据分析诊断的基础上,确定了不同年龄阶段教师的研修目标和研修重点。如将进校2—5年的青年教师的研修目标定为"良好的职业道德、精湛的教学能力、暖心的德育管理、扎实的科研能力和多样的综合能力",架构了"师德素养、教学实践、德育管理、教育科研"四大领域的必修课程,并将"专业成长"作为课程规划的重点领域。此外,将"行政管理、信息技术、心理健康、人际交往"等领域作为选修课程。

教学实践研修课程一览表

研修课程	课程来源	主要内容	研修要求	研修方式	e 积分认定	积分认定负责人	建议研修年份
课程标准	校本课程	基本纲领性文件,是国家对基础教育的基本规范和质量要求,是进行教材编写、教学实施、考试评价的依据。	必修	研读学科课程标准	1.在教研组层面专题发言,每次 2 分; 2.撰写任教年级的课时教学设计,每次 3 分。	教研组长	第 2—5 年
单元教学设计	校本课程	单元规划建议、单元教材教法分析、单元教学目标设计、单元学习活动设计、单元作业设计、单元评价设计、单元资源设计。	必修	研读单元教学指南并尝试教学实践	1.撰写任教年级的某个单元教材分析、教案编写、板书、说课提纲,每份 5 分; 2.设计一个单元的学生作业,并写出理由,每份 5 分; 3.设计单元考试、实测后作质量分析,每份 5 分; 4.在教研组层面交流单元教学设计与作业设计,每份 5 分; 5.完成期中或期末考试班级质量分析,每份 3 分。	教导主任教研组长	第 2—5 年

（续表）

研修课程	课程来源	主要内容	研修要求	研修方式	e积分认定	积分认定负责人	建议研修年份
听评课规范	校本课程	《课堂观察Ⅱ：走向专业的听评课》、听评课量等的使用方法	必修	阅读书籍，学会使用量表	1.每学期听课笔记20节，优8分，良5分，合格3分，不合格0分，超过20节的每5节为一个单位按比例增加积分；2.撰写5份观课报告，优10分，良8分，合格5分；3.在教研组内评课，每次2分；4.在备课组内评课，每次1分。	教导主任 教研组长	第2—3年
课程建设	校本课程	《课程的力量：校本课程规划，设计与实施》	选修	阅读书籍，完成拓展或探究课程教学工作	1.优化一门拓展型选修课的构想思与教学大纲，3分；2.参加学校的两类课程评课程比评比活动，3分。	教导主任	第3—5年
教学管理	校本课程	阅读书籍《如何当好教研组长：中小学教研组专业素养与行动》	选修	阅读书籍、学习管理文件，策划并组织教研组或备课组活动	1.组织策划一次备课组活动，2分；2.组织策划一次教研组活动，3分；3.组织策划的教研组活动在全校展示，5分。	教研组长	第4—5年

（续表）

研修课程	课程来源	主要内容	研修要求	研修方式	e积分认定	积分认定负责人	建议研修年份
教研活动	市区校课程	市、区、校级教研活动	必修	参与市、区、校级教研活动，并完成教研任务	1.市教研活动，完成所有教研任务，5分； 2.区教研活动，完成所有教研任务，3分； 3.校教研活动，完成所有教研任务，2分。	教研组长	第2—5年
公开教学	校本课程	参加校级、区级、市级公开教学活动	必修/选修	一日研修活动必须参加，其他活动自主选择	1.备课组一日研修活动，每节3分，不封顶； 2.校级公开课，每节5分，不封顶； 3.区级公开课，每节8分，不封顶； 4.教学新秀课堂评比活动，一等奖10分，二等奖8分，三等奖6分，参与奖4分，不封顶； 5.区教学评优活动，一等奖20分，二等奖15分，三等奖10分，不封顶。	教导主任	第2—5年
优课研讨	网络课程	空中课堂、上海教研、一师一优课等优质教学视频	必修	观看并记录优质教学视频	听优课并详细记录，每2节1分。	教导主任	第2—5年

2. 组建研修团队，共享优质资源

成立学科工作室。挖掘和利用成员学校特色课程和优势学科，集团陆续成立了十大学科工作室，由各校优秀教师任工作室主持人和核心团队成员，使之成为教师梯队成长平台、教学研究攻关平台、教学改革示范平台和教学成果展示平台。每个学科工作室组织教师每月开展一次线上或线下的主题教研，每学期开展两个学科的学科发展月活动，活动按照"研课—上课—论坛—课例"的流程进行，并探索了"同课异构"到"同课重构"的课例研究模式，以提升教师读懂学生能力、单元教学设计能力、课程开发能力、命题能力等。

开展师徒带教。遴选集团内优秀教师，实施跨校师徒带教，形成了每学年组织青蓝工程梯队带教机制，形成了学科同质化、能力异质化的研修共同体。2018—2019学年签约了19对师徒。积极开展听评课等教学研讨活动，通过师徒共研、同伴互助、专家点拨，不断提升教师的基本功、专题研究能力。

成立青年教师校本研修班。针对青年教师课堂教学能力需加强、形成了每周同学科组教师共听一节"空中课堂"优质视频的机制，撰写听课实录，转化为线下教学活动设计，开展听课研讨活动；形成了每月面向学科工作室开放课堂的机制，按照"青年教师初备—组内研讨—青年教师二备—课堂教学实践—组内听课研讨—撰写教学案例"的流程进行；形成了每学年一次教学评优机制，评优按照"课堂教学培训辅导—教学设计初赛遴选—课堂教学复赛比拼—评委团队答辩考核—领导小组审核公示—优秀教师团队分享"的流程进行。形成了青年教师每周读书打卡机制，按学科分组，聘请读书导师，和青年教师共同阅读同一本书籍，制定阅读方案，撰写读书心得，在导师指导下修改完善，并在微信群打卡交流，不断将其内化为教育教学行为。

（四）探索靶向式的教师流动机制

学生的发展教师至关重要，如何形成集团成员学校教师的造血机制，使师资的帮扶、互培等做到精准提供，促进师资在集团内的合理流动和最优化配置？集团建立了按需流动、精准流动的靶向式教师流动机制，按岗编一致和柔性流动两种方式推进。首先，统筹集团四校的中高级职称评审名额。两年中，罗星中学共有4位骨干教师用实验校额度成功获评高级教师，并按照岗编一致的原则流动到所用额度学校至少支教3年；实验校也有4位教师使用罗星中学的额度申报一级教师职称。其次，推动四校骨干教师的柔性流动。

罗星中学另派出2位骨干教师柔性流动到实验校支教,实验校共派出8位干部教师到罗星中学跟岗锻炼。罗星中学支教老师发挥引领作用,而前来跟岗的教师分别配备带教师父。另外还有3位教师前往伙伴学校交流,全部实行属地化管理。这种靶向式的教师流动,带动了实验校管理和教育教学工作的变化,如吕巷中学师训工作薄弱,罗星中学流动了负责师训的教导副主任,带去了学校以教师个人规划引领教师专业成长的做法,一份规划设计表、一套管理方法的注入使师训工作发生了明显变化。在移植过程中,流动教师在与新学校团队开展研讨后,优化了方案,如在原有制定目标——达成年度评估的基础上加入了个人规划教研组交流的流程,一定程度上提高了教师规划制定的高度。

（五）探索捆绑式的质量考核机制

集团注重用好"评价"这根指挥棒,促进成员校"拧成一股绳""劲往一处使"。自主开发绩效评估量表,实施捆绑式内部绩效评估。例如,对领衔校罗星中学的考核,不仅看其自身的办学质量,还要看所带领的实验校的进步情况;对职能中心和各学科工作室的考核,也要看实验校该条线和学科的发展和进步情况。

集团课程教学中心专门成立教学常规督查小组和教学质量检测小组。教学常规督查小组制定集团"教学常规检查细则",每学期至少组织两次教学常规检查,包括备课笔记、听课笔记、作业批改的检查。每学期至少组织一次集团学校的年级教学视导。教学质量检测小组每学期至少组织两次联合教学质量分析,定时监控四校的教学质量。其中将毕业班教学质量作为重中之重,每学期开展召开初三教学工作会议、中考阅卷分享会,共同分享策略、解决问题。在各个学科工作室的年度考核中,将四校的毕业班教学质量的进步发展作为重要指标。

（六）探索雁阵式的集团治理机制

为了保障四校工作的有序领导,集团采取了雁阵式的集团治理机制。虽然对外有领衔校与实验校之分,分属不同梯队,校际差异较大,但集团内部的管理强调尊重每一个成员的平等地位,发挥每一个成员的优势特长。采用协同化雁阵式治理方式,领头雁为集团管委会,由四校主要领导担任;管委会下设专家组和六大职能中心——学生发展中心、教师发展中心、党建发展中心、课程教学中心、信息化应用中心、情报宣传中心,成员校的校长、副校长牵头职能中心,各学校的中层干部为职能中心的核心成员;课程教学中心之下又设十大学科工作室,在集团内选拔各学科最强的骨干教师担任主持人,集合四校力量共同开展学科研究。

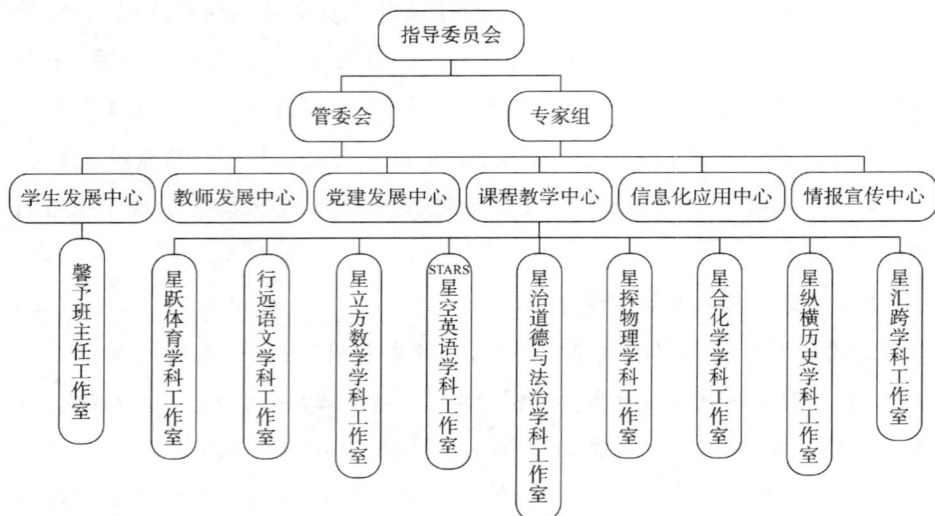

指导委员会

管委会　专家组

学生发展中心　教师发展中心　党建发展中心　课程教学中心　信息化应用中心　情报宣传中心

馨予班主任工作室　星跃体育学科工作室　行远语文学科工作室　星立方数学学科工作室　STARS星空英语学科工作室　星治道德与法治学科工作室　星探物理学科工作室　星合化学学科工作室　星纵横历史学科工作室　星汇跨学科工作室

协同化雁阵式治理结构

集团确定了"条块结合、纵横交错、集群发力"的实施路径。条块结合是指集团各职能中心工作与实验校工作有机整合;纵横贯通是指管委会及中心负责人既分管各职能中心工作,又是实验校的主要领导或分管领导。

六大中心和十大工作室在同一个平面上开展工作,没有上下级和从属关系,抱团协作,互利共生。给予每个中心和工作室一定的活动经费支持,负责人有全部支配权。

集团还视差异为优势,将积极心理学原理运用到了管理实践中,确定了以"激励赏识"为主的工作方略,把"激励人"作为核心,善于发现、发挥、发展每一个团队成员的闪光点、生长点,以长育长、以长促全、以长补短,带动整体。这种"你中有我,我中有你"的运行模式,有利于每所成员校都树立主人翁意识,提升各校的积极主动性,以及一线教师对罗星教育集团的认同感和归属感,充分发挥团队凝心聚力的优势;集体协商也增加了决策的科学性,促进了集团治理效能的提升。

目前,集团初步构建了六大有效的课程管理机制。截至 2020 年底,集团新增区级以上骨干 32 人、高级教师 5 人。在 2019、2020 年中考中,三所实验学校在优秀率、优良率、普高上线率、合格率等方面均有不同层次的增值,家长社区满意度均超 95%……四校师生基本树立起了"罗星集团人"的意识。

未来,集团将进一步加强师资队伍的深度融合,强化集团校一体化的概念与意识,提高教师身份认同度,既要解决教师合理流动的问题,又要关注教师归属感问题,使教师愿意交流、适应流动,在流动中激发教师专业发展的潜力,实现自身专业提升。继续增进各成员校的特色课程及项目的交流与互动,扩大各校特色项目的辐射面,将"高峰"打造成"高原",让更多师生了解、体验集团内优质品牌项目,让更多家庭享受到家门口的优质教育资源。

第四节　走学互访增进学生交流

　　罗星教育集团是多法人的办学共同体,它的成立预示着四校在未来的教育工作中,特色共建、资源共享、项目共研;预示着四校携手共进、合作共赢、互惠互利;预示着四校突破校园壁垒,共同提升合作办学效益,共同形成教育集团发展特色。

　　打破校园壁垒,意味着集团各校要走开放办学之路。《辞海》对开放的定义为:"与'封闭'相对。指'同外界有联系的'。系统论按照是否同环境有物质、能量和信息的交换,将系统分为'开放系统''封闭系统'和'孤立系统'。"

　　那么,究竟什么样的教育才是开放的教育? 什么样的学校才是开放的学校呢?

一、领悟开门办学的内涵

　　凭借几年来对开放式教育的思考与积极探索,我认为开放式的教育,是以开放教育理念为指导,改善教育、教学方法及评价策略,建立"学校、社区、家庭"一体化的教育体系,为学生创设一种开放、动态、生动、多元的发展空间,从而有效促进学生个性全面、主动发展。开放教育能使我们跳出教育看教育,能为学校与社会、学校与社区,学校与家庭之间建立起多向互动的联系通道,能最大限度地通过各种通道吸收新信息。开放教育让学生走出课堂、走进自然、走向生活,亲自动手、动口、动脑,从而充分激发学生的学习兴趣,强化学生学习的主体精神,促进学生主动学习,独立学习,创造性地学习。因此,开放的教育,可以称得上是为 21 世纪培养高素质人才的教育。

　　而开放式的学校,应该形成一个互动的、交流的、开放的教育管理系统,促进教育信息沟通的多元化,教育技术手段的网络化,教育组织形式的弹性化,教学评价的个性化,师生关系的民主化,并使其始终充满生命的活力。在开放理念引领下的学校必将是生动的、有巨大潜力的。

学校要走开放道路,应该在以下八个方面有充分体现。

心灵的开放:学生是学习的主体,教师能敞开胸怀,接受新观念。

时间的开放:将学习拓展到课余时间的空白课程以及潜在课程。

空间的开放:巧用校园教室甚至校外的每一处空间,创建"移动"教室。

内容的开放:通过规划统整课程,安排生活体验与重视潜在课程。

方法的开放:教师运用多元化的教学策略,进行双向或多向式的教学互动。

评价的开放:评价不再局限于纸笔测验,调查报告、研究报告、观察、口试、实践作业、作品发表、自我评价等方式均可进行。

对象的开放:教学对象打破界限,充分利用资源,因材施教。

资源的开放:家长及社区人士均可共同承担与分享孩子的成果,加强家校合作。

当今世界斗换星移、日新月异,今天才被信息社会惊醒,明天就有纳米时代的呼唤,学校教育的开放内容也必然会随着时代和人类越来越开阔的视野而产生变化。开放教育将会是一个永恒的主题,我们每一个教育工作者都为自己,也为别人,更为子孙后代而尽责。

罗星教育集团的学生交流机制正是在这种理念的指引下提出并实施的一项促进学生全面、均衡发展的重要举措。

二、构建学生交流的机制

学生交流机制主要通过开展交流活动实现资源共享,推进集团学校学生共同发展。集团成立了学生发展中心,制定了学生交流实施方案,定期组织交流活动。各学校致力于优质课程资源的共建共享,让集团学生逐渐共享优质资源。

(一) 共建共享拓展课程

以体现特色、发挥特长为原则,由集团内最优秀或有特色的教师执教,地点设在课程资源领衔的学校。课程主要包括罗星中学的特色课程星奇创新课程、罗星篆刻课程、松隐线描画课程、吕巷小白龙课程、张堰二中布贴画课程、领衔校培优课程等。通过学生自主选课、走校上课、送教到校、特色教师互培、线上线下相结合等举措，扩大优质课程受众面，丰富学生学习经历。例如资优生"苗圃课程"，根据双向选择的原则，以各实验校学有余力的学生自愿为主，到罗星中学参加提优，根据学力水平公正公平地融入各分层教学班的学习，成效显著。后来在 2018 年中考中，吕巷中学、松隐中学参加培优的学生均被实验性示范高中录取。

（二）共建共享德育课程

集团与时俱进，不断开发并共享德育特色课程。例如队长学校课程，每学年暑期举办，培训对象为集团四校六年级大、中队委员，培训内容主要涉及少先队干部的基本职责、少先队干部工作方法、少先队礼仪教育和拓展训练。升旗班培训课程，每年暑期举行，培训对象为四校升旗班队员，培训主要内容为队列训练、行进方式及升国旗礼仪等。共读一本书课程，每年 1—3 月举行，参加对象为四校全体学生。在共读一本书的前提下，人人撰写读后感，各校在自评的基础上，推选优秀文章统一参加集团内评比。在征文获奖的基础上，举行集团内学生演讲比赛。例如 2019 学年集团学生共读《美好生活劳动创造》，通过读书、征文和演讲的方式歌颂劳动者，引导学生热爱劳动。集团各校分别制定了《推进劳动教育课程实施方案》，通过设立全校劳动日、"劳动创造美好生活"征集等活动，融合学校、家庭和社会三个方面的力量，注重培养孩子的劳动习惯，掌握劳动技能，为孩子的幸福人生奠基。

（三）开发共享实践课程

发挥地域优势，整合地域资源，共同开发并开展综合实践活动。

1. 职业体验活动

师生可以到集团成员校所在的社区企业开展活动。例如 2019 年到上海润静果蔬专业合作社，开展主题为"学习有机认证，认识有机种植"的活动，让孩子们学到了书本以外的知识。师生也可以到家长工作地探访——我的职业初体验实践活动，以小队活动的形式开展，几乎能做到人人有项目。

2. 开展研学活动

每年暑假由各校轮值，开展主题研学活动，如"华夏古文明·山西好风光"研学之旅、"红色基因"研学活动等，拓宽了学习的渠道，极大丰富了学生学习经历,吸引了各校学生踊跃参与。例如罗星中学组织的 2019 年"生态优先共享未来"长江口珍稀水生生物增殖放流活动;松隐中学组织的绍兴文化寻根研学活动等。通过形式多样的社会实践活动,引导学生在社会大课堂自觉遵循道德规范,增长知识才干。

集团还积极推动学生培养有效模式在四校的辐射与落地。例如,在课程资源建设过程中,老师们认识到学生学习资源也是课程资源建设的重要内容,在一定程度上能发挥不可替代的作用。2019 年起,罗星中学启动了"智慧接力"项目,为低一年级的小伙伴分享学习方法、示范学习习惯。经历遴选、撰稿、指导、修改、制作 PPT、试讲、优化等培训过程,小讲师逐渐学会提炼优秀学法,并将笔记、学习视频等插入 PPT 予以佐证与示范,并学会像老师一样与同伴互动交流,深受小伙伴们的欢迎。随着集团化办学的深入推进,老师们发现集团实验校更缺少优秀学生学法和学习品质的引领。于是,罗星中学将本校学生的"智慧接力"项目通过菜单式按需选择的方式推广到其他三校,随后又通过兵教兵的方式为实验校培养小讲师。目前,有一百多人次的小讲师分批培训、巡回宣讲,在实践的过程中既提炼优化了自身的学习方法,丰富了学习经历,更激发了他们的学习自信。未来,小讲师团将进一步优化宣讲内容,如细化到说题视频、优秀作业等,逐步形成系统的课程资源。

三、倾听学生的肺腑之声

学生交流机制让学生们开阔了眼界,受益良多。让我们听听来自集团实验校部分学生的心声。

亲历"山外有山"

作为松隐中学 2018 届的毕业生,非常荣幸赶上了罗星教育集团提供的大好机会——参加罗星中学的提优课程。在这次提优班的学习过程中,我有很多的体会和收获,我见识到了更优秀的同学,更坚韧的学习态度,更有效的学习方法。我想,这是我这半年来获得成长的原因中极为重要的一个。

我觉得,在这里学习,让我最耳目一新的有三点:学生课间学习,学生课堂学习,还有老师讲题技巧。

在来这里学习时，我发现，有很多同学在课间抓紧时间学习，甚至钻研高中的知识，他们的勤奋和认真感染了我，我不由自主地加入了这场学习的盛宴。有一次，我来得很早，但我发现已经有同学到了教室，而且在背语文课文，于是我也拿出英语词汇记诵，如果是平时，我一定会优哉游哉地等着上课时间的到来。从这些同学身上，我发现了些平时学习中没有的魅力和乐趣。这也让我真正地体会到了这句话——和优秀的人在一起，你也会变得更优秀。

在课上，起初，我发现有许多学生学得比我更好、更快、更强，尤其是在令我骄傲的数学上，也是高手无数，他们做题的速度很快，10 题我最多做 7 题，而他们已经做完了，而且他们对此竟习以为常，再加上老师的快速讲解，同学的快速对答，让刚开始的我有点反应不过来，我为此受到了不小的打击。但大家竞相答题的气氛是那么让人愉悦，我的学习斗志在不经意间被点燃，学习效率变快了，学习心情也很高昂，做题的效率从刚开始的中等到后来的名列前茅，在速度上也能和他们比一比了，这让我非常有成就感。我觉得，这才是课堂，是快乐和进步共存的地方。

老师在课上课下总是细心解答，与我所在学校的老师相比，又是不一样的思路，我将思路小小地修改整合，有些令我懵懂的题目就清晰了，像打开了新世界的大门，我感叹，原来还有这么多的思路，这么多的方法和技巧，大大节约了我的做题速度。例如数学试卷，因为有了不一样的思路，我从会写但来不及写到渐渐地游刃有余。就是这些小进步，让我的数学终于在初中阶段拿了一次满分，虽然它只是一次小测试，但终究是弥补了我的遗憾。

总之，在这次的提优班课程中，我有了不少的进步，如果我考出了心仪的成绩，提优班一定是功不可没的，我真挚地感谢罗星教育集团给了我这次学习机会，同时也感谢我的母校给予我这样珍贵的机会。

体验篆刻之美

2019 年 11 月 10 日上午，我和小伙伴们从吕巷中学乘大巴来到罗星中学篆刻馆，与罗星中学部分师生共同感受并体验了中国的传统文化——篆刻。

首先，在罗星中学施峰老师的带领下，参观了篆刻工作室。施老师向我们介绍了篆刻的相关知识：中国篆刻艺术发展史，古代玺印的使用、封泥、篆刻工具、印章材质，我国文字的演变、陶瓷印、秦砖汉瓦等。学生们了解到篆刻兴起于先秦,盛于汉,衰于晋,败于唐、宋,复兴于明,中兴于清,迄今已有三千七百多年的历史,明白了中国传统篆刻文化的博大精深!

参观完篆刻工作室后,施老师给我们上了一节惟妙惟肖的篆刻课"肖形印",施老师通过讲授、设疑提问、演示、播放视频等方式,让我们了解了一方肖形印的制作流程与艺术特点。在施老师的一步步示范引领下,我们学会了用刀在一方石印上刻出自己所属的生肖。在动刀的过程中,我们的兴趣十分浓厚,全神贯注在印面上,不同的生肖图形,如"鼠""牛""虎"在刻刀下慢慢呈现。虽然篆刻手法还很稚嫩,但每一方印都是我们的用心表现,在这一过程中我们对民族传统文化有了更深的感触和感悟,最后看着自己手中的作品,大家兴奋不已,特有自豪感。

此次活动促进了集团小伙伴们的交流,增强了学习中华优秀传统文化的意识,培养了对中国文化的了解和热爱。

走近创客学习

2019 年 11 月 30 日上午 8 点,我和小伙伴们怀着激动的心情,在松隐中学校门口乘车前往罗星中学阳光少年创客园参加创新课程体验活动。

一到罗星中学,就受到阮红副校长团队们的热情欢迎,并了解了工具操作中的一些安全事宜。

之后,我们根据各自的分组,由任课教师带领去了各自教室进行体验活动。我被带领着来到了梦幻般的星奇创新中心。在沈一鸣老师的带领下,我们欣赏到了罗中小创客们将创意转化为木质机械展品,看到了德宝工作室的部分作品,体验了 AR 设备呈现的神奇世界……然后我体验了罗中的"奇思妙想"课程,在朱德宝老师的带领下制作了"会自行的鸭子",体会生活中的物理知识,完成了一只"会自行的鸭子"。有的同学参加了 3D 打印课程体验,他们利用 3D 打印笔制作了眼镜,体会到了将创意转化为现实的奇妙。

本次有机会走进罗中创客园,让我们体验到了创客教育的妙趣,也有了机会将书本上学到的知识学以致用!

后　记

　　光阴荏苒。作为金山区首批中师直升大专的师专生,转眼间我回家乡上海市金山区工作已经三十余个年头。回首往昔,真心感慨古人的话"岁月不居""天道酬勤"。在这忙忙碌碌的三十多年时间里,我走过了九个工作单位,从班主任起步,历经大队辅导员、年级组长、教导主任、副校长、教研员、中学教研室主任、校长。期间,我担任上海市西林中学校长六年,担任上海市罗星中学校长五年,目前兼任在上海初中强校工程背景下应运而生的罗星教育集团管委会主任。我虽历经角色的转变,但教育的初心始终未变。

一、用赏识改变农村薄弱学校

　　2010 年 6 月,当我服从组织安排,调离金山区教师进修学院中学教研室主任岗位,来到西林中学担任校长之时,面对的是一群不够自信的师生,连教师子女都不愿意上自己的学校。作为一所由普通完中薄弱初中部分离而建的乡镇公办初中,西林中学在创立之初就不被看好,七成的生源是农村学生、外来务工人员随迁子女,让从未担任过学校"一把手"的我倍感纠结。虽然是第一次当校长,但曾经的教导主任、副校长以及教研员的职业生涯让我对于一线课堂始终保持最密切的关注。我将随堂听课作为了解、认识老师的一种途径。犹记得初来乍到,仅仅因为想听一位老教师的课,却让我碰了不小的钉子。经历了从被拒绝听课到被邀请听课的一波三折,我意识到鼓励赏识的魅力。针对老师都不愿上公开课的普遍情况,我在教师大会上宣布,每位教师只要在一节课里先研究一个微环节,达到预设目标,评优就能得奖。结果,主动参与者多得出乎意料。从不愿开课到人人赛课,我又一次感受到了教师对成功的渴求,意识到"希望得到别人的肯定和赞赏"是人性的本质!我提出适合当时西林中学发展的赏识育人的理念,鼓励师生成为下一个让学校闪光的你。经历了理念的"认识—认同—认定"的过程,我带领团队通过课程重构、课堂变革、评价转型、管理自主、文化营造及家校合力六个"点"上的探索与实践,不断丰富赏识育人的形式和渠道,用赏识的力量让原本公认的薄弱学校改变了面貌,成为上海市新优质学校。学校高级教师从起先的 2 名发展到 23 名,版画教育特色享誉全国,办学体量超过了同镇的另一所优质校,也让镇上的择校热大大缓解。

二、用赏识再构乡镇优质学校

2016 年 7 月,我服从安排,依依不舍离开用心、用情经营的西林中学,到传统意义上的优质学校罗星中学担任校长。正值发展瓶颈期的罗星中学让到任后的我碰到了不一样的重重困难。教师队伍年龄偏大,教师观念不易转变,凭经验教学做事比较普遍,办学质量起伏较大,生源面临分流,办学声誉受到挑战。

本着对教育本质的坚守和"赏识育人"的初衷,我决定将赏识在罗星中学再"架构"。我运用积极心理学原理调适理念系统,提出"让每一位学生都成为闪亮的星"的育人目标,人人做自己的第一,个个成为学校的唯一,让每一个生命都能有合适的发展。我将赏识从学校的"心脏"——课程教学先行再架构,再造了具有个性和充满赏识理念的"五星"课程体系,引领每个学生成为一颗闪亮的星星,在罗中校园星罗棋布。我将 PBL 项目式学习本土化运用到基于核心素养培育的课程统整改革中,推出跨学科综合实践课程——星奇创意课程,鼓励每一个孩子的奇思妙想,激发无限的创意,用想象力和创造力去开发他们的神奇世界。"星奇"课程以分析问题和解决能力培育为主要目标,探索让教学从学科学习转变为项目学习,从独立学习转变为合作学习,从间接知识学习转变为直接知识学习。为了解决统整课程没有现成师资的关键问题,我用赏识理念激励学科教师转型,赋予他们课程的开发权和决策权,变传统培训为玩中训,变学科教师为"星奇"教师,变单打独斗为团队融合,用赏识的力量引领上海中考新政下的学校变革。

三、用赏识统领农村集群办学

在担任校长期间,我一直肩负着推进城乡教育一体化优质均衡发展的使命。2011年至今，兼任城乡组团发展两校一长、朱泾初中学区管委会主任、新优质集群发展引领校校长等重任。在"西林中学—兴塔中学"共建的四年，我提出"理念共享、文化共荣"的组团发展理念，兴塔中学本土化嫁接了西林中学赏识教育理念，从课程教学的共建扩展到全领域的合作，从教师层面的交流扩展到学生家长的互动，一年一个台阶，成了金山区新优质学校。两校以区级重点课题"两校一长体制下集团化组团发展的实践研究"为引领，形成了组团管理等系列发展机制，为促进区域优质均衡发展提供了可复制、可辐射的经验。

朱泾初中学区是金山区首个推进学区化办学的多法人共同体。作为先行先试的学区管委会主任，我初心不变，依旧用赏识的理念推进学区建设。确定了"和而不同、个性发展"的发展目标和"地位平等、优势互补、自主发展"的共建原则，以"合成创生、差异布局"为共建策略，确定了"课程教学为中心，师资共育为关键，德育党建为支撑"的合作主线，努力让学区内不一样的学校拥有同样的精彩。四年中，学区以"课程教学组、德育实践组、党团建发展组"等为主要工作单位，突破校际壁垒，共创教育品牌。"西林版画、罗星篆刻、新农农趣"等课程特色彰显，教育资源的共建共享极大丰富了学生的学习经历，三所学校都成了朱泾地区百姓家门口的好学校。

西林中学、罗星中学都是金山区新优质学校集群发展的引领学校。作为校长，我以项目引领改革，"以高阶思维能力培养为导向的绿色课堂实践研究"项目以及"阳光少年共同体培育"项目，将两个共同体、八所学校紧紧地融合在一起，通过聚焦教学方式的转型促进课堂教学的深度变革，营造浓厚的协同共研氛围，促进学生核心素养培育，培养全面发展的阳光少年。

四、用赏识助推加强初中工程

2018年，在上海市初中强校工程背景下，罗星教育集团应运而生。多年的合作办学实践让"赏识合作共赢"的理念在我心中深深扎下了根。我深知校际间的融合发展是实现城乡教育一体化的着力点，而赏识鼓励是催化剂。站在新时代，作为强校工程引领校校长、集团管委会主任，我又一次将赏识育人的理念运用到了紧密型集团化办学的实践中，确定了以"激励赏识"为主的工作方略，努力发现、发挥、发展集团及实验校的成长优势，坚持优势导向，以长育长、以长促全、以长补短，以期带动整体，促进教育增值。以赏识创新治理结构，以赏识引领一校一策，以赏识主导队伍建设和课程教学，通过五个"一体化"，即"治理体系一体化、项目研究一体化、课程教学一体化、队伍建设一体化、资源建设一体化"，统一发展愿景，以协同化雁阵式创新治理，以党建引领师德师风建设，以联合培训促进资源共建共享，以联合教研促进常态教学品质更优。在初中强校工程推进的第一年，集团的研讨活动就达到 62 次。目前，紧密型集团化发展的意识已深入人心，教师社区认同度高、支持力强，城乡教育一体化的目标已初显成效。

文汇新民联合报业集团《新读写》杂志社社长钱汉东以"赏识教育值得倡导"为题对我与学校的寄语至今一直鞭策着我，文如下：

日前，在报上读到一则新闻：金山区教育局开展的"赏识教育"活动，极大地调动了学生的学习积极性，帮助他们树立起生活的信心，给他们以成功感，特别是不少外来务工随迁子女克服了自暴自弃的情绪，成为学习的主人。看了这则新闻，我由衷地从心底叫好，"赏识教育"，真正抓住了教育改革的"牛鼻子"。

多年来，"赏识教育"如雷贯耳，但真正落实的屈指可数。金山区教育局自上而下推行"赏识教育"，把"学科素养评价改革"作为区域"新优质学校"项目推进的重点，从学习兴趣、认知、综合实践等各方面评价学生。他们提出"三相信"：相信人性的优点，每个人身上都有闪光之处；相信人性的本质，每个人都有被赏识的渴望；相信人性的潜能，每个人都能在互赏中获取进步的力量。例如西林中学开发了 58 门与学生特长培养相结合的校本课程，成立了涵盖艺术、文学、技能、体育等领域的学生社团 23 个，确定了以"西林版画"为龙头的特色课程，做到人人能参加，人人有项目。其他学校也根据自己的情况各显神通，金山初级中学的麦秆画惟妙惟肖，朱行中学的创意扎染新颖时尚……

金山区的学生们除了学习文化知识外，也有机会亲身体验实践，在各种各样的校本课上或丰富多彩的活动中，他们制作木雕版画、麦秆画，陶艺、扎染等艺术作品，学校定期公开展出，让每个学生都能获得成功的快乐，都能得到家长、老师的赏识。在"赏识教育"过程中，老师们特别注意发掘孩子身上的闪光点。老师作业批改不打"叉"，而是写"你进步了！""亲，这次你完成得相当好！"……对学生发自内心的赏识跃然于纸上，爱的情怀点点滴滴滋润学生的心田，这样的正能量传递，给学生们强大的动力，激发他们学习的热情和信心。

教育的根本目的是培养对社会有用的人才，让聪明的孩子变得更聪明，让愚笨的孩子得到启蒙，变得聪明伶俐，这是教育的本质属性。而今残酷的升学竞争，让不少学生饱尝失败的苦果。严厉的批评教育，小题大做、无限夸大，抓住学生的弱点和短处不放，给学生贴上种种令人难堪的标签，使学生抬不起头，心灰意懒，丧失斗志和进取之心。而学生在学习遇到困难和挫折时，家长老师更多的则是抱怨和指责。学生的学业成绩固然重要，但这毕竟不是生活的全部，高端人才凤毛麟角，社会需要的是三百六十行的人才。学业暂时不优秀的学生，将来不一定不优秀，而且只要做人优秀，社会上必定会有他们的立足之地。所以，风物长宜放眼量，学校应着眼于人的多元发展，让每个学生都有信心迈向美好的未来。

赏识教育"承认差异、允许失败、无限热爱"，这是充满人情味、富有生命力的爱的教育。人性中本质的需求就有渴望得到赏识、尊重、理解和爱。苏联教育家苏霍姆林斯基讲过："不要轻易地给学生打不及格分，用最大的努力帮助学生成功。"不去赏识自己的学生，与学生缺乏理解与沟通，要取得教育的成功是十分困难的。我们要努力创造各种条件，以平等的心态对待学生，用欣赏的眼光发现学生的闪光点，尽最大的努力发掘学生的潜能，让学生在"我是好孩子"的心态中觉醒；不在"我是坏孩子"的意念中沉沦。孩子感情是脆弱的、敏感的，适当的赏识是一种大爱，也是一种鼓励，更是一种赞美！

赏识，唤醒了金山教师的教育自觉；赏识，激发了金山学生的成才之梦。在金山区的"赏识教育"中，我看到了教育的希望，愿"赏识教育"遍地开花。

从教三十一年、任职校长十一年，多重岗位的历练，让我在农村基础教育这块沃土上收获了一个个梦想。我将自己的思考和实践记录在这本书中，对于自己，是小结和反思；对于学校，是一步步走过之后留下的记。总结过去，是为了走好未来的路。

在本书的写作过程中，得到了区教育局、教育学院等领导、专家的关心和支持。区教育局局长郑瑛、老局长徐虹亲自为本书作序，是对我莫大的鼓励。老师同仁的热情相助给了我巨大的动力，让我前行的脚步更加坚定。再次一并表示深深的感谢！

2021 年 3 月

参 考 文 献

［1］陈玉琨,沈玉顺,代蕊华,戚业国.课程改革与课程评价［M］.北京:教育科学出版社,2001.

［2］陈玉琨.教育评价学［M］.北京:人民教育出版社,1999.

［3］崔允漷.校本课程开发:理论与实践［M］.北京:教育科学出版社,2000.

［5］莱特.课堂图片显身手［M］.天津:南开大学出版社,2003.

［5］文秋芳.英语口语测试与教学［M］.上海:上海外语教育出版社,1999.

［6］张华.课程与教学论［M］.上海:上海教育出版社,2000.

［7］中华人民共和国教育部.义务教育美术课程标准(2011 年版)［M］.北京:北京师范大学出版社,2012.

［8］中华人民共和国教育部.义务教育艺术课程标准(2011 年版)［M］.北京:北京师范大学出版社,2012.

［9］朱慕菊.走进新课程［M］.北京:北京师范大学出版社,2002.

［10］陈国强,刘钊,黄欣,李福春.以课程建设促进学校内涵发展:以上海市进华中学为例［J］.基础教育,2010(04):35-39.

［11］崔希俊.校本教研的方式［J］.教书育人,2005(33):56-57.

［12］费建中.教学规范做实　教学研究做强［J］.上海师资培训,2007(12).

［13］郭峰,窦珂.学校多元文化育人功能的理性思考［J］.教育理论与实践,2009,29(22):46-49.

［14］胡滢.浅谈形成性评价在初中英语口语教学的应用［J］.校园英语,2012(08):75.

［15］金艳红.大数据背景下教师数据素养提升路径探析［J］.文教资料,2016(15):136-137.

［16］兰春寿.论口语交际能力的测试及其对我国英语教学的影响［J］.中小学英语教学与研究,2001(5):40－42.

［17］李广金.抓好课程与队伍建设　打造品牌特色学校［J］.现代教学,2012(12):4－6.

［18］柳夕浪.从"素质"到"核心素养"——关于"培养什么样的人"的进一步追问［J］.教育科学研究,2014(3):5－11.

［19］吕发敏.赏识教育——培育儿童心灵的沃土［J］.读与写(教育教学刊),2011,8(04):166.

［20］沈顺良.区域教研共同体　提供校本教研智力支持［J］.吉林教育(现代校长),2007(22):22－23.

［21］孙向军.围绕教育发展思路,推进教育资源整合［J］.中国教师,2010(06):49－50.

［22］陶畅.谈小学生英语口语测试的设计［J］.中小学外语教学:中学,2001,24(7):28－30.

［23］王斌华.关于有效教学与低效教学的研究(上)［J］.外国教育资料,1997(01):57－61、80.

［24］熊和平,刘伟红,赵福生.素质教育与核心课程建设［J］.哈尔滨师专学报,1999,20(06):113－116.

［25］徐建中,何玄鹤,李有彬.我国教育资源整合模式研究［J］.黑龙江教育(高教研究与评价),2006(Z2):4－6.

［26］徐建中,李有彬.教育资源整合因素分析［J］.现代远距离教育,2006(04):3－6.

［27］杨佑东.绿色评价:学生和谐发展的助推器［J］.新课程研究(教育研究与实验),2005(05):48－50.

［28］叶宏,柳波.评析我国农村教育资源整合现状［J］.湖湘论坛,2005(02):89－90.

［29］张璐.再议有效教学［J］.教育理论与实践,2002(3):48－50.

［30］张民生.建立学生学业质量绿色评价系统［J］.中国教育学刊,2012(02):3.

［31］赵辉.新课程呼唤以校为本的教学研究制度［J］.中小学教师培训,

2003(11):35 – 37.

[32] 钟启泉.从日本的"学力"概念看我国学力研究的课题[J].教育发展研究,2009,28(Z2):1 – 5.

[33] 钟启泉.关于"学力"概念的探讨[J].上海教育科研,1999(01):16 –19.

[34] 钟启泉.如何应对学力问题:教育实践的课题[J].全球教育展望,2005,34(12):3 – 4.

[35] 钟启泉.学力论与课程结构[J].外国教育资料,1989(01):14 – 19.

[36] 周美丽.对农村教育资源整合现状的思考——基于农村中小学校撤并的分析[J].教学研究,2012,35(02):9 – 11、15、123.

[37] 周仕龙,封留才.学校课程建设的校本化实践及其反思[J].全球教育展望,2004,33(01):39 – 41.

[38] 朱炎樟.以"两校一长"促进校际均衡[J].上海教育科研,2011(3):76 – 77.

[39] 佐藤学,钟启泉.叩问"学力"[J].全球教育展望,2010,39(06):3 – 8、17.

[40] 上海市人民政府教育督导委员会办公室.关于《上海市中小学生学业质量绿色指标(试行)》的实施意见[EB/OL][2012 – 01 – 31].http://edu.sh.gov.cn/jydd_2cwj_ddwj/20120131/0015_jydd_683.htm.[2021 – 09 – 25].

[41] 中华人民共和国教育部.上海:"绿色"尺子为学业质量"体检"[EB/OL].[2012 – 04 – 05].http://www.moe.gov.cn/jyb_xwfb/s6319/s6320/201204/t20120405_133626.html.

[42] 中国教育科学研究院,未来学校实验室.中国未来学校2.0:概念框架[EB/OL].[2018 – 11 – 20].https://www.sohu.com/a/274398696_793135.

附　　录

表1　2010—2016年度报、刊、书籍、电视台报道一览

学校	序号	名称	时间	内容
上海市西林中学	1	《走向区域课程领导力》上海三联书店	2012年3月第1版	放飞绿色教育之梦
	2	金山报	2013年5月10日	办百姓家门口的好学校——上海市西林中学"新优质"之路
	3	《基础教育参考》杂志	2014年第3期(2月上)	基础教育特色名校行——上海市西林中学
	4	新民晚报	2014年4月30日	让每一个孩子都获得赏识——记金山区西林中学校长彭素花
	5	《上海教育》杂志	2014年5月1日	西林中学校长彭素花:以赏识凝聚人心改变学校
	6	上海教育电视台	2014年5月4日 18:50	赏识彼此,和谐发展——新优质校长风采专题录
	7	《走向新优质——"新优质学校推进"项目指导手册》(上海教育出版社)	2014年10月第1版	点燃心灵的火花
	8	解放日报	2015年6月8日	让赏识之花开遍每一位师生心田
	9	《基础教育参考》杂志	2015年第11期(6月上)	基础教育特色名校行——上海市西林中学

（续表）

学校	序号	名称	时间	内容
上海市罗星中学	10	上海教育电视台"五星体育"栏目	2017 年 7 月	以球启智　以球育人
	11	新民晚报	2017 年 9 月 20 日	上海市罗星中学:让教育充满阳光
	12	劳动报	2019 年 11 月 12 日	用教育点亮每一颗未来之星——记市三八红旗手、金山区罗星中学校长彭素花
	13	劳动报	2019 年 11 月 12 日	让学生在竞技场上成长为阳光少年
	14	《上海教育》杂志	2019 年 11 月 B 刊	在读书中分享"名师有道,发展有路"
	15	解放日报	2019 年 12 月 5 日	让孩子喜欢体育,更爱体育课
	16	《环境教育》杂志	2020 年 01 期	跨界课程提升"生态罗星"品质
	17	解放日报	2020 年 11 月 3 日	点亮每一颗未来之星
	18	《上海教育》杂志	2021 年 3 月 B 刊	紧密型教育集团建设的"罗星"样本
	19	学习报	2021 年 3 月 20 日	让每一位学生成为闪亮的星——一位初中校长的学生立场

表 2　2010—2016 年度典型发言一览

学校	序号	场合	时间	主题
上海市西林中学	1	金山区中小学教导主任培训班	2013 年 4 月 18 日	优化管理环节　提升管理质效
	2	上海市"新优质学校"推进项目展示活动	2013 年 5 月 23 日	赏识,助燃学生成长正能量
	3	"圆中国梦,办好人民满意教育"上海市区县教育改革巡访活动(金山站)	2013 年 6 月 4 日	坚持用赏识的力量办学
	4	金山区首届教苑论坛	2014 年 11 月 27 日	赏识引领,再造学校课程文化
	5	金山区教学工作会议	2015 年 10 月 27 日	为了学生的思维发展而教
	6	金山区初中校长办学思想研讨会	2017 年 10 月 13 日	直面发展中短板　牵手高阶思维教学研究
	7	全国幸福教育论坛	2017 年 12 月 5 日	指向核心素养培育的学校课程创新与实践
	8	金山区第十一届科技节闭幕式	2017 年 12 月 12 日	闪耀科创之光　培育核心素养
上海市罗星中学	10	金山区教育系统庆祝"三八"妇女节活动	2018 年 3 月 8 日	角色更迭　初心不改
	11	上海市中小学校园影视专题研讨会	2018 年 5 月 25 日	办一所充满阳光的学校
	12	金山区罗星教育集团	2018 年 12 月	教育信息化国际视野与教育创新
	13	金山区校(园)长暑期培训大会	2019 年 7 月 1 日	中考新政背景下课程统整的思考与实践
	14	上海市第十六届运动会总结大会	2019 年 1 月 3 日	以球育人,培育阳光少年

（续表）

学校	序号	场合	时间	主题
上海市罗星中学	15	金山区第三期领军校长研修班启动会	2019 年 3 月 8 日	"教育家"气质的校长
	16	李岚清首长在沪召开的关于篆刻教育的座谈会	2019 年 5 月 16 日	在传承和创新中弘扬中华优秀传统文化
	17	教师专业化发展暨名师工作室建设全国经验交流会	2019 年 5 月 10 日	有效整合，为教师专业发展赋能
	18	上海市"小学体育兴趣化，初中体育多样化"学校体育课程改革推进会议	2019 年 11 月 19 日	以多样带全面　以多元促发展
	19	金山区中小学在线教学工作会议	2020 年 2 月 20 日	四责并重　在求索中迭代前行
	20	教育部到上海关于"体育优秀人才培养"调研会	2020 年 9 月 8 日	以多样带全面　以特色促提升
	21	上海市艺教委关于"篆刻进校园"调研会	2020 年 9 月 16 日	在传习中开发篆刻育人价值
	22	上海市第三轮课程领导力创意项目交流会	2020 年 9 月 30 日	目标导向 e 积分管理的青年教师校本研修机制
	23	金山区第三期"领军校长"办学思想研讨会	2020 年 11 月 20 日	让每一位学生成为闪亮的星
	24	第二届全国"五育融合"研究论坛	2020 年 12 月 28 日	"三位"一体促进五育融合视野下的课程教学变革
	25	金山区教育综合改革总结暨表彰大会	2021 年 5 月 20 日	共管共享共建共生——紧密型集团建设的"罗星"样本

图书在版编目（CIP）数据

美人之美：一位初中校长的教育追求 / 彭素花著
. — 上海：上海教育出版社，2021.6
ISBN 978-7-5720-1023-1

Ⅰ.①美… Ⅱ.①彭… Ⅲ.①初中－教学研究 Ⅳ.
①G632.0

中国版本图书馆CIP数据核字(2021)第126430号

策划编辑　胡永昌　沈明玥
责任编辑　杨　瑜
封面设计　陆　弦

美人之美：一位初中校长的教育追求
彭素花　著

出版发行	上海教育出版社有限公司
官　　网	www.seph.com.cn
地　　址	上海市闵行区号景路159弄C座
邮　　编	201101
印　　刷	常熟市华顺印刷有限公司
开　　本	700×1000　1/16　印张 20
字　　数	317 千字
版　　次	2021年6月第1版
印　　次	2021年6月第1次印刷
书　　号	ISBN 978-7-5720-1023-1/G·0803
定　　价	56.00 元

如发现质量问题，读者可向本社调换　电话：021-64373213